PARA ALÉM DOS CONTOS DE FADAS
PRINCESAS E GÊNERO SOB O OLHAR DE ADOLESCENTES

Editora Appris Ltda.
1.ª Edição - Copyright© 2025 dos autores
Direitos de Edição Reservados à Editora Appris Ltda.

Nenhuma parte desta obra poderá ser utilizada indevidamente, sem estar de acordo com a Lei nº 9.610/98. Se incorreções forem encontradas, serão de exclusiva responsabilidade de seus organizadores. Foi realizado o Depósito Legal na Fundação Biblioteca Nacional, de acordo com as Leis nos 10.994, de 14/12/2004, e 12.192, de 14/01/2010.

Catalogação na Fonte
Elaborado por: Josefina A. S. Guedes
Bibliotecária CRB 9/870

M636p 2025	Mikulski, Carla Magalhães Para além dos contos de fadas: princesas e gênero sob o olhar de adolescentes / Carla Magalhães Mikulski. – 1. ed. – Curitiba: Appris, 2025. 245 p.; 23 cm. – (Multidisciplinaridade em saúde e humanidades). Inclui referências. ISBN 978-65-250-7350-7 1. Psicologia do desenvolvimento. 2. Adolescência. 3. Identidade de gênero. 4. Estereótipos. 5. Princesas. 6. Contos de fadas. 7. Cultura popular. 8. Feminismo. 9. Mídia social. I. Título. II. Série. CDD – 306.8742

Livro de acordo com a normalização técnica da ABNT

Appris *editorial*

Editora e Livraria Appris Ltda.
Av. Manoel Ribas, 2265 – Mercês
Curitiba/PR – CEP: 80810-002
Tel. (41) 3156 - 4731
www.editoraappris.com.br

Printed in Brazil
Impresso no Brasil

Carla Magalhães Mikulski

PARA ALÉM DOS CONTOS DE FADAS
PRINCESAS E GÊNERO SOB O OLHAR DE ADOLESCENTES

Appris
editora

Curitiba, PR
2025

FICHA TÉCNICA

EDITORIAL	Augusto Coelho
	Sara C. de Andrade Coelho

COMITÊ EDITORIAL:

- Ana El Achkar (Universo/RJ)
- Andréa Barbosa Gouveia (UFPR)
- Antonio Evangelista de Souza Netto (PUC-SP)
- Belinda Cunha (UFPB)
- Délton Winter de Carvalho (FMP)
- Edson da Silva (UFVJM)
- Eliete Correia dos Santos (UEPB)
- Erineu Foerste (Ufes)
- Fabiano Santos (UERJ-IESP)
- Francinete Fernandes de Sousa (UEPB)
- Francisco Carlos Duarte (PUCPR)
- Francisco de Assis (Fiam-Faam-SP-Brasil)
- Gláucia Figueiredo (UNIPAMPA/ UDELAR)
- Jacques de Lima Ferreira (UNOESC)
- Jean Carlos Gonçalves (UFPR)
- José Wálter Nunes (UnB)
- Junia de Vilhena (PUC-RIO)
- Lucas Mesquita (UNILA)
- Márcia Gonçalves (Unitau)
- Maria Aparecida Barbosa (USP)
- Maria Margarida de Andrade (Umack)
- Marilda A. Behrens (PUCPR)
- Marília Andrade Torales Campos (UFPR)
- Marli Caetano
- Patrícia L. Torres (PUCPR)
- Paula Costa Mosca Macedo (UNIFESP)
- Ramon Blanco (UNILA)
- Roberta Ecleide Kelly (NEPE)
- Roque Ismael da Costa Güllich (UFFS)
- Sergio Gomes (UFRJ)
- Tiago Gagliano Pinto Alberto (PUCPR)
- Toni Reis (UP)
- Valdomiro de Oliveira (UFPR)

SUPERVISORA EDITORIAL	Renata C. Lopes
PRODUÇÃO EDITORIAL	Bruna Holmen
REVISÃO	Carla Magalhães Mikulski
DIAGRAMAÇÃO	Andrezza Libel
CAPA	Thiago Krening
REVISÃO DE PROVA	Ana Castro

COMITÊ CIENTÍFICO DA COLEÇÃO MULTIDISCIPLINARIDADES EM SAÚDE E HUMANIDADES

DIREÇÃO CIENTÍFICA	Dr.ª Márcia Gonçalves (Unitau)
CONSULTORES	Lilian Dias Bernardo (IFRJ)
	Taiuani Marquine Raymundo (UFPR)
	Tatiana Barcelos Pontes (UNB)
	Janaína Doria Líbano Soares (IFRJ)
	Rubens Reimao (USP)
	Edson Marques (Unioeste)
	Maria Cristina Marcucci Ribeiro (Unian-SP)
	Maria Helena Zamora (PUC-Rio)
	Aidecivaldo Fernandes de Jesus (FEPI)
	Zaida Aurora Geraldes (Famerp)

Aos meus sobrinhos, Mateus, Hiago e Theo, na esperança de que, ao reconhecerem seus privilégios, se tornem agentes ativos na construção de um mundo mais equitativo. Também às pessoas que ousam sonhar e lutar incansavelmente pela justiça social, persistindo, mesmo diante de obstáculos. Que este livro seja um tributo à coragem e dedicação de todas/os/es, inspirando cada pessoa a seguir na edificação de uma sociedade mais inclusiva para meninas/os/es.

AGRADECIMENTOS

Agradeço aos meus pais, Maria e Bartolomeu, por me ensinarem o valor da educação e por me criarem com coragem e determinação para enfrentar o mundo. À minha mãe, pelo apoio incondicional e por sempre ter desejado que eu fosse uma pessoa independente e segura. Ao meu pai, por ter sido uma referência de feminismo em minha vida, incentivando meu espírito livre. Suas últimas palavras, afirmando que eu daria conta de tudo, ainda são fonte de força e inspiração.

Agradeço também ao professor Elder Cerqueira-Santos, pelo incentivo para publicar este livro.

Sou profundamente grata às adolescentes que participaram desta pesquisa e às suas responsáveis, por confiarem em mim e compartilharem informações tão ricas, tornando esta obra possível.

Obrigada por fazerem parte desta jornada!

Chegou a hora do mundo mudar
Essa história é antiga
Uma princesa não deve falar
Não há o que eu não consiga
Não dá
Eu tenho que ser firme
E podem tentar
Eu não vou me silenciar
Ninguém me cala
Não fico mais quieta
E nada mais me afeta
Decidi, ninguém mais me cala, me cala
É a hora
Nada mais me abala
Ninguém me tira a fala
Eu cansei, ninguém mais me cala

(Ninguém me cala – Aladdin)

APRESENTAÇÃO

Era uma vez...

> Have faith in your dreams and someday
> Your rainbow will come smiling through
> No matter how your heart is grieving
> If you keep on believing
> The dream that you wish will come true
> (Cinderella – A Dream Is a Wish Your Heart Makes)[1]

Cada etapa do meu percurso, permeada por múltiplas identidades e contextos, moldou de maneira singular minha visão de mundo. Sou uma mulher cis, parda[2], ainda que em alguns contextos sociais seja percebida como branca, heterossexual, de classe média, com raízes na Bahia e passagens por São Paulo e Pernambuco, até chegar ao Rio de Janeiro, onde me encontro atualmente. Essas vivências não apenas definem quem sou, mas também influenciam profundamente a forma como percebo o mundo e nele me posiciono.

Curiosamente, embora hoje eu me dedique ao estudo das princesas Disney, minha infância nos anos 1980 – marcada por um espírito de moleca, independente e determinado – pouco se conectava com os contos de fadas. Talvez a ausência de cinemas na cidade do interior da Bahia onde vivi parte da minha infância, os poucos canais de televisão disponíveis ou a falta de identificação estética com as personagens tenham contribuído para essa desconexão[3].

---

[1] Tenha fé nos seus sonhos e um dia | Seu arco-íris irá resplandecer | Não importa o quanto seu coração está aflito | Se você continuar acreditando | O sonho que você deseja se tornará realidade – Cinderela – Um Sonho É Um Desejo Que Seu Coração Faz (tradução nossa).

[2] Tanto por ser fruto de um casal birracial quanto pela ausência do que foi chamado por Guerreiro Ramos (1995) de *patologia social do "branco" brasileiro*, uma vez que minha consciência acerca da mestiçagem do povo brasileiro permanece preservada, especialmente por ter nascido em Salvador. Importante salientar, no entanto, que, apesar dessa autoidentificação – e tendo ciência dos privilégios que a leitura social me concede e pela origem socioeconômica familiar –, nunca usufruí das políticas de cotas. Em primeiro lugar, por entender que não se trata apenas de uma questão racial, já que aspectos socioeconômicos também são considerados. Em segundo, e mais importante, porque tais políticas visam à reparação histórica da população negra do país, que é lida e que vive essa realidade socialmente.

[3] Apesar de saber que não causaria estranhamento se decidisse ser a Branca de Neve ou a Cinderela, o fato é que apenas recentemente houve uma identificação com uma personagem da Disney, Mirabel Madrigal (Howard; Bush, 2021), que nem princesa é, mas, sem dúvida, teria conquistado o coração da pequena Carla – que usava óculos e sempre teve os cabelos cacheados na altura dos ombros.

Minha trajetória acadêmica, refletida neste livro, é um testemunho de uma jornada pessoal e profissional repleta de reviravoltas, aprendizados e descobertas. A escrita desta obra não seguiu um caminho linear; pelo contrário, foi marcada por desvios e redirecionamentos que, embora desafiadores, enriqueceram significativamente meu trabalho e meu crescimento como pesquisadora. Enquanto muitas pessoas começam no mundo acadêmico por meio do Programa de Bolsas de Iniciação Científica, minha incursão no universo *stricto sensu* começou apenas após a conclusão da graduação. Durante o mestrado, tive a oportunidade de conhecer diversas teorias, sendo a Teoria Bioecológica do Desenvolvimento Humano (TBDH), de Bronfenbrenner, a que se tornou central em meu estudo.

A decisão de incluir as princesas Disney em minha pesquisa surgiu dessa convergência entre o âmbito pessoal e o acadêmico. A leitura do livro *Saúde mental, gênero e dispositivos: cultura e processos de subjetivação*, da professora e pesquisadora brasileira Valeska Zanello[4], influenciou minha perspectiva sobre as tecnologias de gênero presentes nessas animações, que perpetuam representações machistas, mesmo em conteúdos voltados para crianças. Como psicóloga clínica e feminista, apaixonada pelas artes, mergulhei na análise do impacto dessas narrativas no desenvolvimento de meninas e adolescentes.

Neste livro, as animações das princesas Disney foram um ponto de partida, mas as análises se expandem para outras produções culturais, explorando como as representações artísticas influenciam a construção de papéis de gênero entre adolescentes. Minha pesquisa nasceu da preocupação com a forma como adolescentes, em um contexto social permeado por debates feministas, interpretam os papéis de gênero presentes nas animações das princesas Disney. Essas narrativas não afetam apenas os relacionamentos amorosos, mas também reverberam na educação, nas escolhas profissionais e na maneira como a sociedade percebe meninas e mulheres. Ao destacar as vozes das adolescentes, o estudo buscou evidenciar sua agência ao desafiar tais estereótipos e encontrar soluções para os papéis impostos pela sociedade.

Minha compreensão de gênero está alinhada à definição da Organização Mundial da Saúde (OMS), que o descreve como características socialmente construídas de mulheres, homens, meninas e meninos, além das normas e comportamentos a eles associados. Incorporo também

---

[4] ZANELLO, V. *Saúde mental, gênero e dispositivos*: Cultura e processos de subjetivação. Curitiba: Appris, 2018.

uma visão interseccional, reconhecendo as diferentes camadas de opressão e privilégio – como raça, classe e orientação sexual – que atravessam as experiências de gênero.

Este livro, portanto, traduz a convergência entre minha história pessoal e meu compromisso profissional em explorar o impacto das narrativas artísticas sobre o desenvolvimento das meninas, com foco no protagonismo das adolescentes que contribuíram com suas vivências para esta pesquisa. Espero, com isso, promover uma compreensão mais ampla e que acolha a diversidade nas representações de gênero. O resultado dessa trajetória, marcada por mudanças e descobertas, é o que compartilho nas páginas que seguem.

PREFÁCIO

Gênero e infância: o que estamos aprendendo com as princesas da Disney?

Há muitos anos, tenho me dedicado aos estudos de vários tópicos na área de gênero e sexualidade, sempre a partir de uma perspectiva guiada pela Psicologia do Desenvolvimento e iluminada pela Abordagem Bioecológica do Desenvolvimento Humano de Urie Bronfenbrenner. No campo da infância, o debate sobre tal tema pode ser (e é mesmo) intenso. O acirramento de tópicos sensíveis na discussão sobre sexo/gênero que permeia o senso comum tem produzido efeitos nem sempre benéficos, como os questionamentos negativos sobre infância e transexualidade, feminismo e desenvolvimento infantil e epifania do gênero. Este último tópico é de grande importância para as nossas pesquisas.

Tal cenário torna extremamente relevante a produção acadêmica/científica sobre o tema, especialmente na Psicologia e especificamente na Psicologia do Desenvolvimento. Em 2014, quando atuava como professor visitante na Universidade de Toronto, no Canadá, participei de uma série de observações de crianças em um ambiente de brinquedoteca como parte de um estudo que começava a investigar epifania de gênero em crianças que viviam em ambientes familiares contranormativos (as homoparentalidades). Numa das observações, uma menina iniciou um episódio de brincadeira de princesas, do qual se aproximou um menino querendo usar as roupas das princesas. Imediatamente, o menino foi impedido pelo próprio grupo de brincantes e lhe foi dado um papel estereotipicamente masculino, de super-herói, com capa nas costas no lugar do manto de princesa. Tal episódio está detalhado em pormenores em nossas publicações, mas demos ênfase ao fenômeno da estereotipia e segregação de gênero nas relações de brincadeira em grupos de pares. Este é um fenômeno desenvolvimental amplamente estudado em diversas culturas e desperta questionamentos sobre as influências macroculturais envolvidas, como os papéis de princesas e heróis em diversos contextos.

A estereotipia de gênero em brincadeiras infantis é definida como a tendência de estruturação de jogos seguindo regras e papéis diferenciados para meninos e para meninas. Assim, os grupos infantis organizam suas brincadeiras espontâneas de acordo com tais regras de gênero, o que envolve a formação de grupos segregados, o uso de brinquedos específicos, os papéis desempenhados etc. Pesquisas observacionais sobre a brincadeira entre crianças apontam uma grande influência da estereotipia de gênero em elementos do jogo lúdico, como: preferência por temáticas, atitudes, comportamentos, percepções, escolha de parceiros, tamanho de grupos e uso de objetos/brinquedos.

Os estereótipos de gênero têm um impacto significativo no desenvolvimento infantil, moldando a maneira como as crianças compreendem e internalizam seus próprios papéis e expectativas na sociedade. Esses estereótipos podem afetar diversos aspectos do desenvolvimento. Uma abordagem atual em Psicologia do Desenvolvimento considera que os aspectos de gênero no desenvolvimento humano são multideterminados, passando por relações de aprendizagem nas práticas parentais, nas trocas com indivíduos de idade semelhante e em aspectos culturais que são lidos e elaborados pelas crianças. Claro que tudo isso é mediado por fatores biológicos individuais, trocas específicas nas interações sociais, contextos histórico-culturais e tempo (muito próximo ao modelo PPCT de Bronfenbrenner).

As diferenças/semelhanças de gênero vêm sendo investigadas com especial atenção aos componentes presentes na socialização das crianças e nas suas formas de se comportar. Dessa forma, entendemos que as diferenças/semelhanças vão muito além da bipolaridade de sexos (macho *versus* fêmea) e adquire contornos baseados em performances localizadas no tempo e no espaço, mas atuadas nos próprios corpos das crianças.

Ao receber o manuscrito da Carla Mikulski, o li de forma voraz, lembrando da pequena experiência com as crianças canadenses. Encontrava neste manuscrito em língua portuguesa uma série de argumentos e debates fundamentais para a análise da relação entre macrocultura, cultura de pares e socialização de gênero na infância. O texto está fielmente alinhado à Abordagem Bioecológica de Bronfenbrenner e ainda traz uma adaptação metodológica que representa uma inovação para os estudos da área. A minha participação foi como membro avaliador da banca de defesa de mestrado da autora, na Universidade Federal da Bahia. Naquele momento, eu disse publicamente: "esse texto precisa ser lido por mais gente, precisa virar um livro!". E aqui estamos com esta obra em mãos.

A relação entre questões de gênero e suas concepções na produção de filmes de princesas da Disney reflete uma evolução complexa influenciada por movimentos feministas e normas culturais. O trabalho apresentado ao longo deste livro destaca uma jornada de décadas ao longo das quais a Disney mostrou sua representação de personagens femininas. O trabalho de Carla Mikulski faz uma análise sobre como cada personagem/princesa reflete e estimula crenças sobre feminilidade e masculinidade, deixando marcas profundas em gerações de crianças. O trabalho demarca como existe uma interação dinâmica entre aspectos da narrativa das princesas e normas culturais sobre que papel de mulheres elas apresentam. As princesas da Disney, ao longo das décadas, passaram por transformações que refletem debates sobre gênero e feminismo na sociedade. Desde a inocente e passiva Branca de Neve até a destemida e independente Moana, a evolução dessas personagens espelha mudanças nas percepções sobre o papel das mulheres.

A dissertação que deu origem a esta obra também traz outro elemento inovador: a adaptação metodológica utilizada para acessar as crianças sobre os conteúdos dos filmes. Tal capítulo merece grande destaque como inovação e forma criativa e consistente de criar dados empíricos para a pesquisa acadêmica. Entrevistar crianças sobre temáticas como essa é um desafio.

Por fim, destaco que o trabalho propõe também uma reflexão no campo da Psicologia Social, ao refletir sobre a inter-relação entre as normas sociais, as produções fílmicas e as formas de entendimento das crianças sobre tal relação. O texto aponta para um passado que representa gerações e suas estruturas de gênero, assim como apresenta as mudanças realizadas pela Disney nos últimos anos no sentido de incorporar representações atuais e melhor contextualizadas das "novas" princesas. Por outro lado, o trabalho também destaca que os esforços recentes da Disney para diversificar e capacitar personagens femininas podem não abordar totalmente as questões subjacentes da representação de gênero, já que questões comerciais ainda podem ter um papel marcante nas decisões sobre as produções.

Este livro representa um mergulho consciente no universo lúdico das princesas da Disney e um olhar atento ao desenvolvimento infantil, especialmente para ampliar as formas de pensar a relação entre esses dois temas à luz de uma perspectiva feminista, contextual e embasada.

Boa leitura!

Aracaju, 12 de dezembro de 2024

Prof. Dr. Elder Cerqueira-Santos
Universidade Federal de Sergipe

LISTA DE ABREVIATURAS E SIGLAS

Abrai	Associação Brasileira de Intersexos
AT	Análise Temática
Covid-19	Coronavirus Disease 2019
IMDB	Internet Movie Database
IST	Infecção Sexualmente Transmissível
LGBTQIAPN+	Lésbicas, Gays, Bissexuais, Transexuais ou Transgênero, Queer, Intersexo, Assexual, Pansexual, Não Binário (o + representa o acolhimento às diversas possibilidades de orientação sexual e/ou identidade de gênero que possam existir)
MPAA	Motion Picture Association
NAMLE	National Association for Media Literacy Education
OMS	Organização Mundial da Saúde
PCD	Pessoa com Deficiência
PPCT	Processo-Pessoa- Contexto-Tempo
TBDH	Teoria Bioecológica do Desenvolvimento Humano
TEN	Teatro Experimental do Negro
UHC	União dos Homens de Cor

SUMÁRIO

INÍCIO DA JORNADA (DES)ENCANTADA..................23

CAPÍTULO 1
CRESCER EM CONTEXTO: ADOLESCÊNCIA SOB A LENTE BIOECOLÓGICA E DOS ESTUDOS DE GÊNERO..................33
  1.1 Psicologia do desenvolvimento..................34
    1.1.1 Teoria bioecológica do desenvolvimento humano..................36
    1.1.2 Adolescência..................42
      1.1.2.1 Puberdade..................43
      1.1.2.2 Socialização e relacionamentos..................47
        1.1.2.2.1 Socialização de gênero..................52
      1.1.2.3 Cultura e mídia..................54
      1.1.2.4 Sexualidade..................56
      1.1.2.5 Identidade e gênero..................64
  1.2 Dispositivos de gênero..................73
  1.3 Tecnologias de gênero..................78

CAPÍTULO 2
PRINCESAS EM PAUTA: DISNEY E A DISCUSSÃO SOBRE GÊNERO E DIVERSIDADE..................81
  2.1. Corte encantada: as escolhidas da Disney..................85
  2.2. Princesas Disney na linha do tempo do feminismo..................109

CAPÍTULO 3
O MAPA METODOLÓGICO: A JORNADA RUMO AO REINO DAS DESCOBERTAS..................125

CAPÍTULO 4
DESVENDANDO E EXPLORANDO O REINO DAS DESCOBERTAS..................131
  Tema 1 – Era uma vez...: concepções de gênero..................133
    Subtema 1.1 – Pergaminhos malditos: papéis de gênero..................135
    Subtema 1.2 – Rótulo amaldiçoado: estereótipos de gênero..................139
    Subtema 1.3 – Crueldades do reino: disparidades e violência..................145

Tema 2 – Em um reino não tão distante...: contextos de socialização 153
 Subtema 2.1 – Castelo mágico: microssistema 154
 Subtema 2.2 – Reino encantado: exossistema... 167
 Subtema 2.3 – Além da floresta: macrossistema 174
Tema 3 – *E viveram felizes para sempre?: sobre as princesas Disney* 187
 Subtema 3.1 – Heranças encantadas: legado geracional 188
 Subtema 3.2 – Vórtice do tempo: opiniões transformadas 192
 Subtema 3.3 – Espelho, espelho meu: identificação pessoal....................... 196
 Subtema 3.4 – Poções de sabedoria: interpretações possíveis 204
 Subtema 3.5 – Revelando o feitiço: críticas às narrativas.........................209

CAPÍTULO 5
REFLETINDO SOBRE A JORNADA EM DIREÇÃO AO REINO DA EQUIDADE..223

REFERÊNCIAS.. 225

INÍCIO DA JORNADA (DES)ENCANTADA

> When's it my turn?
> Wouldn't I love
> Love to explore that shore up above?
> Out of the sea
> Wish I could be
> Part of that world
> (The Little Mermaid – Part of Your World)[5]

Esta obra tem como objetivo analisar as concepções de gênero sob a perspectiva de adolescentes que se identificam como mulheres cisgênero, utilizando os filmes das princesas Disney como objeto de estudo. Para isso, é necessário compreender conceitos como adolescência – do ponto de vista da Psicologia do Desenvolvimento – e gênero, com ênfase nas tecnologias que permeiam esse contexto. Além disso, ao assumir que a empresa estadunidense de mídia de massa, The Walt Disney Company, possui posição de destaque no consumo de produtos pelo público infanto-juvenil, torna-se fundamental conhecer parte de sua história, pois isso pode facilitar a compreensão do colonialismo cultural[6] embutido em suas produções, especialmente na franquia Disney Princesas®, amplamente consumida por meninas, adolescentes e mulheres em todo o mundo.

Desse modo, a escolha da expressão *Para além dos contos de fada* implica uma abordagem crítica e reflexiva, sinalizando que o trabalho transcende uma mera análise das histórias das princesas Disney. Em vez disso, busca-se explorar as implicações mais profundas dessas narrativas na formação das concepções de gênero entre as adolescentes, evidenciando a intenção de examinar de maneira contextualizada e crítica como os conteúdos midiáticos influenciam a construção de identidades durante a adolescência.

---

[5] Quando será a minha vez? | Eu não adoraria | Não adoraria explorar aquela costa lá em cima? | Fora do mar | Gostaria de fazer | Parte daquele mundo – A Pequena Sereia – Parte do Seu Mundo (tradução nossa).

[6] O colonialismo cultural pode ser compreendido como a imposição de valores, normas e representações de uma cultura dominante sobre outras, especialmente por meio de produtos midiáticos e expressões artísticas. Na indústria cinematográfica, produções como as da Disney tendem a reproduzir visões ocidentais, contribuindo para a padronização de comportamentos, crenças e estéticas em escala global. Essa perspectiva sugere que o colonialismo cultural reforça estereótipos e hegemonias, resultando na marginalização de culturas não ocidentais (Said, 2011). Críticas à indústria do entretenimento também ressaltam a apropriação cultural presente nessas produções e seu impacto na formação de identidades (hooks, 2019). Assim, as animações da Disney, além de seu propósito de entretenimento, disseminam valores que influenciam as percepções culturais de crianças e adolescentes em todo o mundo.

De acordo com as escritoras e ativistas feministas brasileiras Nicole Aun e Alessandra Rodrigues, os contos de fadas são narrativas tradicionais que combinam elementos mágicos, personagens heroicos e moralidades distintas, transmitidas de geração em geração em diversas culturas[7]. Essas histórias abordam desafios, superações e lições de vida, tendo como finalidade entreter, educar e transmitir valores culturais, além de ampliar o conhecimento sobre o mundo. Ademais, elas visam despertar a imaginação e a criatividade, oferecendo um espaço para a reflexão e a aprendizagem[8].

As princesas Disney, como Cinderela, Branca de Neve e Bela, são inspiradas nos contos de fadas clássicos, conforme aponta a pesquisadora britânica Tracey Mollet[9], cujos trabalhos evidenciam a relação entre a indústria do entretenimento e a construção de narrativas de gênero. A Disney adaptou essas histórias, muitas vezes recriando ou reinterpretando os enredos originais para atrair um público contemporâneo. Embora suavizadas em alguns aspectos, essas princesas mantêm características fundamentais dos contos de fadas, como a busca pelo amor verdadeiro e a superação de desafios[10].

Além de sua função de entretenimento, os contos de fadas têm um impacto psicológico significativo, conforme ressalta a escritora canadense Amanda Leduc[11]. Essas narrativas permitem que leitoras e leitores se identifiquem com os personagens e vivenciem emoções intensas, contribuindo para a formação da identidade e para a compreensão do mundo. Elas também exploram temas universais, como coragem, amor e resiliência, proporcionando reflexões sobre a psique humana e sua relação com as histórias tradicionais[12].

Considerando esses aspectos, o foco desta obra reside na intersecção entre gênero, adolescência e as animações da Disney, reconhecendo a relevância dessa fase para a compreensão das concepções de gênero.

---

[7] AUN, N.; RODRIGUES, A. *Histórias para quem dormir?* Expondo os contos de fadas para despertar. São Paulo: Editora Claraboia, 2023.

[8] GOMES, L. S.; SILVA, C. Y. G. da. Da fantasia à realidade: os contos de fadas no contexto escolar. *Psicologia da Educação*, n. 49, p. 99-115, 2019. https://dx.doi.org/10.5935/2175-3520.20190023.

[9] MOLLET, T. "With a smile and a song...": Walt Disney and the Birth of the American Fairy Tale. *Marvels & Tales*, v. 27, n. 1, p. 109-124, 2013. https://doi.org/10.13110/marvelstales.27.1.0109.

[10] ZIPES, J. D. *The Great fairy tale tradition:* From Straparola and Basile to the Brothers Grimm. New York; London: A Norton Critical Edition, 2001.

[11] LEDUC, A. *Disfigured:* On Fairy Tales, Disability, and Making Space. Toronto: Coach House Books, 2020.

[12] ROSA JUNIOR, P. A. F. da; THIES, V. G. Em busca dos contos de fadas na contemporaneidade. *Revista Brasileira de Educação*, v. 26, 2021. https://doi.org/10.1590/S1413-24782021260083.

Utilizando uma metodologia qualitativa, o estudo destacou as reverberações dessas experiências por meio das vozes das próprias adolescentes. Os objetivos específicos foram: (1) explicar os papéis de gênero a partir da perspectiva dos adolescentes e suas implicações cotidianas; (2) descrever a contribuição dos diferentes contextos de desenvolvimento na percepção dos papéis de gênero por essas jovens; e (3) investigar a função dos filmes das princesas Disney na formação de normas sociais de gênero entre adolescentes.

A centralização da perspectiva adolescente, fundamentada na Teoria Bioecológica do Desenvolvimento Humano (TBDH)[13], evidencia a importância dos processos proximais e do modelo Processo-Pessoa-Contexto-Tempo (PPCT) no desenvolvimento multidimensional. A compreensão das interações entre fatores biológicos, psicológicos e sociais é essencial para promover um desenvolvimento saudável[14]. Nesse sentido, é fundamental que pais e responsáveis adotem uma abordagem integrada, considerando esses determinantes, oferecendo suporte, estabelecendo limites claros, promovendo escolhas saudáveis e incentivando a saúde mental e sexual dos adolescentes. A pesquisa serve de base para orientar intervenções eficazes, levando em conta a influência da mídia no desenvolvimento positivo dos jovens.

A aplicação da TBDH à análise dos filmes das princesas Disney permite compreender como os ambientes e sistemas influenciam a concepção de gênero entre as adolescentes. Esses filmes funcionam como tecnologias de gênero, moldando normas sociais e promovendo uma reflexão crítica sobre os estereótipos de gênero. Conforme a teórica feminista italiana Teresa de Lauretis, as tecnologias de gênero são processos sociais que geram subjetividades de gênero, configurando as normas e expectativas para homens e mulheres[15]. Tais tecnologias atuam em níveis primários – como na medicina e na educação – e secundários – como na mídia e na cultura –, perpetuando estereótipos por meio de representações. Nesse sentido, os filmes das princesas Disney podem ser considerados

---

[13] BRONFENBRENNER, U. *A ecologia do desenvolvimento humano*: experimentos naturais e planejados. Porto Alegre: Artes Médicas, 1996.
Idem. *Bioecologia do desenvolvimento humano*: tornando os seres humanos mais humanos. Porto Alegre: Artmed, 2011.
[14] CERQUEIRA-SANTOS, E. *et al*. Adolescentes e Adolescências. *In*: HABIGZANG, L. F. *et al*. (org.). *Trabalhando com adolescentes*: teoria e intervenção psicológica [recurso eletrônico]. Porto Alegre: Artmed, 2014. p. 17-29.
[15] DE LAURETIS, T. *Technologies of Gender*: Essays on Theory, Film and Fiction. Bloomington and Indianapolis: Indiana University Press, 1987.

tecnologias de gênero secundárias, que reforçam conceitos patriarcais e normas de gênero, influenciando a forma como as adolescentes percebem e internalizam seus papéis na sociedade[16].

Assim, em convergência com o trabalho das pesquisadoras suíças Tania Zittoun e Michèle Grossen, referências em psicologia cultural, uma alternativa promissora para pesquisas com adolescentes consiste na mediação por meio de "artefatos culturais, como filmes, romances, pinturas, espetáculos de dança etc., que pertencem à vida social [e] constituem um determinado corpo de conhecimento"[17]. Esses elementos atuam como agentes sociais ou processos que contribuem para o surgimento de fenômenos de transição e são empregados na construção de significados; alguns, inclusive, apresentam características que favorecem o aproveitamento simbólico em contextos variados[18].

Além disso, o gênero desempenha um papel central na expressão artística e na cultura, influenciando a forma como as pessoas percebem e interpretam diversas manifestações criativas – como livros, peças teatrais, pinturas e filmes. Ao longo da história, a arte tem abordado o gênero de maneiras variadas e significativas, estimulando reflexões e debates sobre as relações entre gênero, sociedade e identidade[19]. Toda ação ou produto cultural pode ser compreendido como uma fonte de múltiplos significados e até mesmo da elaboração de novos discursos, ampliando nossa interpretação do mundo[20].

---

[16] *Confer* CECHIN, M. O que se aprende com as princesas da Disney? *Zero-a-seis*, v. 16, n. 29, p. 131-147, 2014. https://doi.org/10.5007/1980-4512.2014n29p131.
AGUIAR, E. L. de C.; BARROS, M. K. A Representação Feminina nos Contos de Fadas das Animações de Walt Disney: a Ressignificação do Papel Social da Mulher. *InterCom*, 2015.
COYNE, S. M. *et al.* Pretty as a Princess: Longitudinal Effects of Engagement With Disney Princesses on Gender Stereotypes, Body Esteem, and Prosocial Behavior in Children. *Child Development*, v. 87, n. 6, p. 1909-1925, 2016. https://doi.org/10.1111/cdev.12569.
APPOLINÁRIO, F. A. de; GONÇALVES, F. C. N. I. A Representação do Papel da Mulher nas Princesas da Disney: uma análise sob a ótica feminista. *Boletim Historiar*, v. 7, n. 3, 2020.
COYNE, S. M. *et al.* Princess Power: Longitudinal Associations Between Engagement With Princess Culture in Preschool and Gender Stereotypical Behavior, Body Esteem, and Hegemonic Masculinity in Early Adolescence. *Child Development*, v. 92, n. 6, p. 2413-2430, 2021.
RENJITH, S. Critiquing Mouse House: An Analysis of Body, Gender and Culture in Select Disney Movies. *Akshara*, v. 14, p. 82-91, 2022.

[17] ZITTOUN, T.; GROSSEN, M. Cultural elements as means of constructing the continuity of the self across various spheres of experience. *In*: LIGORIO, B.; CESAR, M. (org.). *Interplays between dialogical learning and dialogical self*. Charlotte: Information Age, 2013. p. 99-126. p. 102, tradução nossa. Redação original: "[...] cultural artefacts, such as films, novels, paintings, dance shows, etc. that belong to social life and constitute a certain body of knowledge".

[18] *Ibidem*.

[19] WOOD, G. W. *A psicologia do gênero*. São Paulo: Blucher, 2021.

[20] MULKAY, 1985 *apud* WOOD, 2021, p. 94.

Nesse cenário, as produções da Disney podem ser consideradas artefatos poderosos, pois são consumidas por pessoas de todas as idades – frequentemente desde a infância, especialmente por aquelas provenientes de contextos sociais e financeiros favorecidos, com acesso a televisores, cinema e internet, por exemplo. Devido a esse amplo alcance, a Disney tem sido objeto de diversas pesquisas, e suas princesas despertam interesse especial em múltiplas áreas de estudo ao redor do mundo[21].

No mesmo contexto, as culturas infantis desempenham um papel crucial, sendo produzidas de forma interdependente com as culturas societais e permeadas por relações de classe, gênero e etnia. Historicamente construídas, elas refletem a marca geracional, moldando o estatuto social e as representações da infância, e se destacam por serem construídas socialmente e transformadas ao longo do tempo[22]. Instituições, especialmente as escolas, influenciam a construção social da infância, enquanto as

---

[21] *Confer* CRAVEN, A. Beauty and the Belles: Discourses of Feminism and Femininity in Disneyland. *European Journal of Women's Studies*, v. 9, n. 2, p. 123-142, 2002. https://doi.org/10.1177/1350682002009002806.
HURLEY, D. L. Seeing White: Children of Color and the Disney Fairy Tale Princess. *The Journal of Negro Education*, v. 74, n. 3, p. 221-232, 2005.
MORTENSEN, F. H. The Little Mermaid: Icon and Disneyfication. *Scandinavian Studies*, v. 80, n. 4, p. 437-454, 2008.
LEE, L. Young American immigrant children's interpretations of popular culture: a case study of Korean girls' perspectives on royalty in Disney films. *Journal of Early Childhood Research*, v. 7, n. 2, p. 200-215, 2009. https://doi.org/10.1177/1476718X08098357.
BARKER, J. L. Hollywood, Black Animation, and the Problem of Representation in Little Ol' Bosko and The Princess and the Frog. *Journal of African American Studies*, v. 14, n. 4, p. 482-498, 2010. https://doi.org/10.1007/s12111-010-9136-z.
ENGLAND, D. E. *et al*. Gender Role Portrayal and the Disney Princesses. *Sex Roles*, v. 64, p. 555-567, 2011. https://doi.org/10.1007/s11199-011-9930-7.
BUENO, M. E. *Girando entre Princesas*: performances e contornos de gênero em uma etnografia com crianças. 2012. 163 f. Dissertação (Mestrado em Antropologia Social) – Faculdade de Filosofia, Letras e Ciências Humanas, Universidade de São Paulo, São Paulo, 2012. https://doi.org/10.11606/D.8.2012.tde-08012013-124856.
MOLLET, 2013.
BALISCEI, J. P. *et al*. Tiana, a primeira princesa negra da Disney: olhares analíticos construídos juntos à cultura visual. *Visualidades*, v. 15, n. 2, p. 137-162, 2017. https://doi.org/10.5216/vis.v15i2.44123.
HINE, B. *et al*. The Rise of the Androgynous Princess: Examining Representations of Gender in Prince and Princess Characters of Disney Movies Released 2009–2016. *Social Sciences*, v. 7, n. 12, 2018b. https://doi.org/10.3390/socsci7120245.
BELOSO, L.; FULLANA, M. El amor en los tiempos de las Princesas de Disney. *Ética y Cine Journal*, v. 9, n. 3, p. 17-20, 2019.
CHULVI, C. R. Raíces mitológicas en la iconografía de La Bella Durmiente. El caso de La Bella Durmiente de Walt Disney. *Revista Eviterna*, n. 7, p. 167-183, 2020. https://doi.org/10.24310/Eviternare.v0i7.8390.
BEZERRA, M. G. *et al*. A influência das Princesas na Construção da Imagem do Feminino: Branca de Neve, sua Estória Original, suas Representações nos Filmes da Disney e no Cinema Contemporâneo. *Revista ADM.MADE*, v. 24, n. 2, p. 40-52, 2020. http://dx.doi.org/10.21784/2237-51392020v24n2p040052.
BEGUM, S. He Said, She Said: A Critical Content Analysis of Sexist language used in Disney's The Little Mermaid (1989) and Mulan (1998). *Journal of International Women's Studies*, v. 23, n. 1, 2022.

[22] *Ibidem*.

culturas infantis expressam as marcas temporais da sociedade, revelando suas contradições e complexidades. Ao explorar esses fenômenos, nota-se a centralidade de pilares como interatividade, ludicidade e jogo simbólico, o que exige uma abordagem que considere a diversidade de formas, os processos de significação, as estruturações internas e os protocolos de comunicação, oferecendo uma perspectiva crítica para compreender o papel das crianças na produção cultural desde a própria infância[23].

Considerando que o desenvolvimento humano abrange diversos fatores e contextos – como família, escola e sociedade[24] –, é possível investigar como meninas inseridas numa sociedade brasileira marcada pelo patriarcado e pelo machismo percebem os papéis de gênero. Essas percepções podem divergir entre o que é mostrado nas animações e as experiências vividas em suas interações cotidianas. Afinal, as animações das princesas Disney, que refletem os valores da época de sua produção, continuam populares entre as novas gerações, influenciando as concepções de gênero das jovens. Observa-se também uma interseção entre o comportamento de consumo e as questões de gênero: mesmo que as adolescentes não assistam diretamente às animações, elas são potencialmente impactadas por uma variedade de produtos – como bonecas, material escolar e temas para festas – que reforçam estereótipos tradicionais[25].

A pesquisa sobre o desenvolvimento humano na adolescência é essencial para compreender essas complexidades e orientar intervenções eficazes. Uma abordagem interdisciplinar, centrada na perspectiva das adolescentes, favorece o desenvolvimento saudável e as capacita a enfrentar os desafios desse período. Assim, a escolha do tema se justifica tanto social quanto cientificamente, considerando a importância da Walt Disney Company no mercado infantojuvenil e seu impacto na construção

---

[23] SARMENTO, M. J. Imaginário e culturas da infância. *Cadernos de Educação*, v. 21, 2003.
Idem. Culturas Infantis / Children's Cultures. *In:* TOMÁS, C. et al. (coord.). *Conceitos-chave em Sociologia da Infância. Perspectivas Globais / Key concepts on Sociology of Childhood. Global Perspectives.* Braga: UMinho Editora, 2021. p. 179-185. https://doi.org/10.21814/uminho.ed.36.22.

[24] MARTINS, L. C.; BRANCO, A. U. Desenvolvimento moral: considerações teóricas a partir de uma abordagem sociocultural construtivista. *Psicologia: Teoria e Pesquisa*, v. 17, n. 2, p. 169-176, 2001. https://doi.org/10.1590/S0102-37722001000200009.
OLIVEIRA, M. C. S. L de. Desenvolvimento do self e processos de hiperindividualização: interrogações à Psicologia Dialógica. *Psicologia USP*, v. 27, n. 2, p. 201-211, 2016. https://doi.org/10.1590/0103-6564D20160004.
MAIA, A. C. B. *et al.* Padrões de beleza, feminilidade e conjugalidade em princesas da Disney: uma análise de contingências. *Diversidade e Educação*, v. 8, n. Especial, p. 123-142, 2020. https://doi.org/10.14295/de.v8iEspeciam.9812.

[25] MARTINEZ, F. J. Educadas para o consumo: moda e publicidade como "tecnologias de gênero" no início do século XX. *Emblemas*, v. 12, n. 2, p. 52-66, 2015.

das identidades de gênero. A análise das animações, sob a ótica das adolescentes brasileiras, revela como o patriarcado e o machismo moldam as percepções sobre papéis sociais, ressaltando a necessidade de políticas e intervenções que promovam uma construção social crítica e humanizada.

Considerando o exposto, é fundamental incluir estudos sobre questões de gênero nos primeiros períodos da vida, a fim de estimular uma análise crítica do tema, especialmente porque a adolescência é uma fase crucial para o desenvolvimento integral dos indivíduos[26]. A compreensão de como os papéis de gênero são percebidos, sobretudo por meio das produções destinadas ao público infantojuvenil, pode beneficiar profissionais das áreas de saúde, educação, arte e comunicação, promovendo reflexões acerca dos estereótipos que acarretam repercussões psicológicas, educacionais e sociais[27].

Assim, este livro está estruturado em cinco capítulos, que orientam a leitura pelos fundamentos teóricos, metodológicos e empíricos que sustentam a pesquisa. Espera-se que a organização da obra não só facilite a compreensão, mas também proporcione uma experiência envolvente e gratificante, atuando como catalisador para reflexões e ações que promovam um mundo mais equitativo para crianças e adolescentes, independentemente de gênero. A intenção é que cada capítulo, com sua abordagem específica e detalhada, seja tanto informativo quanto inspirador, estimulando reflexões profundas sobre as questões de gênero e o desenvolvimento humano.

O primeiro capítulo, intitulado "Crescer em contexto: a adolescência sob a lente bioecológica", apresenta uma visão do desenvolvimento humano com foco na adolescência e na Teoria Bioecológica do Desenvolvimento Humano (TBDH). O capítulo inicia com uma seção dedicada à Psicologia do Desenvolvimento, abordando a evolução histórica da disciplina e as contribuições de teóricos notáveis. Em seguida, detalha-se a TBDH, explicando suas fases e conceitos-chave – como microssistema,

---

[26] SENNA, S. R. C. M.; DESSEN, M. A. Contribuições das Teorias do Desenvolvimento Humano para a Concepção Contemporânea da Adolescência. *Psicologia: Teoria e Pesquisa*, v. 28, n. 1, p. 101-108, 2012. https://doi.org/10.1590/S0102-37722012000100013.
COYNE et al., 2016, 2021.

[27] Confer LEAPER, C.; BROWN, C. S. Chapter six – Sexism in Schools. *In:* LIBEN, L. S.; BIGLER, R. S. (ed.). The Role of Gender in Educational Contexts and Outcomes. *Advances in Child Development and Behavior*, v. 47, p. 189-223, 2014. https://doi.org/10.1016/bs.acdb.2014.04.001.
BLASCO, V. J. V.; GRAU-ALBEROLA, E. Diferencias por sexo y edad en la interiorización de los estereotipos de género en la adolescencia temprana y media. *Electronic Journal of Research in Educational Psychology*, v. 17, n. 47, p. 106-128, 2019. https://doi.org/10.25115/ejrep.v17i47.2184.

cronossistema e a importância dos processos proximais, conforme exemplificado pelo modelo Processo-Pessoa-Contexto-Tempo (PPCT). Posteriormente, o capítulo explora a definição de adolescência e os mecanismos de socialização, abordando também a noção de dispositivos de gênero – com ênfase nos dispositivos amoroso, materno e de eficácia – e finaliza com a definição de tecnologias de gênero, exemplificada por filmes das princesas Disney que reforçam padrões patriarcais.

O Capítulo 2, "Princesas em pauta: Disney e a discussão sobre gênero e diversidade", examina a evolução das princesas Disney, refletindo as mudanças sociais e culturais relacionadas a gênero e diversidade. O capítulo contextualiza a importância do feminismo e das novas mídias, introduz a The Walt Disney Company e discute a franquia Disney Princesas®. Além disso, analisa a representação racial e de gênero, explorando como as princesas evoluíram em termos de independência e diversidade cultural.

O Capítulo 3, "O mapa metodológico: a jornada rumo ao reino das descobertas", descreve a metodologia desta pesquisa qualitativa, apresentando os objetivos, as participantes, os procedimentos de coleta e análise de dados e os aspectos éticos envolvidos. A produção dos dados incluiu entrevistas semiestruturadas, uma entrevista piloto e o uso de vídeos de reação (*reacts*) para captar as respostas espontâneas das participantes aos filmes das princesas Disney. A análise seguiu uma abordagem indutiva, centrada na Análise Temática (AT).

No Capítulo 4, "Desvendando e explorando o reino das descobertas", são apresentados os resultados da pesquisa, com a discussão de três temas e 11 subtemas identificados na análise temática das entrevistas. Os temas são: (1) *Era uma vez...: concepções de gênero*, com três subtemas *Pergaminhos malditos: papéis de gênero*; *Rótulo amaldiçoado: estereótipos de gênero*; e *Crueldades do reino: disparidades e violência*; (2) *Em um reino não tão distante...: contextos de socialização*, com três subtemas *Castelo mágico: microssistema, Reino encantado: exossistema* e *Além da floresta: macrossistema*; e (3) *E viveram felizes para sempre?: sobre as princesas Disney*, com cinco subtemas *Heranças encantadas: legado geracional*; *Vórtice do tempo: opiniões transformadas, Espelho, espelho meu: identificação pessoal*; *Poções de sabedoria: interpretações possíveis*; e *Revelando o feitiço: críticas às narrativas*.

Finalmente, o Capítulo 5, "Refletindo sobre a jornada em direção ao Reino da Equidade", traz as considerações finais, resumindo os principais achados, discutindo implicações e sugerindo direções para futuras pesquisas. O capítulo também discute as limitações do estudo e suas implicações para a educação e para as políticas públicas, destacando a importância de uma mídia mais consciente e que fomente a integração social.

Almeja-se que a leitura deste livro transcenda a mera absorção de informações, transformando-se em uma jornada de descoberta e compreensão, motivando a participação ativa das pessoas na construção de uma sociedade mais justa e equitativa. Que as próximas páginas sirvam como um convite à reflexão crítica e ao diálogo, inspirando mudanças positivas nas percepções e práticas relacionadas ao gênero em nossa cultura.

Capítulo 1

CRESCER EM CONTEXTO: ADOLESCÊNCIA SOB A LENTE BIOECOLÓGICA E DOS ESTUDOS DE GÊNERO

> *Must I pretend that I'm*
> *Someone else for all time*
> *When will my reflection show*
> *Who I am inside?*
> *(Mulan – Reflection)*[28]

Este capítulo tem como objetivo estabelecer um alicerce teórico e conceitual que possibilite a compreensão dos elementos essenciais que permeiam esta obra, examinando os conceitos e as dinâmicas que influenciam a formação das concepções de gênero durante a adolescência. Inicialmente, apresenta-se uma visão geral da Psicologia do Desenvolvimento, destacando a evolução histórica da disciplina e as contribuições significativas de teóricos notáveis. A ênfase recai sobre a Teoria Bioecológica do Desenvolvimento Humano (TBDH), que oferece uma estrutura para analisar as interações entre ambientes e sistemas sociais que influenciam o desenvolvimento individual ao longo do tempo.

A seção dedicada à adolescência aprofunda a discussão ao abordar temas como puberdade, socialização e relacionamentos, cultura e mídia, sexualidade, bem como identidade e gênero. Esses tópicos são cruciais para compreender as múltiplas dimensões do desenvolvimento nesse período, especialmente no que se refere às questões de gênero e à influência dos dispositivos e das tecnologias de gênero. O conceito de dispositivos de gênero é introduzido para explicar como certas estruturas sociais e culturais moldam as expectativas e os comportamentos de gênero. Esses dispositivos operam em vários níveis, desde a família e a escola até a mídia e a cultura mais ampla, influenciando a maneira como os indivíduos percebem a si mesmos e aos outros em termos de gênero.

---

[28] Devo fingir que sou | Outra pessoa o tempo todo? | Quando meu reflexo irá mostrar | Quem eu sou por dentro? – Mulan – Reflexo (tradução nossa).

Por fim, a análise das tecnologias de gênero aprofunda a análise, focando em como processos sociais específicos, incluindo a mídia e as representações culturais, produzem e reforçam subjetividades de gênero. Nesse sentido, os filmes das princesas Disney exemplificam tecnologias de gênero secundárias, pois podem perpetuar estereótipos e normas patriarcais, moldando significativamente a forma como as adolescentes compreendem seus papéis na sociedade.

Ao integrar os processos de desenvolvimento, os dispositivos de gênero e as tecnologias de gênero, este capítulo fornece o suporte teórico necessário para investigar as concepções de gênero em adolescentes que se identificam como meninas e mulheres cisgênero. Essa perspectiva interdisciplinar e bioecológica possibilita uma compreensão mais rica das nuances do desenvolvimento humano, ao considerar como fatores biológicos, psicológicos, sociais e culturais se inter-relacionam na construção do entendimento sobre gênero e identidade.

1.1 Psicologia do desenvolvimento

A Psicologia do Desenvolvimento é o campo que investiga o desenvolvimento humano ao longo da vida. Essa área estuda os processos que impulsionam tanto as transformações – observadas em pensamentos, emoções, comportamentos e relacionamentos sociais – quanto as constâncias manifestadas em traços de personalidade, interesses e preferências. Além disso, analisa os fatores que influenciam esses processos, como genética, ambiente e cultura, o que a torna uma área interdisciplinar que integra conceitos e métodos da psicologia, biologia, sociologia e outras ciências afins[29].

Os primeiros estudos sobre o desenvolvimento humano foram realizados por filósofos e médicos da Grécia Antiga, que se concentraram nos aspectos físico e mental e procuraram compreender as diferenças entre homens e mulheres, assim como entre crianças e adulto. No século XIX, a

---

[29] LERNER, R. M. et al. *Handbook of psychology*: Developmental psychology (Vol. 6). Hoboken: John Wiley & Sons, Inc., 2003.
BROWN, C. *Developmental Psychology*. London: SAGE, 2008.
HOOD, K. E. et al. *Handbook of developmental science, behavior, and genetics*. Chichester: Wiley-Blackwell, 2010.
COLL, C. G. et al. *Nature and nurture*: The complex interplay of genetic and environmental influences on human behavior and development. New York; London: Psychology Press, 2012.
MOLENAAR, P. C. M. et al. *Handbook of developmental systems theory and methodology*. New York: The Guilford Press, 2014.
LERNER, R. M. *Concepts and theories of human development*. 4. ed. New York; London: Routledge, 2018.

Psicologia do Desenvolvimento consolidou-se como disciplina científica, impulsionada por pensadores que investigaram a interação entre evolução biológica, história de vida e comportamento humano[30].

Essa área abrange diversas dimensões – física, cognitiva, social e emocional –, examinando o crescimento motor, a aquisição de habilidades cognitivas, a formação da identidade e aspectos relacionados à saúde mental e à educação. Dessa forma, contempla todas as fases da existência, desde a concepção até a velhice, englobando grupos variados, como bebês, adolescentes, adultos e idosos[31].

O desenvolvimento humano resulta da interação de fatores biológicos (tais como genética, saúde e nutrição), psicológicos (incluindo personalidade, inteligência e motivação) e sociais (abrangendo família, escola, cultura e sociedade). Esses elementos se combinam de forma complexa, moldando as trajetórias individuais. Por exemplo, uma pessoa com uma condição genética que dificulta a aprendizagem pode enfrentar barreiras adicionais, mas também contar com o suporte de familiares e profissionais, o que pode auxiliá-la na superação desses desafios[32].

O campo da Psicologia do Desenvolvimento se torna cada vez mais complexo, sobretudo em um mundo pós-moderno que demanda atuações que ultrapassem explicações simplistas. Para compreender os comportamentos e os processos de desenvolvimento, é necessário considerar múltiplos fatores e privilegiar perspectivas interdisciplinares. Diversas abordagens enfatizam estágios do desenvolvimento, a aprendizagem por observação e a influência dos ambientes nos quais os indivíduos se desenvolvem[33].

---

[30] LERNER *et al.*, 2003.
BROWN, 2008.
THOMPSON, D. et al. *Developmental Psychology in Historical Perspective*. Chichester: Wiley-Blackwell, 2012.
LERNER, 2018.

[31] LERNER *et al.*, 2003.
BROWN, 2008.
HOOD *et al.*, 2010.
MOLENAAR *et al.*, 2014.
LERNER, 2018.

[32] LERNER *et al.*, 2003.
BROWN, 2008.
HOOD, 2010.
COLL *et al.* 2012.
MOLENAAR, 2014.
LERNER, 2018.

[33] LERNER *et al.*, 2003.
THOMPSON, 2012.
LERNER, 2018.

Esses avanços destacam a importância de integrar os fatores biológicos, psicológicos e sociais na análise do comportamento humano na sociedade contemporânea. Ao adotar uma perspectiva ampla, a Psicologia do Desenvolvimento oferece ferramentas essenciais para compreender a complexidade dos processos e suas interações com os variados contextos culturais e históricos[34].

1.1.1 Teoria bioecológica do desenvolvimento humano

Urie Bronfenbrenner (1917–2005) nasceu na Rússia e emigrou para os Estados Unidos com sua família ainda na infância. Formou-se na Universidade Cornell e concluiu seu doutorado em Psicologia pela Universidade de Michigan. Durante mais de 40 anos, lecionou Psicologia em Cornell e se consolidou como uma das figuras mais influentes do campo no século XX. Seu trabalho focou no desenvolvimento humano, destacando o papel determinante do ambiente nesse processo. A partir dessa perspectiva, elaborou a teoria ecológica do desenvolvimento humano, posteriormente conhecida como Teoria Bioecológica do Desenvolvimento Humano (TBDH)[35]. A evolução de suas ideias pode ser didaticamente dividida em três fases[36].

A primeira fase (1973-1979) resultou na publicação, em 1979, do livro *The Ecology of Human Development*[37]. Nesse período, a perspectiva ecológica emergiu de maneira inovadora ao considerar tanto o indivíduo em desenvolvimento quanto o ambiente, enfatizando as interações mútuas entre ambos. Esse contato recíproco gera "uma mudança duradoura na maneira pela qual uma pessoa percebe e lida com o seu ambiente"[38]. A teoria destacou que o desenvolvimento humano ocorre por meio de interações recíprocas entre o sujeito e seu contexto. Para ilustrar sua concepção de ambiente ecológico, Bronfenbrenner utilizou a imagem de uma matrioska – bonecas russas que se encaixam umas dentro das outras – e

---

[34] LERNER *et al.*, 2003.
THOMPSON, 2012.
LERNER, 2018.

[35] SHELTON, L. G. *The Bronfenbrenner primer*: a guide to develecology. New York – London: Routledge, 2019.

[36] ROSA, E. M.; TUDGE, J. Urie Bronfenbrenner's Theory of Human Development: Its Evolution From Ecology to Bioecology. *Journal of Family Theory and Review*, v. 5, n. 4, p. 243-258, 2013. https://doi.org/10.1111/jftr.12022.

[37] A sua tradução em português foi lançada em 1996 pela Editora Artes Médicas com o título de *A ecologia do desenvolvimento humano: experimentos naturais e planejados*.

[38] BRONFENBRENNER, 1996. p. 5

definiu quatro níveis de análise: *microssistema*, *mesossistema*, *exossistema* e *macrossistema*, dispostos em camadas sucessivas[39].

O *microssistema* é descrito como um "complexo de inter-relações dentro do ambiente imediato"[40] e representa o sistema mais próximo do indivíduo, incluindo pessoas, objetos, instituições e atividades com as quais ele interage regularmente, como família, sala de aula, amigos e vizinhos. Nesse nível, ocorrem os aprendizados que possibilitam a transformação do sujeito, sendo que a qualidade das interações pode influenciar positiva ou negativamente seu desenvolvimento. Nas palavras de Bronfenbrenner, "um microssistema é um padrão de atividades, papéis e relações interpessoais experienciados pela pessoa em desenvolvimento num dado ambiente com características físicas e materiais específicas"[41]. O conceito de inter-relação pode ser estendido às conexões entre diferentes ambientes.

O *mesossistema* é a interação entre dois ou mais microssistemas, podendo ser exemplificado com a interação entre a família e as amizades. Tanto o micro quanto o mesossistema estão em constante mudança, porque, à medida que a pessoa cresce e amadurece, seus microssistemas e as interações entre eles também mudam. O *exossistema* é composto por estruturas que não incluem diretamente a pessoa, mas em que ocorrem eventos que afetam seu ambiente imediato[42]. Por exemplo, o trabalho dos pais pode reduzir o tempo de convivência familiar, impactando o desenvolvimento social e emocional da criança. Em alguns casos, a delimitação entre microssistema e exossistema é sutil, como na escola, na qual a sala de aula é considerada um microssistema, enquanto a instituição escolar pode ser entendida como parte do exossistema. De maneira semelhante, pode haver distinções entre a vizinhança e a comunidade, representando níveis de proximidade distintos em relação ao indivíduo.

Por fim, o *macrossistema* abrange os elementos sociais e culturais que, embora atuem de forma indireta, influenciam significativamente o desenvolvimento. Esses elementos incluem valores, políticas, condições econômicas e religião. Cada nível se fundamenta em padrões semelhantes, embora grupos sociais distintos possam organizar esses sistemas de maneiras bastante diversas[43].

---

[39] BRONFENBRENNER, 1996. p. 5.
[40] *Ibidem*, p. 8.
[41] *Ibidem*, p. 18.
[42] *Ibidem*.
[43] *Ibidem*.

A segunda fase (1980–1993) valoriza o papel da agência individual e aprofunda a compreensão dos processos de desenvolvimento ao longo do tempo. O tempo, dividido em três níveis – *microtempo*, *mesotempo* e *macrotempo* – passou a integrar o conceito de cronossistema. O *microtempo* refere-se à continuidade ou descontinuidade dos episódios de processos proximais, enquanto o *mesotempo* diz respeito à periodicidade desses episódios em intervalos mais amplos, como dias e semanas. Ambientes estáveis e previsíveis favorecem os processos proximais que contribuem para um desenvolvimento saudável, ao passo que a instabilidade pode afetar negativamente o crescimento em cada nível temporal. Por fim, o *macrotempo* foca nas mudanças de expectativas e eventos na sociedade, tanto dentro como entre gerações, afetando e sendo afetado pelos processos e resultados do desenvolvimento humano[44].

Nesse cenário, os indivíduos podem experienciar o tempo de maneiras diferentes, de acordo com sua idade, gênero, cultura e outros fatores[45]. As mudanças que ocorrem ao longo do tempo podem impactar diretamente o desenvolvimento – por exemplo, o início da puberdade ou a ocorrência de uma doença – ou indiretamente, por meio de transformações no ambiente, como o nascimento de um irmão, a entrada na escola ou a separação dos pais. Tais alterações abrangem dimensões físicas, cognitivas, sociais e emocionais, bem como aspectos do ambiente social, cultural e político, podendo ser normativas (esperadas) ou não (inesperadas), como a entrada na escola em contraste com a morte súbita ou a doença grave de um familiar[46]. Pode-se afirmar que "a principal característica dessas experiências ou eventos é que 'eles alteram a relação existente entre a pessoa e o ambiente, criando assim uma dinâmica que pode instigar a mudança desenvolvimental'"[47]. A Figura 1 sintetiza alguns exemplos dos cinco níveis que passaram a compor esse período.

---

[44] BRONFENBRENNER, U.; MORRIS, P. A. The ecology of developmental processes. *In:* DAMON, W.; LERNER, R. M. (ed.). *Handbook of child psychology*: Theoretical models of human development. Hoboken: John Wiley & Sons Inc., 1998. p. 993-1028.

[45] *Ibidem*.

[46] ROSA; TUDGE, 2013.

[47] *Ibidem*, p. 250, tradução nossa, destaque no original. Redação original: The main characteristic of these experiences or events is that "they alter the existing relation between person and environment, thus creating a dynamic that may instigate developmental change" (Bronfenbrenner, 1989, p. 201).

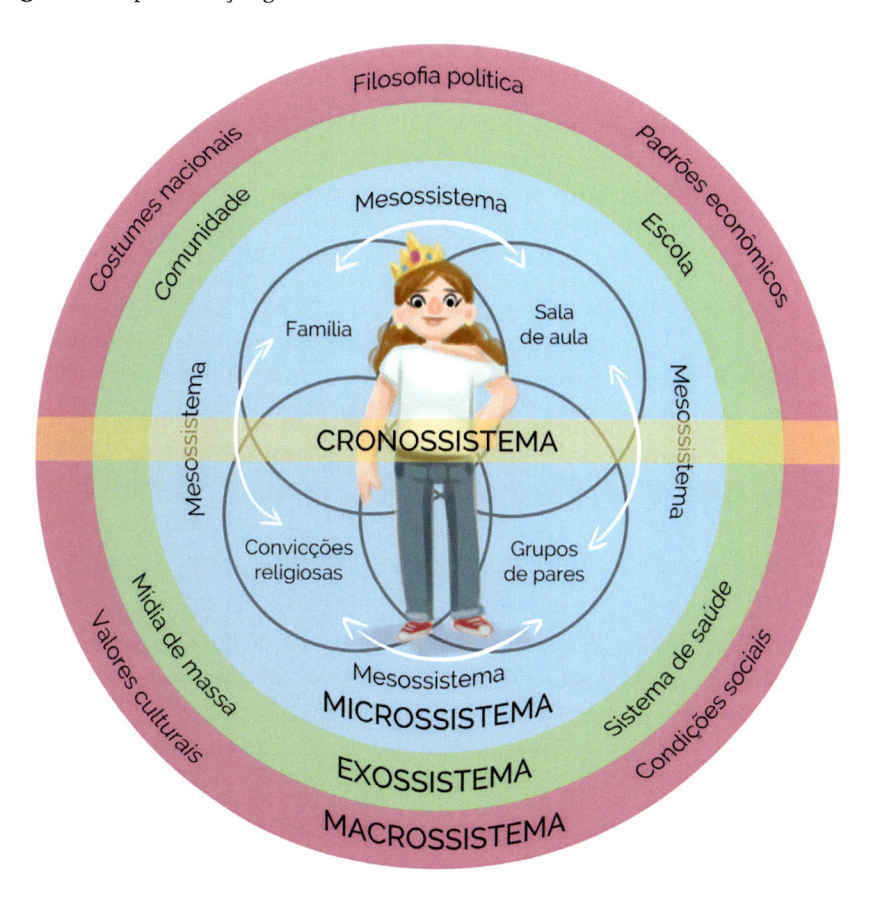

Figura 1 – Representação gráfica da TBDH de Bronfenbrenner

Fonte: acervo da autora[48]

Durante esse mesmo período, Bronfenbrenner criou o modelo Pessoa-Processo-Contexto, posteriormente denominado *Processo-Pessoa-Contexto* (PPC), e aprimorou os conceitos de microssistema e macrossistema, enfatizando a importância das características psicológicas – como temperamento, personalidade e crenças – no ambiente imediato da pessoa em desenvolvimento[49]. Ele também redefiniu o macrossistema como "o padrão abrangente [...] de uma dada cultura, subcultura ou outra estrutura

---

[48] Ilustração de Thiago Krening. A versão em inglês desta imagem é facilmente encontrada na internet com o título *Bronfenbrenner's Ecological Model of Child Development*, sua autoria, no entanto, não é creditada. Na literatura acessada, contudo, é possível verificar uma imagem similar em Penn (2008, p. 47).
[49] ROSA; TUDGE, 2013.

social estendida [com] sistema de crença semelhante, recursos sociais e econômicos, perigos, estilos de vida etc. [tais como] classes sociais, grupos étnicos ou grupos religiosos"[50].

A terceira fase (1993–2006) consolida os processos proximais e o modelo *Processo-Pessoa-Contexto-Tempo* (PPCT) como pilares centrais da TBDH[51]. Sob essa perspectiva, o desenvolvimento é compreendido como um processo de transformações contínuas nas dimensões física, cognitiva, social e emocional, influenciado por fatores genéticos, ambientais e pelas experiências pessoais. Ele ocorre ao longo de toda a vida – desde a concepção até a morte – e não segue um percurso linear, mas sim uma série de mudanças moduladas pelo contexto histórico. Ademais, ao longo do ciclo de vida, características biopsicológicas, cognitivas, emocionais e comportamentais influenciam a forma como cada pessoa interage com seu ambiente e com os demais indivíduos, gerando os *processos proximais*, mecanismos primários responsáveis pela produção do desenvolvimento humano[52].

A TBDH oferece subsídios para compreender a adolescência em diferentes contextos, funcionando como uma ferramenta valiosa para identificar os fatores que promovem o desenvolvimento saudável e orientar intervenções que ajudem adolescentes a alcançar seu pleno potencial. Para este estudo, optou-se por aplicar a forma final da TBDH, pois ela permite levantar questões como: (1) Como se manifestam as questões de gênero em famílias influenciadas por movimentos feministas?; (2) De que forma os sistemas nos quais as adolescentes estão inseridas debatem os conteúdos de gênero e como elas reagem e influenciam essas discussões?; (3) Como mudanças no exossistema ou no macrossistema podem impactar a vida dessas adolescentes?; e (4) Quais interpretações e significados são construídos quando essas jovens definem para si o que é ser mulher, a partir de estímulos recebidos ao longo da vida nos diversos sistemas?

Nesse sentido, compreender as questões de gênero a partir da perspectiva de adolescentes, utilizando animações das princesas Disney e uma abordagem contextualista interacionista, conforme proposta pela TBDH, exige o entendimento dos seguintes elementos articulados com os modelos do sistema ecológico e do PPCT:

---

[50] ROSA; TUDGE, 2013, p. 250, tradução nossa. Redação original: [...] "the overarching pattern of micro-, meso-, and exosystems characteristic of a given culture, subculture, or other extended social structure" (1993, p. 25). This extended structure refers to a pattern of "similar belief system, social and economic resources, hazards, life-styles, etc. [such as] social classes, ethnic or religious groups" (1989, p. 229).

[51] *Ibidem*.

[52] BRONFENBRENNER; MORRIS, 1998.

- os atributos das adolescentes (como herança genética e biológica) e seus recursos (por exemplo, habilidades, inteligência, recursos cognitivos, emocionais, sociais e materiais), bem como suas disposições/força (como temperamento, motivação, persistência) e o modo como interagem com outras pessoas e ambientes;
- o processo de desenvolvimento em foco, relacionado às questões de gênero (incluindo identidade e papéis), resultante das interações com pessoas, objetos e símbolos presentes, por exemplo, nas animações das princesas Disney;
- o contexto, que se refere a como essas questões de gênero são tratadas – ou não – nos diversos níveis dos sistemas ecológicos, tais como:
  * microssistema – envolvendo famílias, salas de aula, colegas, grupos de amigos e participantes de atividades extracurriculares;
  * mesossistema – representado pela interação entre dois ou mais dos sistemas mencionados;
  * exossistema – compreendendo as instituições escolares, redes sociais, mídias e as produções de princesas Disney consumidas; e
  * macrossistema – englobando os padrões globais predominantes em uma cultura, incluindo valores, políticas e condições sociais relacionadas às questões de gênero, tanto no Brasil quanto em outras localidades, como os Estados Unidos e a Europa, que também influenciam o contexto brasileiro;
- o tempo, distribuído em níveis como *aqui e agora*, períodos mais extensos (meses ou anos) e ainda mais amplos (mudanças históricas e intergeracionais), com exemplos que vão desde a puberdade e a pandemia de covid-19 até repercussões de movimentos feministas e transformações tecnológicas.

A aplicação desses componentes permite compreender de que forma as adolescentes, ao interagir com produções midiáticas como os filmes das princesas Disney, constroem significados sobre o que é ser mulher – considerando as interações que abrangem família, escola e sociedade. Assim, a TBDH possibilita uma leitura integrada dos processos desenvolvimentais e dos fatores culturais, históricos e sociais que moldam cada experiência.

1.1.2 Adolescência

A adolescência é uma construção social que designa o período de transição entre a infância e a vida adulta, marcado por transformações significativas nos âmbitos biológico, cognitivo, emocional e social. Embora a Organização Mundial da Saúde (OMS) a situe entre os 10 e 19 anos, e o Estatuto da Criança e do Adolescente do Brasil[53] a delimite entre 12 e 18 anos, é importante considerar que a adolescência também é um fenômeno histórico, cujas características e limites variaram ao longo do tempo e entre diferentes culturas. O conceito de adolescência como uma fase distinta do desenvolvimento só começou a se consolidar no Ocidente a partir do final do século XIX, influenciado por mudanças sociais, econômicas e educacionais, o que reforça sua natureza dinâmica e historicamente situada[54].

A Psicologia do Desenvolvimento, comprometida em ampliar a compreensão dessa etapa e desenvolver ferramentas para lidar com suas questões, enfrenta desafios na definição da adolescência. Embora as mudanças biológicas na puberdade sejam universais, os critérios que caracterizam essa fase vão além do desenvolvimento físico, englobando também transformações cognitivas, sociais e a forma como cada pessoa interpreta o mundo. Com base nessas reflexões, a visão da adolescência tem se transformado ao longo do tempo: inicialmente considerada uma fase natural e universal, marcada por conflitos e tensões, ela agora é entendida de maneira mais complexa, com abordagens contemporâneas que valorizam a diversidade cultural e questionam estereótipos preconceituosos[55].

A ausência de parâmetros globais para delimitar o fim da adolescência evidencia a importância dos aspectos sociopsicológicos em sua definição. A cultura exerce um papel crucial, pois a expressão da adolescência fundamenta-se mais em características sociais e econômicas do que exclusivamente em fatores físicos e hormonais. Assim, é necessário desconstruir a noção de que esse período seria inevitavelmente turbulento ou violento, uma vez que acreditar que todas as pessoas jovens enfrentam crises intensas pode restringir a compreensão dessa etapa essencial do desenvolvimento humano[56].

---

[53] BRASIL. Lei n° 8.069, de 13 de julho de 1990. Estatuto da Criança e do Adolescente e dá outras providências. *Diário Oficial [da] República Federativa do Brasil*, Brasília, DF, 16 jul. 1990. Disponível em: https://www.planalto.gov.br/ccivil_03/leis/l8069.htm. Acesso em: 10 maio 2023.

[54] CERQUEIRA-SANTOS *et al.*, 2014.

[55] *Ibidem*.

[56] *Ibidem*.

Reconhecer a diversidade de experiências na adolescência é essencial para evitar generalizações indevidas. Estudos recentes criticam como alguns manuais de Psicologia legitimam desigualdades ao responsabilizar os jovens por suas ações, utilizando como referência um padrão restrito e excludente (o homem branco burguês ocidental)[57]. Essa abordagem invisibiliza as vivências de outros grupos culturais, reforçando estereótipos que pouco contribuem para a compreensão da pluralidade juvenil. Assim, a adolescência requer uma perspectiva multifacetada e livre de preconceitos, a fim de promover uma leitura mais abrangente e que valorize a diversidade de período.

Nas próximas seções, serão apresentados os temas mais relevantes desse processo para o debate proposto ao longo do livro.

1.1.2.1 Puberdade

A puberdade representa um período de transformações físicas rápidas que culminam na maturidade sexual[58]. Durante essa fase, os adolescentes experimentam um crescimento acelerado, o desenvolvimento dos órgãos reprodutores e a maturação de características sexuais secundárias – como o crescimento de pelos, mudanças na voz e o início da menstruação. Esses processos são impulsionados principalmente pelos hormônios, que atuam integrando os sistemas endócrino, nervoso e reprodutivo. Por exemplo, o estrogênio desempenha um papel central no desenvolvimento das características femininas, enquanto a testosterona é fundamental para as transformações físicas em indivíduos do sexo masculino. A idade de início da puberdade varia conforme fatores genéticos, ambientais e nutricionais, o que significa que o momento dessas mudanças pode diferir entre as pessoas[59].

Fatores genéticos – como o histórico familiar de puberdade precoce ou tardia – influenciam significativamente o início dessas transformações. Além disso, fatores ambientais, como a exposição a determinados produtos

---

[57] CERQUEIRA-SANTOS *et al.*, 2014.
[58] LEHMILLER, J. J. *The Psychology of Human Sexuality*. 2. ed. [recurso eletrônico]. Hoboken: John Wiley & Sons, 2018.
CERQUEIRA-SANTOS, E. Sexualidade humana: uma leitura a partir da psicologia do desenvolvimento. *In*: RAMOS, M. de M.; CERQUEIRA-SANTOS, E. (org.). *Psicologia & Sexualidade*: Diversidade Sexual. São Paulo: Dialética, 2021. p. 19-34.
[59] SUSMAN, E. J. *et al.* Puberty, Sexuality, And Health. *In*: LERNER, R. M. *et al.* (ed.). *Handbook of psychology*: Developmental psychology (Vol. 6). Hoboken: John Wiley & Sons, Inc, 2003. p. 295-324.
PAPALIA, D. E.; MARTORELL, G. *Experience Human Development* [recurso eletrônico]. 15. ed. New York: McGraw Hill, 2024.

químicos (por exemplo, pesticidas ou plásticos que liberam substâncias disruptivas), podem acelerar esse processo, resultando em puberdade precoce. Por outro lado, condições como baixo peso ao nascer, desnutrição ou níveis reduzidos de atividade física podem retardar o início da puberdade. Condições médicas específicas – como tumores cerebrais, a síndrome de McCune-Albright, o hipotireoidismo ou a síndrome de Turner – também estão associadas a variações no tempo de início da puberdade[60].

Embora a puberdade seja um processo universal, sua manifestação varia de acordo com contextos culturais e étnicos. Por exemplo, em alguns grupos, os primeiros sinais de puberdade aparecem entre os 8 e 9 anos nas meninas, enquanto nos meninos esses sinais podem se manifestar entre os 10 e 11 anos. Essa heterogeneidade pode gerar ansiedade entre os adolescentes, que se preocupam com sua aparência e com a forma como são percebidos socialmente durante essa transição[61].

O cérebro também passa por intensas transformações durante a puberdade. Nessa fase, ocorre uma segunda onda de produção excessiva de massa cinzenta, especialmente nos lobos frontais – áreas do cérebro responsáveis pelo planejamento e pelo pensamento abstrato. Em seguida, inicia-se o processo de *poda neural*, no qual neurônios excedentes são eliminados, refinando as conexões cerebrais. A mielinização contínua dos lobos frontais facilita a maturação do processamento cognitivo, permitindo o desenvolvimento da capacidade de pensar de forma abstrata, resolver problemas de maneira lógica e refletir sobre questões filosóficas e morais. Entretanto, uma vez que as áreas límbicas – que regulam as emoções – amadurecem antes dos lobos frontais, os adolescentes podem apresentar maior impulsividade e uma tendência a comportamentos de risco[62].

A puberdade não afeta apenas o corpo, mas também provoca mudanças profundas no comportamento e nas relações sociais. Durante esse período, os adolescentes tendem a se distanciar dos pais e a se identificar mais intensamente com seus pares, um processo que pode ser tanto enriquecedor quanto conflituoso. Amizades – especialmente entre meninas – tendem a se tornar mais íntimas, estáveis e solidárias, contribuindo para

---

[60] PAPALIA; MARTORELL, 2024.
[61] SUSMAN, E. J.; ROGOL, A. Puberty and Psychological Development. *In:* LERNER, R. M.; STEINBERG, L. (ed.). *Handbook of adolescent psychology*. 2. ed. Hoboken: John Wiley & Sons, Inc., 2004. p. 15-44.
LEHMILLER, 2018.
PAPALIA; MARTORELL, 2024.
[62] PAPALIA; MARTORELL, 2024.

a formação de uma identidade pessoal. Simultaneamente, os adolescentes passam a se interessar por relacionamentos românticos e a formar grupos de amizade próprios, o que exerce uma influência significativa sobre o desenvolvimento psicossocial[63].

Além dos fatores biológicos, o ambiente em que os jovens se inserem – abrangendo cultura, família e grupos de amizade – exerce forte influência sobre o desenvolvimento durante a puberdade. Adolescentes que mantêm relacionamentos positivos com seus responsáveis, participam de atividades extracurriculares e possuem um senso claro de propósito tendem a apresentar um desenvolvimento psicossocial mais equilibrado[64]. Contudo, essa transição pode ser marcada por desafios intensos, como conflitos familiares, pressões escolares, escolhas profissionais e comportamentos de risco.

Esses desafios incluem a pressão dos pares e a influência dos amigos, que podem levar os adolescentes a adotarem comportamentos inadequados para sua idade, como fumar, consumir bebidas alcoólicas, usar drogas ilícitas ou manter relações sexuais sem proteção, aumentando a vulnerabilidade a infecções sexualmente transmissíveis (ISTs) e à gravidez precoce[65]. Além disso, problemas de saúde mental – como ansiedade e depressão, comuns nessa fase – podem provocar sentimentos de tensão, preocupação, desconforto, tristeza, desesperança e desinteresse por atividades antes prazerosas. Durante esse período, os adolescentes também estão mais expostos à violência em diversos contextos – seja na escola, em casa ou na comunidade – tanto como vítimas quanto como agressores, bem como ao abuso de substâncias, o que pode acarretar prejuízos significativos à saúde física, mental e comportamental[66].

A adolescência é uma fase crucial da vida, marcada por profundas transformações em múltiplas dimensões. Durante essa transição, uma abordagem de parentalidade positiva, aliada ao apoio de professores e profissionais de saúde, é fundamental para que os indivíduos em desenvolvimento construam uma identidade pessoal saudável. É importante que essas figuras de referência estejam presentes, oferecendo suporte consistente, estabelecendo limites e expectativas claras e mantendo um

---

[63] PAPALIA; MARTORELL, 2024.
[64] SUSMAN; ROGOL, 2004.
PAPALIA; MARTORELL, 2024.
[65] CERQUEIRA-SANTOS, 2021.
[66] PAPALIA; MARTORELL, 2024.

diálogo aberto sobre sentimentos e preocupações[67]. Ademais, fomentar a saúde por meio da educação sexual – garantindo acesso facilitado à contracepção e aos serviços de saúde mental, e encaminhando para apoio profissional quando necessário – é indispensável para promover o desenvolvimento equilibrado dos adolescentes.

A experiência da puberdade e da adolescência não ocorre de maneira homogênea, sendo profundamente moldada por fatores macrossociais como raça, classe social e gênero. Nesse contexto, é importante observar que, embora sejam valiosos, manuais estadunidenses[68] frequentemente não dialogam plenamente com a realidade brasileira. Por exemplo, a gravidez na adolescência não pode ser entendida isoladamente dessas dimensões sociais[69]. No Brasil, essa condição é mais prevalente entre meninas que vivem em contextos socioeconômicos vulneráveis, resultado não apenas das dificuldades de acesso a informações e serviços de saúde reprodutiva, mas também das expectativas sociais e das oportunidades econômicas limitadas para essas jovens. Para muitas, a maternidade precoce surge como uma das poucas alternativas viáveis em ambientes de exclusão social[70].

Além disso, esse período é permeado por questões de gênero e orientação sexual que moldam significativamente a vivência e a socialização sexual dos adolescentes. A iniciação sexual, por exemplo, está imbricada em normas de gênero e pode ser influenciada pela presença de parceiros mais velhos, especialmente para meninas, o que pode levar à adoção de comportamentos sexuais de risco, como o uso inconsistente de preservativos e a realização de relações sexuais sem proteção[71]. T tais comportamentos elevam a vulnerabilidade das adolescentes a infecções sexualmente transmissíveis (ISTs) e à gravidez não planejada, evidenciando a necessidade de intervenções que transcendam a educação sexual e incluam suporte social e emocional[72].

---

[67] SUSMAN *et al.*, 2003.
PAPALIA; MARTORELL, 2024.

[68] *Confer* SUSMAN *et al.*, 2003.
PAPALIA; MARTORELL, 2024.

[69] CERQUEIRA-SANTOS, 2021.

[70] PINHEIRO, Y. T. *et al.* Fatores associados à gravidez em adolescentes de um município do nordeste do Brasil. *Cadernos Saúde Coletiva*, v. 27, n. 4, p. 363-367, 2019. https://doi.org/10.1590/1414-462X201900040364. CERQUEIRA-SANTOS, 2021.

[71] CERQUEIRA-SANTOS, 2021.

[72] REIS, L. F. *Comportamento sexual de risco e fatores associados entre adolescentes brasileiros*: avaliação de efeitos secundários de uma intervenção. São Paulo, 2021. 173 f. Tese (Doutorado em Saúde Coletiva) – Escola Paulista de Medicina (EPM), Universidade Federal de São Paulo (UNIFESP), São Paulo, 2021.

A desigualdade social agrava esses riscos, pois meninas em situação de menor escolaridade e com condições socioeconômicas precárias apresentam maiores índices de gravidez na adolescência. Essa realidade ressalta a urgência de políticas públicas que promovam a igualdade no acesso à educação de qualidade, à saúde reprodutiva e a oportunidades econômicas, rompendo os ciclos de pobreza e permitindo que os jovens, especialmente as meninas, planejem seu futuro com maior autonomia[73].

Em síntese, a puberdade e a adolescência constituem fases marcadas por intensas transformações, resultado da complexa interação de fatores biológicos, ambientais e culturais, que se manifestam nas dimensões física, emocional e social. As mudanças físicas, impulsionadas pelos hormônios, não só promovem o desenvolvimento dos órgãos sexuais, mas também desencadeiam alterações cerebrais que influenciam o comportamento e a tomada de decisões. No entanto, a experiência dessa fase é heterogênea, profundamente moldada por contextos como raça, classe e gênero. No Brasil, a prevalência de gravidez na adolescência evidencia a necessidade urgente de políticas públicas que abordem as questões de saúde reprodutiva e, simultaneamente, enfrentem as desigualdades sociais. O apoio parental, educacional e social é crucial para auxiliar os jovens a enfrentarem os desafios desse período, permitindo que desenvolvam uma identidade saudável e autônoma.

1.1.2.2 Socialização e relacionamentos

O desenvolvimento na adolescência é influenciado por diversos fatores, entre eles a socialização e o ambiente interpessoal. Por socialização entende-se o processo pelo qual cada pessoa aprende as normas, valores e comportamentos socialmente esperados. Esse fenômeno é dinâmico, complexo e bidirecional, no qual indivíduos e ambientes interagem e se influenciam mutuamente por meio de diversas fontes, como família, colegas, escolas e mídia[74].

Essa socialização pode ser conceituada em termos de quatro mecanismos: exploração e planejamento, compromisso, reconstrução de objetivos e atribuição causal. Por meio desses mecanismos, os adolescentes

---

[73] PINHEIRO, *et al.*, 2019.
CERQUEIRA-SANTOS, 2021.

[74] KUCZYNSKI, L.; DE MOL, J. Dialectical Models of Socialization. *In:* OVERTON, W. F.; MOLENAAR, P. C. M. (ed.). *Handbook of child psychology and developmental science*: Theory and Method (Vol. 1). 7. ed. Hoboken: John Wiley & Sons, Inc, 2015. p. 323-368.

avaliam diferentes opções e estabelecem metas, como ingressar na universidade, conseguir um emprego ou formalizar um relacionamento. Ao experimentarem diversos papéis sociais (por exemplo, estudante, atleta ou integrante de um grupo de amizades), eles exploram possíveis trajetórias profissionais e interesses. Caso não alcancem seus objetivos, podem ajustar prioridades ou superar obstáculos que dificultem a realização de seus projetos. Além disso, tendem a atribuir suas experiências a causas internas ou externas, o que influencia a forma como percebem atributos como inteligência, talento e sorte[75].

A influência dos pares é particularmente relevante nessa etapa. Relacionamentos positivos entre colegas podem contribuir para a prevenção da violência no namoro, pois a *educação por pares* está associada à promoção de comportamentos saudáveis. Paralelamente, a pressão dos colegas pode impulsionar comportamentos de risco, mas também estimular atitudes construtivas e apoio mútuo[76]. Por fim, a socialização da sexualidade – que envolve aprendizados e negociações no âmbito dos grupos sociais – desempenha um papel crucial na formação da identidade sexual e no desenvolvimento de relacionamentos interpessoais mais saudáveis[77], tema que será aprofundado na seção dedicada à sexualidade.

O estudo da adolescência evoluiu de uma abordagem individual, centrada na família, para uma perspectiva mais relacional e multifacetada. Adolescentes de diferentes faixas etárias possuem necessidades e capacidades específicas em termos de relacionamentos, e que vínculos extrafamiliares são tão essenciais quanto os laços familiares para o desenvolvimento integral. Essa evolução reflete uma compreensão cada vez mais integrada dessa fase, considerando aspectos psicológicos, biológicos, sociais e culturais[78].

Essa abordagem integradora possibilita uma melhor compreensão da importância do funcionamento psicológico na adolescência, além de orientar o desenvolvimento de intervenções e programas de apoio

---

[75] NURMI, J-E. Socialization and Self-development: Channeling, Selection, Adjustment, And Reflection. *In*: LERNER, R. M.; STEINBERG, L. (ed.). *Handbook of adolescent psychology*. 2. ed. Hoboken: John Wiley & Sons, Inc, 2004. p. 85-124.

[76] SANTOS, K. B. dos; MURTA, S. G. Influência dos Pares e Educação por Pares na Prevenção à Violência no Namoro. *Psicologia Ciência e Profissão*, v. 36, n. 4, p. 787-800, 2016.

[77] CERQUEIRA-SANTOS, E.; RAMOS, M. de M. A socialização da sexualidade e as juventudes. *In*: SILVA, J. P. *et al*. (org.). *Psicologia e Adolescência*: gênero, violência e saúde [recurso eletrônico]. Curitiba: CRV, 2018. https://doi.org/10.24824/978854442984.6.

[78] COLLINS, W. A.; LAURSEN, B. Parent-Adolescent Relationships and Influences. *In*: LERNER, R. M.; STEINBERG, L. (ed.). *Handbook of adolescent psychology*. 2. ed. Hoboken: John Wiley & Sons, Inc., 2004. p. 363-394.

mais eficazes. Assim, as pesquisas sobre esse período devem focalizar os processos de desenvolvimento, especialmente os aspectos psicológicos, examinando como os adolescentes evoluem ao longo do tempo e como processos como autorregulação e busca de gratificação influenciam esse desenvolvimento. Igualmente, é fundamental investigar de que forma os contextos – tais como família, redes de pares e escolas – impactam a trajetória de crescimento nessa fase, permitindo uma compreensão mais completa da natureza e do curso do desenvolvimento adolescente[79].

Amizades, família e outras referências adultas desempenham um papel relevante no desenvolvimento emocional, cognitivo e social, fornecendo suporte, orientação e oportunidades de aprendizado. Essas relações ajudam os adolescentes a ampliarem suas habilidades sociais, o pensamento crítico e o senso de responsabilidade[80]. Além disso, os grupos de amigos oferecem um espaço de pertencimento, identificação e experimentação, permitindo que os jovens explorem diversas dimensões de sua identidade. Contudo, esses vínculos também podem ser fonte de conflito e pressão social, elevando o risco de comportamentos nocivos[81].

Nesse contexto, os adolescentes tendem a estabelecer relacionamentos com pares que são aceitos pelo grupo e compartilham semelhanças em idade, interesses e valores. Embora amizades positivas contribuam para o crescimento emocional, promovendo apoio afetivo e o aprendizado de novas habilidades, relações negativas podem levar ao isolamento, à adoção de comportamentos de risco e ao comprometimento do bem-estar. A família pode atenuar esses impactos incentivando atividades extracurriculares, promovendo a interação com pessoas de diversas origens e mantendo um diálogo aberto sobre as amizades[82].

O relacionamento familiar exerce uma influência significativa sobre o bem-estar social e emocional dos adolescentes, afetando inclusive o desempenho acadêmico e o desenvolvimento profissional[83]. As relações

---

[79] COLLINS; LAURSEN, 2004.
COLLINS, W. A.; STEINBERG, L. Adolescent Development in Interpersonal Context. *In:* DAMON, W.; LERNER, R. M. (ed.). *Child and Adolescent Development: An Advanced Course.* Hoboken: John Wiley & Sons, Inc., 2008. p. 551-590.
[80] *Ibidem.*
[81] NUNES, C. et al. Os contextos de socialização dos adolescentes. *In:* NUNES, C.; JESUS, S. (coord.). *Temas Actuais em psicologia.* Cap. 3. Faro: Universidade do Algarve, 2009. p. 61-88.
[82] BROWN, B. B. Adolescents' Relationships with Peers. In: LERNER, R. M.; STEINBERG, L. (ed.). *Handbook of adolescent psychology.* 2. ed. Hoboken: John Wiley & Sons, Inc., 2004. p. 363-394.
[83] COLLINS; LAURSEN, 2004.

com pais e responsáveis sofrem transformações marcantes nessa fase, à medida que os jovens se envolvem mais com seus pares e menos com os familiares. Embora essas mudanças possam gerar tensões, elas fazem parte do processo de construção de identidade e autonomia. Ao mesmo tempo, os vínculos familiares permanecem fundamentais para fornecer amor, apoio e orientação, enquanto os pares oferecem aceitação e um senso de pertencimento[84].

A escola destaca-se como espaço crucial para a socialização e os relacionamentos dos adolescentes. Os jovens passam mais tempo na escola do que em qualquer outro local fora do ambiente doméstico, tornando essa instituição uma influência determinante. Por um lado, a escola contribui para o desenvolvimento de habilidades sociais, o contato com diferentes culturas e a ampliação dos pontos de vista; por outro, pode ser fonte de conflitos e pressões, como *bullying*, desafios acadêmicos e expectativas excessivas[85].

Além disso, as escolas influenciam o desenvolvimento dos alunos de forma direta e indireta, funcionando como sistemas complexos que interagem com diversos níveis de influência – desde o ambiente da sala de aula até o bairro e o contexto social mais amplo. Essas influências impactam significativamente tanto o desempenho acadêmico quanto o desenvolvimento socioemocional, evidenciando a complexidade de cada nível e sua contribuição para as experiências diárias dos estudantes. Estudos propõem a existência de quatro níveis de influência no ensino e na aprendizagem: o nível da sala de aula, o nível do prédio da escola, o nível do distrito escolar e o nível das escolas inseridas em sistemas sociais mais amplos[86].

No nível da sala de aula, por exemplo, as crenças e práticas dos professores, as relações entre professor e aluno, o design das tarefas e a organização das atividades em grupo são fundamentais para otimizar o desenvolvimento. Um ambiente de aprendizagem desafiador e acolhedor – que ofereça oportunidades para dominar conteúdos significativos, incentive a autonomia e promova um senso de competência e conexão social – contribui para o crescimento intelectual e socioemocional dos alunos. No nível do prédio da escola, a ênfase recai sobre o clima organiza-

---

[84] KERR, M. *et al.* Relationships with Parents and Peers in Adolescence. *In:* LERNER, R. M. *et al.* (ed.). *Handbook of psychology*: Developmental psychology (Vol. 6). Hoboken: John Wiley & Sons, Inc., 2003. p. 395-419.
[85] ECCLES, J. S. Schools, Academic Motivation, and Stage-Environment Fit. *In:* LERNER, R. M.; STEINBERG, L. (ed.). *Handbook of adolescent psychology*. 2. ed. Hoboken: John Wiley & Sons, Inc., 2004. p. 125-153.
[86] *Ibidem.*

cional e as práticas institucionais, como o acompanhamento acadêmico, o horário de início das aulas e a oferta de atividades extracurriculares, fatores igualmente relevantes para o desenvolvimento dos adolescentes[87].

No nível do distrito escolar, a análise concentra-se nas configurações entre as séries, que geram experiências particulares durante a transição entre os níveis de ensino, podendo intensificar a competição, reduzir a autonomia e perturbar as relações entre alunos e professores. Por fim, no nível das escolas inseridas em sistemas sociais mais amplos, discutem-se questões como a disponibilidade de recursos e os vínculos entre as instituições de ensino, as famílias e o mercado de trabalho[88].

Cada um desses níveis desempenha um papel importante no sucesso dos estudantes, sendo fundamental considerá-los na elaboração e implementação de programas educacionais. O desenvolvimento escolar ideal ocorre quando as instituições evoluem em sincronia com as transformações dos indivíduos e mantêm conexões sólidas com famílias, comunidades e outros sistemas sociais, embora as experiências escolares também sejam fortemente moldadas pelo contexto cultural e social mais amplo, o que, em muitos casos, impede que as escolas ofereçam um ambiente de aprendizagem ideal ou preparem adequadamente todo o corpo discente para o desenvolvimento adulto[89].

A socialização dos adolescentes no Brasil caracteriza-se por ser um processo multifacetado, influenciado por variáveis sociais, culturais, econômicas e familiares. Em meio a desigualdades, evidencia-se a disparidade no acesso à educação, à saúde, ao lazer e à segurança, o que gera trajetórias bastante diferentes conforme a realidade de cada pessoa. A família, muitas vezes a primeira instância de socialização, desempenha um papel central, refletindo a diversidade dos arranjos familiares presentes na sociedade brasileira – como estruturas nucleares, extensas, monoparentais ou homoafetivas – e moldando a construção da identidade e dos relacionamentos[90].

Nesse contexto, a escola também se configura como um ambiente de grande relevância para a socialização, pois oferece oportunidades de vínculo com pares e adultos, desenvolvimento de competências e contato

---

[87] ECCLES, 2004.
[88] *Ibidem*
[89] *Ibidem*.
[90] PASCHOAL, G. R.; MARTA, T. N. O papel da família na formação social de crianças e adolescentes. *Confluências*: Revista Interdisciplinar de Sociologia e Direito, v. 12, n. 1, p. 219-239, 2012. https://doi.org/10.22409/conflu12i1.p91.

com normas sociais[91]. Entretanto, as desigualdades educacionais impactam significativamente as experiências de socialização dos adolescentes, gerando discrepâncias na qualidade do ensino entre diferentes regiões e grupos sociais. Dessa forma, o processo de socialização na adolescência reflete as contradições e diversidades da sociedade, e compreender esses desafios é fundamental para orientar a formulação de políticas públicas e ações educacionais que promovam o bem-estar e o desenvolvimento integral dessas pessoas.

1.1.2.2.1 Socialização de gênero

A socialização de gênero é um processo dinâmico e multifacetado que se inicia na infância e molda a forma como as crianças internalizam e reproduzem papéis de gênero ao longo da vida. Esse processo é fortemente influenciado por normas sociais, culturais e familiares que definem comportamentos considerados apropriados para cada gênero. Desde cedo, as crianças são expostas a expectativas rígidas que orientam suas interações sociais e a formação de suas identidades de gênero[92].

Em muitos contextos – como nas brincadeiras infantis em comunidades periféricas – as normas de gênero são aplicadas de maneira rigorosa. Por exemplo, meninas são incentivadas a adotar comportamentos que refletem uma feminilidade considerada *adequada*, enquanto meninos são encorajados a exibir características associadas à virilidade. Essa socialização ocorre nas interações diárias: as meninas frequentemente recebem orientações para evitar manifestações de sexualidade, enquanto os meninos são incentivados a explorar e reafirmar sua masculinidade, muitas vezes de forma assertiva. Tais dinâmicas reforçam estereótipos de gênero, criando ambientes em que as meninas assumem papéis de liderança apenas em contextos considerados seguros e isentos de conotações sexualizadas[93].

---

[91] WIECZORKIEVICZ, A. K.; BAADE, J. H. Família e escola como instituições sociais fundamentais no processo de socialização e preparação para a vivência em sociedade. *Revista Educação Pública*, v. 20, n. 20, 2020.

[92] RIBEIRO, J. S. B. Brincadeiras de meninas e de meninos: socialização, sexualidade e gênero entre crianças e a construção social das diferenças. *Cadernos Pagu*, n. 26, p. 145-168, 2006. https://doi.org/10.1590/S0104-83332006000100007.

CERQUEIRA-SANTOS, E.; SANTANA, M. V. de M. Não conformidade de gênero e infância: revisando a produção científica. *Revista Ártemis*, v. 29, n. 1, p. 222-242, 2020.

CERQUEIRA-SANTOS, E.; BARBOSA, I. H. A. Capítulo 2 Famílias diversas, desenvolvimento infantil e estereotipia de gênero. *In*: FARO, A. et al. *Pesquisas em psicologia, saúde e sociedade*. São Paulo: Edições Concern, 2023. p. 35-51.

[93] RIBEIRO, 2006.

Por outro lado, em famílias LGBTQIAPN+ as dinâmicas de socialização de gênero apresentam características distintas. Crianças criadas por pais do mesmo sexo tendem a crescer em ambientes nos quais os papéis de gênero são menos rígidos, o que lhes permite explorar identidades de gênero diversas com maior liberdade. Nesses lares, a divisão de tarefas e comportamentos ocorre de forma mais equitativa, desafiando os estereótipos tradicionais. Essas crianças não enfrentam dificuldades adicionais na formação de suas identidades ou na orientação sexual, contestando os preconceitos frequentemente associados a essas famílias[94].

Em diversos casos, crianças que manifestam comportamentos ou identidades de gênero divergentes enfrentam estigmatização e pressões para se conformarem às normas sociais. Por exemplo, meninos que brincam com bonecas ou meninas que rejeitam o uso de pronomes tradicionalmente femininos são frequentemente vistos com preocupação, e suas famílias ou profissionais de saúde podem intervir para ajustar suas expressões às expectativas convencionais. Para essas crianças, é essencial o acolhimento e o apoio multidisciplinar, de modo que possam experimentar livremente diferentes formas de expressão de gênero e desenvolver uma identidade autêntica e saudável[95].

Além disso, o processo de socialização de gênero não é estático ou universal. As crianças atuam de forma ativa na negociação e, por vezes, na transformação das normas com base em suas experiências pessoais e nos contextos sociais em que vivem. Fatores como o ambiente familiar, a cultura local e a influência da mídia contribuem para que a socialização se manifeste de diferentes formas, possibilitando variações e ressignificações dos papéis e comportamentos tradicionalmente atribuídos aos gêneros[96].

Assim, a socialização de gênero envolve um processo contínuo de negociação entre as normas sociais, culturais e familiares e as experiências individuais das crianças. Embora as expectativas normativas influenciem consideravelmente as vivências de gênero, existem espaços para resistências e transformações, especialmente em contextos que oferecem maior flexibilidade na expressão de identidades diversas[97].

---

[94] CERQUEIRA-SANTOS, E. *et al.* Child Development in Families with Gay and Lesbian Parents and Beliefs About Homosexuality. *In*: MORAIS, N. A. de *et al.* (ed.). *Parenting and Couple Relationships Among LGBTQ+ People in Diverse Contexts*. Cham: Springer, 2021. p. 293-309.

[95] CERQUEIRA-SANTOS; SANTANA, 2020.

[96] CERQUEIRA-SANTOS; BARBOSA, 2023.

[97] CERQUEIRA-SANTOS; BARBOSA, 2023. CERQUEIRA-SANTOS *et al.*, 2021.

1.1.2.3 Cultura e mídia

A cultura, compreendida como o conjunto de crenças, valores, normas e comportamentos compartilhados, é fortemente influenciada pela mídia[98]. A mídia não atua como uma entidade isolada, mas se entrelaça com as práticas sociais, valores e crenças de uma sociedade, ao mesmo tempo em que reflete, desafia e transforma suas normas culturais. Dessa forma, a mídia é tanto produto quanto produtora da cultura, funcionando como um campo de negociação de significados e identidades, incluindo as identidades de gênero.

A cultura é um componente essencial na formação dos modos de pensar, sentir e agir ao longo da vida. Ela oferece o contexto no qual os indivíduos interpretam suas experiências, desenvolvem habilidades e constroem conhecimento, atuando de maneira ativa no processo de desenvolvimento humano. Valores culturais influenciam escolhas em áreas como educação, carreira, relacionamentos e estilo de vida, afetando inclusive o desempenho acadêmico ao moldar crenças sobre a importância do aprendizado[99]. Por exemplo, em determinadas culturas, a educação é altamente valorizada, o que pode explicar diferenças de desempenho entre alunos de origens distintas.

Ademais, a cultura confere um senso de identidade e pertencimento, guiando a forma como as pessoas se percebem e interpretam o mundo. Em algumas sociedades, a família exerce um papel central, promovendo relações próximas e influenciando comportamentos, como é observado em contextos nos quais a obediência é valorizada e os adolescentes tendem a seguir as normas estabelecidas por seus pais e professores[100].

A mídia, por sua vez, exerce um papel crucial na construção de estereótipos de gênero, operando de maneira complexa e dinâmica. Suas representações não apenas refletem a realidade social, mas também participam ativamente da criação e do reforço de normas e expectativas de gênero que permeiam a sociedade. A mídia influencia a forma como as pessoas se percebem e percebem os outros, contribuindo para a socialização e a cons-

---

[98] MISTRY, J.; DUTTA, R. Human Development and Culture. *In:* OVERTON, W. F.; MOLENAAR, P. C. M. (ed.). *Handbook of child psychology and developmental science*: Theory and Method. 7. ed. Hoboken: John Wiley & Sons, Inc, 2015. p. 369-406.
CORREIA, C. M.; PORTO JUNIOR, F. G. R. Cultura e televisão: notas sobre a influência da mídia televisiva. *Aturá – Revista Pan-Amazônica de Comunicação*, v. 4, n. 2, p. 80-101, 2020. https://doi.org/10.20873/uft.2526-8031.2020v4n2p80.

[99] MISTRY; DUTTA, 2015.

[100] *Ibidem.*

trução de identidades de gênero. Esse processo é recíproco, pois a mídia é moldada pelas crenças e práticas do público que a consome, gerando um ciclo de influência mútua entre a produção de conteúdo e a percepção social. Dessa forma, a relação entre a mídia e os estereótipos de gênero caracteriza-se por uma circularidade dinâmica, na qual os indivíduos, interagindo com a cultura em que estão inseridos, interconectam e coconstroem os processos de produção, representação e recepção dos conteúdos[101].

Adolescentes expostos a conteúdos midiáticos estereotipados têm maior probabilidade de desenvolver crenças limitantes sobre gênero. Por exemplo, crianças que assistem a muitos desenhos animados tendem a acreditar que os homens são mais fortes e agressivos do que as mulheres. Tanto o reforço quanto a modelagem contribuem para a consolidação dos estereótipos de gênero: o reforço ocorre quando os indivíduos passam a considerar tais estereótipos como precisos ao observar personagens que os reproduzem, enquanto a modelagem se manifesta na imitação de comportamentos estereotipados[102].

Os estereótipos de gênero veiculados pela mídia, ao reforçarem noções binárias e restritivas de masculinidade e feminilidade, limitam a diversidade de expressões e contribuem para a manutenção de desigualdades. A análise das representações de homens e mulheres em jornais e revistas evidencia que a mídia não apenas reflete, mas também intensifica as disparidades existentes na sociedade, promovendo uma visão limitada e, por vezes, distorcida dos papéis de gênero[103]. Ademais, o papel da mídia no enfrentamento das desigualdades de gênero é crucial, destacando a necessidade de uma abordagem crítica para a construção de discursos que promovam o desenvolvimento social democrático e a equidade de gênero[104].

Portanto, a educação midiática é reconhecida como uma estratégia valiosa para mitigar os impactos negativos dos estereótipos de gênero disseminados pela mídia. Essa abordagem envolve o desenvolvimento de habilidades

---

[101] SILVA, T. de O.; SILVA, L. T. G. Os impactos sociais, cognitivos e afetivos sobre a geração de adolescentes conectados às tecnologias digitais. *Revista Psicopedagogia*, v. 34, n. 103, p. 87-97, 2017.

[102] WARD, L. M.; GROWER, P. Media and the Development of Gender Role Stereotypes. *Annual Review of Developmental Psychology*, v. 2, n. 1, p. 177-199, 2020. https://doi.org/10.1146/annurev-devpsych-051120-010630.

[103] ROCHA, P. M.; WOITOWICZ, K. J. Representações de gênero na mídia: um estudo sobre a imagem de homens e mulheres em jornais e revistas segmentadas. *In:* Seminário Internacional Fazendo Gênero 10. *Anais Eletrônicos*. Florianópolis, 2013.

[104] MELLO, J.; MARQUES, D. *Elementos para uma tipologia de gênero da atuação estatal*: visões do estado sobre as mulheres e políticas públicas no Brasil. Brasília: Ipea, 2019.

críticas que capacitam os indivíduos a analisarem, avaliar e criar conteúdo midiático de forma consciente e reflexiva, possibilitando o questionamento e a desconstrução dos estereótipos, o que enriquece a compreensão das identidades de gênero[105]. Nesse sentido, pais e demais adultos podem atuar como agentes essenciais no combate aos estereótipos frequentemente propagados pela mídia, os quais definem características, comportamentos e papéis supostamente apropriados para homens e mulheres e impactam significativamente a formação das identidades de gênero de crianças e adolescentes[106].

Embora os estereótipos de gênero possam oferecer uma estrutura para interpretar o mundo, eles frequentemente perpetuam desigualdades que prejudicam a saúde física e mental. A adesão inflexível a esses estereótipos limita a experiência humana, dificulta a igualdade de oportunidades e contribui para problemas de saúde. Além disso, a análise das relações complexas entre as representações de gênero e suas repercussões na saúde exige uma abordagem que vá além da inevitabilidade biológica e investigue os fatores sociais que moldam as dinâmicas de gênero[107].

Em síntese, a interconexão entre cultura, mídia e estereótipos de gênero evidencia a necessidade de uma abordagem crítica e educacional que promova uma compreensão abrangente das identidades de gênero. A conscientização de pais, educadores e demais atores sociais, aliada à educação midiática, desempenha um papel crucial na desconstrução de estereótipos prejudiciais e na promoção de uma sociedade mais justa.

1.1.2.4 Sexualidade

Nos últimos anos, o discurso sobre gênero, sexualidade e orientação sexual ganhou destaque em diversas esferas da sociedade, transcendendo experiências pessoais e coletivas e abrangendo uma ampla gama de perspectivas. Essa discussão reflete uma crescente conscientização sobre a relevância dessas temáticas, embora a contribuição da Psicologia do Desenvolvimento para a compreensão dessas questões ainda seja restrita. Entretanto, é digno de nota que a perspectiva psicológica sobre a sexua-

---

[105] DOYLE, A. Educação midiática a serviço da desconstrução de estereótipos de gênero: Práticas de ensino críticas. *Revista FAMECOS*, v. 29, n. 1, 2022. https://doi.org/10.15448/1980-3729.2022.1.40880.
[106] WARD; GROWER, 2020.
[107] WOOD, 2021.

lidade humana evoluiu consideravelmente, ampliando sua compreensão para além das práticas sexuais propriamente ditas[108].

A sexualidade, enquanto dimensão da experiência humana, transcende seu aspecto físico e influencia diversas esferas da vida, sendo moldada por fatores individuais e sociais. A aprendizagem sobre sexualidade constitui um processo complexo no qual se interconectam elementos como o sexo biológico, a orientação sexual, os papéis de gênero, a identidade de gênero e a expressão de gênero[109].

O sexo biológico refere-se às características fisiológicas e genéticas que definem os seres humanos como masculinos ou femininos ao nascer. Em outras palavras, o gênero atribuído é tradicionalmente determinado por uma avaliação visual da anatomia – por exemplo, a presença de um pênis é interpretada como indicativo de menino, enquanto sua ausência indica menina. Contudo, muitos argumentam que essa definição é parcial, pois o sexo biológico também é definido por cromossomos, hormônios, a funcionalidade do sistema reprodutivo e pelos órgãos internos acessórios, que são precursores embrionários das estruturas reprodutivas[110].

Por outro lado, a orientação sexual diz respeito à atração emocional, romântica, sexual ou afetiva que uma pessoa sente por outra, podendo ser direcionada a indivíduos do mesmo sexo, do sexo oposto, de ambos os sexos ou, em alguns casos, ausente, como ocorre com pessoas assexuais. Trata-se de um aspecto intrínseco que varia entre as diferentes identidades humanas[111].

Os papéis de gênero descrevem e prescrevem padrões de comportamento distintos, fornecendo uma estrutura para as interações sociais – determinando, por exemplo, como as pessoas se vestem, seus maneirismos, a maneira de falar, bem como as dinâmicas de encontros sexuais, escolha de parceiros, sucesso econômico e traços de personalidade. Esses papéis podem variar amplamente entre culturas e, dentro de uma mesma cultura, podem mudar ao longo do tempo[112].

---

[108] CERQUEIRA-SANTOS; RAMOS, 2018. CERQUEIRA-SANTOS, 2021.
[109] CERQUEIRA-SANTOS, 2021.
[110] WOOD, 2021.
[111] *Ibidem*.
[112] *Ibidem*.

A identidade de gênero refere-se à percepção interna que cada indivíduo tem sobre si, podendo se identificar como menina, menino, mulher, homem ou outras identidades de gênero. Em outras palavras, trata-se da percepção interna que cada pessoa tem sobre seu próprio gênero, a qual pode ou não corresponder ao sexo designado ao nascer. Quando há congruência entre essa percepção e o sexo atribuído, a pessoa é considerada cisgênera; quando há divergência, ela pode se identificar como transgênera, não binária ou adotar outras designações[113].

É importante distinguir a identidade de gênero da expressão de gênero. A expressão de gênero diz respeito à forma como os indivíduos manifestam sua identidade para o mundo – por meio de comportamentos, escolhas de vestimenta, estilo de cabelo e características da voz ou do corpo. Vale destacar que essa manifestação nem sempre corresponde ao gênero atribuído ao nascer ou ao gênero internalizado[114].

A complexidade da sexualidade se origina, em parte, de estereótipos que pressupõem erroneamente que seus diversos componentes são inseparáveis. A importância atribuída à sexualidade varia conforme as experiências pessoais, o desenvolvimento emocional, o contexto cultural e as particularidades individuais. Por exemplo, em algumas culturas a sexualidade é tratada como um tema tabu e reservado, enquanto em outras é celebrada como parte essencial da identidade pessoal e do bem-estar emocional. Esse contraste demonstra como o ambiente de crescimento, as influências familiares, sociais e culturais moldam a percepção e a valorização da sexualidade. Durante a infância e a adolescência, questões relacionadas à identidade sexual, orientação sexual e autoestima emergem, influenciando a maneira como a sexualidade será compreendida e vivida na vida adulta[115].

Embora a curiosidade sexual possa emergir já na infância, ela tende a se intensificar durante a puberdade. A formação da identidade sexual na adolescência envolve diversos processos, entre eles o surgimento da atração sexual, que geralmente se manifesta por volta dos 10 anos, independentemente da orientação[116]. O desejo sexual pode ser dividido em dois aspectos: o proceptivo – ou seja, a vontade de iniciar uma atividade sexual – e o receptivo, que se refere à capacidade de sentir excitação

---

[113] WOOD, 2021.
[114] *Ibidem.*
[115] CERQUEIRA-SANTOS, 2021.
[116] *Ibidem.*

diante de determinados estímulos. Essa distinção é fundamental, pois a variabilidade no desejo proceptivo está fortemente relacionada à ação dos hormônios gonadais, enquanto o aspecto receptivo é menos influenciado por variações hormonais[117].

A maturação do córtex pré-frontal, crucial para o autocontrole, também influencia as experiências sexuais dos adolescentes. À medida que os aspectos cognitivos e emocionais se interconectam, a identidade sexual emerge como um fator significativo na configuração das experiências sexuais. Sob a hipótese de intensificação de gênero, as expectativas sociais baseadas em masculinidade e feminilidade podem impactar comportamentos[118]. Por exemplo, meninas podem relatar experiências sexuais divergentes de sua orientação, evidenciando a fluidez na sexualidade. Estudos empíricos demonstram que o início dos desejos sexuais difere entre meninos e meninas, com os meninos geralmente se tornando conscientes de seus impulsos vários anos antes de suas colegas[119].

Ainda nessa perspectiva de gênero, a presença de parceiros mais velhos, particularmente para meninas, está associada a uma maior propensão à iniciação sexual precoce e à adoção de comportamentos de risco. No Brasil, a pesquisa sobre sexualidade na adolescência torna-se relevante para subsidiar políticas que atendam às particularidades desse grupo, sem recorrer à medicalização da sexualidade[120]. Questões relativas a desejos e motivações internas, bem como à realização de atividades sexuais – sejam solitárias ou em casal – e outros fatores individuais e contextuais que influenciam a expressão sexual, contribuem para a compreensão dos comportamentos sexuais e para o desenvolvimento de intervenções preventivas eficazes[121].

Estudos longitudinais que acompanham os desejos e os comportamentos sexuais desde a infância até a vida adulta podem fornecer subsídios valiosos para compreender a sexualidade na adolescência. Entretanto, a escassez de pesquisas que investiguem as conexões psicobiológicas entre afeto e desejo sexual constitui uma lacuna, dificultando o entendimento

---

[117] SAVIN-WILLIAMS, R. C.; DIAMOND, L. M. Sex. In: LERNER, R. M.; STEINBERG, L. (ed.). *Handbook of adolescent psychology*. 2. ed. John Wiley & Sons, Inc., 2004. p. 189-231.

[118] PAPALIA; MARTORELL, 2024.

[119] SAVIN-WILLIAMS; DIAMOND, 2004.

[120] CERQUEIRA-SANTOS; RAMOS, 2018.
CERQUEIRA-SANTOS, 2021.

[121] SAVIN-WILLIAMS; DIAMOND, 2004.

mais aprofundado dessas dinâmicas. Para uma compreensão abrangente dos comportamentos sexuais nesse período, é fundamental considerar não apenas as mudanças biológicas, mas também as transformações cognitivas, emocionais, sociais e culturais[122]. Além disso, há uma notável carência de informações detalhadas sobre as dimensões qualitativas dos desejos sexuais emergentes e das primeiras experiências, o que deixa questões cruciais sobre a trajetória normativa do desenvolvimento sexual – da pré-puberdade até a idade adulta jovem – sem resposta[123].

A formação da sexualidade, permeada por diversas instituições e práticas sociais, exige uma análise contextual que abranja os aspectos biológicos, cognitivos, emocionais e culturais. Eventos inesperados ou não normativos podem desafiar a estabilidade da sexualidade na vida adulta, aumentando sua complexidade. Assim, ao considerar as múltiplas dimensões que compõem a sexualidade humana, torna-se imprescindível adotar abordagens interdisciplinares e abrangentes que integrem os contextos sociais e culturais nos quais essa experiência se desenvolve[124].

A iniciação sexual, fenômeno inerente a esse período, é influenciada por fatores como gênero, orientação sexual, classe social, filiação religiosa e interações sociais. No cenário acadêmico, o debate sobre diversidade sexual se intensifica entre adolescentes de áreas urbanas, que possuem maior acesso à educação formal. Contudo, é fundamental reconhecer que a socialização em contextos não urbanos ou em cidades de menor porte adquire uma relevância especial, já que os elementos que influenciam a formação da sexualidade podem se manifestar de maneira substancialmente diferente[125].

De forma similar, adolescentes LGBTQIAPN+ costumam vivenciar processos de reconhecimento de orientação ou identidade de gênero que podem se estender da adolescência até a vida adulta. Jovens com deficiência também enfrentam desafios particulares, pois limitações visuais, por exemplo, dificultam a identificação de sinais sociais relacionados ao namoro ou à sexualidade, processo que frequentemente se inicia na adolescência e pode perdurar na vida adulta. Deficiências físicas podem

---

[122] SAVIN-WILLIAMS; DIAMOND, 2004.
LEHMILLER, 2018.
CERQUEIRA-SANTOS; RAMOS, 2018
[123] SAVIN-WILLIAMS; DIAMOND, 2004.
[124] CERQUEIRA-SANTOS; RAMOS, 2018.
CERQUEIRA-SANTOS, 2021.
[125] *Ibidem*.

modular a idade de início das relações sexuais, com efeitos variados conforme o tipo de deficiência. Por exemplo, condições que afetam a mobilidade tendem a exercer uma influência menos pronunciada do que as deficiências visuais, as quais podem dificultar mais o encontro de parceiros e o reconhecimento de sinais sociais relevantes para o sexo e o namoro[126].

O discurso sobre a sexualidade na adolescência frequentemente reflete normas sociais e valores que retratam essa expressão como perigosa, sugerindo que deve ser adiada ou contida até que os jovens atinjam um estágio posterior de maturidade ou permaneçam restritos ao casamento. Essas intervenções geralmente partem da premissa de que a maturidade capacitará os adolescentes a lidarem com as complexidades e riscos inerentes às relações sexuais. Estudos convencionais sobre sexualidade frequentemente se restringem a normas sociais e a critérios éticos de pesquisa que tendem a patologizar comportamentos típicos, contribuindo para sentimentos de vergonha e culpa[127].

Ademais, as políticas públicas voltadas para a adolescência costumam priorizar temas como gravidez precoce – decorrente do uso inadequado de contraceptivos –, infecções sexualmente transmissíveis, abortos, queda no rendimento acadêmico, evasão escolar, abuso de substâncias e envolvimento em atividades ilícitas. Nesse contexto, torna-se urgente deslocar o enfoque para a contextualização e a normalização dos desejos e sentimentos sexuais, estimulando a responsabilidade sexual e valorizando o cenário sociocultural em que se desenvolvem as interações sexuais, reconhecendo-as como parte natural do desenvolvimento humano[128].

A recente mudança na pesquisa psicológica, que enfatiza as dimensões positivas da experiência humana e a resiliência, tem ocorrido de maneira gradual no campo da sexualidade na adolescência. Os padrões contemporâneos de comportamento – como relações casuais, diversidade de modelos de relacionamento e a promoção da equidade de gênero e da orientação sexual – refletem a evolução das concepções sociais. Compreender o papel da educação sexual é fundamental, pois ela estabelece a base sobre a qual se constroem atitudes, comportamentos e identidades sexuais; contudo,

---

[126] LEHMILLER, 2018.
[127] *Confer* SAVIN-WILLIAMS; DIAMOND, 2004.
[128] SAVIN-WILLIAMS; DIAMOND, 2004.
CERQUEIRA-SANTOS; RAMOS, 2018.
LEHMILLER, 2018.
CERQUEIRA-SANTOS, 2021.

mesmo com essa intenção esclarecedora, a persistência de estereótipos e concepções equivocadas frequentemente compromete sua eficácia[129].

As interações parentais, que incluem a qualidade das relações entre pais e filhos, bem como o apoio e a supervisão oferecidos, exercem influência significativa sobre o comportamento e a educação sexual. De forma semelhante, os relacionamentos interpessoais com os pares atuam como canais de comunicação sobre sexualidade, impactando as experiências de namoro precoce e o início da vida sexual, já que as crenças e atitudes compartilhadas entre eles moldam essas vivências[130].

Nesse contexto, as escolas desempenham um papel crucial na educação sexual dos adolescentes ao facilitar discussões sobre normas, comportamentos e responsabilidades. No entanto, essas instituições enfrentam desafios, como as variações culturais nas normas de sexualidade que influenciam a elaboração e a implementação dos currículos. Programas e intervenções escolares têm o potencial de moldar o conhecimento e as atitudes sexuais de forma tanto positiva quanto negativa[131].

A mídia, especialmente em sua vertente sexualizada, tem sido objeto de estudos que investigam sua influência no comportamento sexual dos adolescentes[132]. Mensagens contraditórias, tanto na sociedade quanto na mídia, podem gerar confusão e influenciar as decisões sexuais desses jovens. Além disso, as tecnologias emergentes, sobretudo por meio da internet, ampliam essa influência ao impactar atitudes e comportamentos sexuais. Com o advento da era digital, surgem preocupações quanto ao consumo de informações sexuais – como o envio de *sexting* e o acesso a conteúdos explícitos – o que exige a atenção de educadores e formuladores de políticas. Essa realidade digital integra-se ao complexo processo de formação da identidade sexual, à medida que os adolescentes exploram espaços virtuais que contribuem para a evolução de suas identidades[133].

---

[129] SAVIN-WILLIAMS; DIAMOND, 2004.
CERQUEIRA-SANTOS; RAMOS, 2018.
LEHMILLER, 2018.
CERQUEIRA-SANTOS, 2021.
[130] LEHMILLER, 2018.
[131] PAPALIA; MARTORELL, 2024.
[132] SAVIN-WILLIAMS; DIAMOND, 2004.
LEHMILLER, 2018.
PAPALIA; MARTORELL, 2024.
[133] SAVIN-WILLIAMS; DIAMOND, 2004.
LEHMILLER, 2018.
PAPALIA; MARTORELL, 2024.

Nesse contexto, a cultura desempenha um papel fundamental na configuração das percepções e comportamentos relacionados à sexualidade. A mídia, parte integrante da cultura contemporânea, não apenas reflete, mas também molda normas sociais e expectativas acerca da sexualidade e dos papéis de gênero, fornecendo o contexto no qual os adolescentes interpretam as mensagens, constroem suas identidades sexuais e desenvolvem valores e crenças sobre o tema[134].

De maneira semelhante, a mídia desempenha um papel significativo na formação das atitudes e comportamentos sexuais dos jovens. A exposição a representações sexualizadas configura expectativas e normas que influenciam diretamente as decisões e experiências sexuais, ressaltando a importância da educação midiática para promover uma compreensão crítica e saudável da sexualidade e dos papéis de gênero na sociedade[135].

As intenções sexuais servem como indicadores robustos do comportamento sexual futuro dos adolescentes, revelando como variações individuais nos motivos para buscar atividade sexual se relacionam com a natureza das interações e com as práticas protetivas adotadas. À medida que estudiosos e educadores aprofundam o entendimento desse cenário dinâmico, novos avanços poderão aprimorar a compreensão e gerar resultados positivos para essa população.

Embora a sexualidade na adolescência seja complexa e multifacetada, a maioria dos adolescentes exibe atitudes e comportamentos sexuais saudáveis[136]. Isso ocorre porque ambientes favoráveis e acolhedores facilitam o desenvolvimento de uma sexualidade autônoma e equilibrada. Contudo, desafios relacionados ao preconceito e à exclusão persistem, evidenciando a necessidade de abordagens mais inclusivas e equitativas[137].

Ademais, a interação entre cultura, mídia e sexualidade enfatiza a importância de uma abordagem abrangente e educativa que oriente os jovens na construção de suas identidades sexuais e na interpretação crítica das mensagens midiáticas. A conscientização dos adultos, por meio de uma educação midiática que valorize a diversidade, é fundamental

---

[134] MISTRY; DUTTA, 2015.
[135] DOYLE, 2022.
[136] SAVIN-WILLIAMS; DIAMOND, 2004.
PAPALIA; MARTORELL, 2024.
[137] CERQUEIRA-SANTOS; RAMOS, 2018.
CERQUEIRA-SANTOS, 2021.

para mitigar os efeitos negativos da exposição midiática na formação da sexualidade dos adolescentes e promover relações saudáveis e respeitosas.

1.1.2.5 Identidade e gênero

O processo contínuo de formação das identidades individuais é moldado por questionamentos e reflexões diárias sobre diversos aspectos pessoais, como gênero, local de nascimento, residência, educação, preferências, entre outros. A identidade cultural emerge da interação entre múltiplos fatores e processos – incluindo a constituição biológica, o contexto histórico, político e econômico, a linguagem, os símbolos e as representações – além das lutas por uma representação justa. Por exemplo, as identidades raciais não são definidas exclusivamente por fatores biológicos, mas resultam de processos culturais que atribuem valor a determinados corpos e pessoas[138].

As identidades funcionam como pontos de convergência entre discursos, práticas e processos que influenciam as subjetividades, sendo construídas em relação a outros e dependendo de opostos para adquirir significado. A linguagem desempenha um papel crucial, pois permite a expressão pessoal e a compreensão interpessoal. Além disso, símbolos e representações podem valorizar ou marginalizar diferentes identidades, ressaltando a importância das lutas por uma representação justa promovidas por movimentos sociais e ativistas. Cabe destacar que as identidades coletivas não são homogêneas e frequentemente geram debates internos, refletindo a fluidez inerente ao processo. Em última análise, as identidades individuais e coletivas são construções dinâmicas e evolutivas que se transformam ao longo do tempo, acompanhando o crescimento e a evolução pessoal de cada indivíduo[139].

Nesse contexto, a adolescência representa o início da busca pela identidade de gênero e do estabelecimento de uma identidade própria, influenciada por fatores individuais e culturais. As noções de gênero se transformam de maneira complexa ao longo da vida: iniciam-se em uma fase de relativa indiferenciação, evoluem para uma polarização e, posteriormente, sofrem flexibilização – fenômeno particularmente observado entre as mulheres. A forma como as pessoas percebem e

---

[138] COLLING, L. *Gênero e sexualidade na atualidade*. Salvador: Universidade Federal da Bahia, 2018.
[139] *Ibidem.*

interpretam o mundo ao seu redor desempenha um papel crucial na configuração de suas ações e comportamentos. Nesse cenário, as concepções de sexo e de gênero emergem como elementos essenciais, funcionando como lentes por meio das quais as interações com o ambiente são interpretadas[140].

Entender o conceito de gênero como uma construção histórica e não absoluta – intrinsecamente ligada ao sexo e a inter-relações complexas – é fundamental para uma apreciação abrangente das dinâmicas sociais contemporâneas. Nesse contexto, é crucial reconhecer que a sexualidade transcende o escopo da procriação, incorporando dimensões de gênero e significados culturalmente atribuídos. O gênero é uma construção performativa que se intersecciona com as manifestações culturais. A identidade de gênero, por sua vez, é um aspecto profundamente pessoal, independentemente das normas sociais e da anatomia corporal[141].

O conceito de sexo possui um duplo significado, abrangendo tanto uma dimensão biológica quanto uma prática sexual. A dimensão comportamental refere-se ao engajamento em intimidade física, seja com parceiros humanos ou, em alguns casos, envolvendo objetos inanimados[142]. Já a conotação biológica relaciona-se à classificação binária de masculino ou feminino e diz respeito às características físicas de um indivíduo, como genitais, cromossomos e hormônios, geralmente definidas com base na aparência genital ao nascer[143]. Contudo, há pessoas

---

[140] WOOD, 2021.

[141] ABADI, A.; LOBO, N. Juventude, gênero e sexualidade: reflexões sobre a inserção da psicologia neste campo. *In:* SILVA, J. P. da *et al.* (org.). *Psicologia e Adolescência*: gênero, violência e saúde [recurso eletrônico]. Curitiba: CRV, 2018. https://doi.org/10.24824/978854442984.6.

[142] WOOD, 2021.

[143] GALAMBOS, N. L. Gender and Gender Role Development in Adolescence. *In:* LERNER, R. M.; STEINBERG, L. (ed.). *Handbook of adolescent psychology*. 2. ed. Hoboken: John Wiley & Sons, Inc., 2004. p. 233-262.
BERENBAUM, S. A. *et al.* Gender Development. *In:* DAMON, W.; LERNER, R. M. (ed.). *Child and Adolescent Development:* An Advanced Course. Hoboken: John Wiley & Sons, Inc., 2008. p. 647-695.
WOOD, 2021.

cujos corpos não se encaixam claramente nessas categorias, e elas são conhecidas como intersexuais[144].

Além disso, o gênero é a forma como a sociedade interpreta e incorpora o sexo biológico na vida cotidiana. Em outras palavras, enquanto as categorias *macho* e *fêmea* derivam de características biológicas, as designações *masculino* e *feminino* são construções sociais. De acordo com uma perspectiva rígida, a masculinidade é entendida como resultado de ser macho e a feminilidade, como consequência de ser fêmea; contudo, as identidades de gênero podem se manifestar de maneiras diversas, sem se limitar à dicotomia biológica[145].

Além disso, a categoria de gênero surgiu no contexto biotecnológico no final dos anos 1940, associada às intervenções hormonais e cirúrgicas em bebês intersexuais. No âmbito do feminismo, essa ideia evoluiu para servir como uma ferramenta analítica, capaz de destacar disparidades e hierarquias de gênero, bem como de desnaturalizar concepções convencionais[146]. A escrito francesa Simone de Beauvoir, por exemplo, contribuiu para desafiar a noção de que a condição feminina é inata, argumentando que se trata de um processo de *tornar-se mulher*[147]. Essa perspectiva foi aprofundada por diversas feministas anglo-saxãs, como Joan Scott, que estabeleceu uma distinção fundamental entre gênero e sexo, rejeitando as premissas do determinismo biológico e ressaltando a influência das construções sociais e históricas nas características biológicas. Dessa forma, a noção de gênero emergiu como um instrumento valioso de análise histórica e política, permitindo a identificação e a denúncia das complexas relações e assimetrias de gênero na sociedade[148].

O movimento feminista queer, influenciado pela filósofa e teórica feminista estadunidense Judith Butler, propôs uma abordagem inovadora ao sistema sexo-gênero, explorando suas implicações epistemológicas e

---

[144] Segundo a Associação Brasileira de Intersexos (Abrai, [2020?]), a intersexualidade abrange indivíduos cujas características sexuais congênitas não se alinham com normas sociais e médicas estabelecidas para corpos masculinos ou femininos. Essa complexidade envolve variáveis como cromossomos, anatomia reprodutiva, hormônios e características secundárias. A compreensão tradicional de cromossomos XY (masculinos) e XX (femininos) é desafiada por avanços na biologia molecular, revelando interações genéticas complexas. Gene SRY, antes tido como definidor masculino, é agora acompanhado por SF-1, WT1, WNT4 e DAX1, redefinindo a determinação sexual. A intersexualidade transcende a binariedade cromossômica, promovendo discussões sobre terminologia, direitos humanos e uma visão mais abrangente da diversidade de sexos.

[145] WOOD, 2021.

[146] COLLING, 2018.

[147] BEAUVOIR, S. de. *O segundo sexo*. 2. ed. Rio de Janeiro: Nova Fronteira., 2009.

[148] COLLING, 2018.

políticas. Os estudos queer, surgidos nos Estados Unidos na década de 1980, constituem um campo multidisciplinar que questiona as normas sociais relativas a gênero e sexualidade, contestando perspectivas patologizantes e integrando diferentes vertentes dos estudos de sexualidade e gênero[149]. Acadêmicos de áreas como psicologia, sociologia e antropologia, em sua maioria, concordam que o gênero é uma construção social que envolve papéis, identidades e expressões consideradas masculinas e femininas. Esses elementos, que dialogam com a temática desenvolvimental, são influenciados por fatores biológicos, psicológicos e sociais[150].

Os fatores biológicos abrangem o sexo cromossômico, hormonal e anatômico. O sexo cromossômico é determinado pelos cromossomos X e Y. Os hormônios sexuais, como a testosterona e o estrogênio, influenciam o desenvolvimento das características de gênero, sendo produzidos pelos órgãos reprodutivos e pelas glândulas suprarrenais. O sexo anatômico é definido pelas características físicas dos órgãos reprodutivos e pelas características sexuais secundárias, como a massa muscular, a distribuição de gordura e a voz. Essas mudanças físicas podem representar um desafio considerável para os adolescentes, que precisam se adaptar a um novo corpo e a uma nova identidade[151].

Os fatores psicológicos que influenciam o desenvolvimento na adolescência englobam a formação da identidade pessoal, o estabelecimento de relacionamentos íntimos e a construção de um sistema de valores. Durante esse período, os adolescentes passam a refletir sobre sua própria identidade e aspirações, cultivando relações mais próximas com amigos e parceiros românticos, o que, por vezes, gera conflitos com pais e outros adultos à medida que constroem seus próprios valores[152].

A identidade e a expressão de gênero são componentes essenciais desses fatores psicológicos. A identidade de gênero refere-se à percepção interna que cada pessoa tem de si mesma, possibilitando que se identifique como masculina, feminina, não binária ou de outras formas que transcendem a dicotomia tradicional. Essa autoidentificação nem

---

[149] COLLING, 2018.
[150] GALAMBOS, 2004.
BERENBAUM *et al.*, 2008.
WOOD, 2021.
PAPALIA; MARTORELL, 2024.
[151] *Ibidem.*
[152] BERENBAUM *et al.*, 2008.

sempre se fundamenta no sexo biológico. Por outro lado, a expressão de gênero diz respeito à maneira como essa identidade é comunicada – por meio da aparência, do comportamento e da linguagem –, podendo ser classificada como masculina, feminina ou andrógina. Os estereótipos de gênero, ou seja, as crenças sobre as características e comportamentos considerados típicos de homens e mulheres, são construídos a partir dos papéis de gênero e moldam as expectativas sociais sobre a conduta de cada indivíduo[153].

Os fatores sociais são fortemente influenciados pela cultura, que impõe normas e expectativas de gênero e abrange elementos como família, amigos, escola e mídia. A família, por exemplo, exerce um papel central no desenvolvimento de gênero durante a adolescência, transmitindo valores e crenças que orientam comportamentos e expectativas. Os adolescentes tendem a imitar os comportamentos e valores de seus pares, sendo impactados pelos estereótipos de gênero disseminados nas amizades. A escola, por sua vez, contribui para a formação de valores e crenças sobre gênero por meio das práticas e expectativas dos professores, enquanto a mídia amplia essa influência ao expor os jovens a diversas mensagens por meio da televisão, filmes, música e internet[154].

A discussão sobre as concepções de gênero frequentemente questiona a suposta naturalidade dos papéis, os quais são tradicionalmente associados a uma predestinação biológica em que a presença de genitais específicos determina categorias imutáveis de masculinidade e feminilidade[155]. Esse enfoque equivocado propaga a ideia de que o corpo humano funciona como uma máquina geradora de distinções de gênero. Em contrapartida, Butler propõe uma visão alternativa, na qual o gênero é concebido como uma prática – ou seja, uma série de performances estilizadas que se desenvolvem em meio a um ambiente rigidamente estruturado – deslocando o foco do corpo como determinante inato para a construção cultural de identidades[156].

No contexto desses debates, a psicóloga e pesquisadora estadunidense Sandra Bem apresenta três lentes conceituais para aprofundar a análise das percepções de gênero. O essencialismo biológico posiciona as

---
[153] GALAMBOS, 2004.
[154] GALAMBOS, 2004.
BERENBAUM *et al.*, 2008.
[155] WOOD, 2021.
[156] BUTLER, J. Sujeitos do sexo/gênero/desejo. *In*: BUTLER, J. *Problemas de gênero: feminismo e subversão da identidade*. 22. ed. Rio de Janeiro: Civilização Brasileira, 2022. p. 17-70.

diferenças na biologia reprodutiva como a base da distinção de gênero, na qual os genitais funcionam como passaportes que legitimam a identidade. Por meio do androcentrismo, a masculinidade é colocada como dominante, enquanto a feminilidade é relegada a uma posição subalterna. A polarização de gênero configura a masculinidade e a feminilidade como opostos binários mutuamente excludentes, perpetuando uma visão de soma zero dos papéis de gênero[157]. A análise das perspectivas de Bem, combinada às de Butler, revela que o gênero é uma construção complexa e mutável, fortemente influenciada por práticas performáticas e pela cultura. Essa abordagem evidencia a importância de reconhecer e questionar as narrativas tradicionais sobre gênero, promovendo um entendimento que valorize a pluralidade das identidades e das interações sociais[158].

Nesse contexto, a relação entre gênero e saúde revela conexões profundas entre as representações de gênero e seus impactos na saúde física e mental. Durante a puberdade, observam-se diferenças significativas na imagem corporal, amplamente influenciadas pelos padrões de beleza. Geralmente, as meninas apresentam uma imagem corporal mais negativa e maior insatisfação com seus corpos do que os meninos, o que pode ser atribuído a fatores como a idealização da magreza pela mídia, o aumento da gordura corporal nas meninas durante a puberdade e a ênfase social na aparência feminina. Em contrapartida, os meninos tendem a desenvolver uma imagem corporal mais positiva, em parte devido ao aumento da massa muscular e à valorização da força física e do atletismo[159].

No contexto ocidental, o ideal estereotipado de feminilidade – frequentemente promovido pela mídia – associa magreza a padrões de beleza, contribuindo para a alta prevalência de transtornos alimentares, como anorexia nervosa e bulimia nervosa, entre garotas e mulheres. Esse ideal, sustentado por representações irrealistas, desperta o desejo de conformidade e a busca por melhorias na imagem corporal e na autoestima, frequentemente por meio de dietas restritivas[160].

É fundamental compreender que sexo, gênero, identidade de gênero e expressão de gênero são conceitos distintos e não se determinam apenas pelo sexo biológico de uma pessoa. A relação entre sexo e gênero transcende a mera correspondência linguística, exercendo uma influência significativa sobre as percepções, os comportamentos e as interações

---

[157] BEM, 1993 *apud* WOOD, 2021.
[158] WOOD, 2021.
[159] PAPALIA; MARTORELL, 2024.
[160] WOOD, 2021.

humanas. Uma compreensão clara dessas distinções é essencial para apreciar a diversidade das identidades de gênero e evitar a perpetuação de visões restritas e estereotipadas da experiência humana[161].

A diversidade de gênero vai além do tradicional binarismo homem-mulher, abrangendo uma ampla gama de identidades, como cisgênero, transgênero (incluindo transexuais, travestis, pessoas não binárias e de gênero fluido). O termo cisgênero refere-se aos indivíduos cuja identidade de gênero está em conformidade com o gênero atribuído no nascimento, representando a norma social predominante. Em contrapartida, transgênero designa pessoas que não se identificam com o gênero atribuído ao nascer e que podem optar ou não por uma redesignação sexual. Essa perspectiva evidencia que o gênero é uma construção social em constante transformação[162].

As identidades de gênero não são equivalentes à orientação sexual, visto que pessoas trans podem se identificar como heterossexuais, homossexuais, bissexuais, pansexuais, assexuais, entre outras[163]. No entanto, a sociedade frequentemente interpreta e rotula as identidades de gênero de maneira inadequada, perpetuando normas limitantes e desconsiderando a autodeterminação dos indivíduos na definição de suas próprias identidades. Nesse contexto, é importante mencionar a LGBTfobia, que torna ainda mais desafiador enfrentar as mudanças significativas ocorridas durante a adolescência, com consequências nocivas tanto para a saúde física quanto para a saúde mental.

A LGBTfobia é um termo que descreve a repulsa, o medo ou o preconceito direcionados a pessoas da comunidade LGBTQIAPN+[164]. Ela hierarquiza as sexualidades ao promover a heterossexualidade como norma e pode se manifestar na forma de violência verbal, psicológica, simbólica ou física. É importante ressaltar que a LGBTfobia não incide exclusivamente sobre as pessoas LGBTQIAPN+, já que diversas manchetes demonstram que essa violência também atinge heterossexuais que não se conformam

---

[161] COLLING, 2018.
WOOD, 2021.
[162] *Ibidem.*
[163] *Ibidem.*
[164] *Ibidem.*

com as normas sociais[165] ou que, mesmo equivocadamente, podem ser interpretados como portadores de sinais de afiliação à comunidade[166].

Além disso, no contexto das orientações sexuais, compreender as categorias homossexual, bissexual, pansexual e assexual é fundamental para mapear a diversidade de experiências e expressões humanas relacionadas aos interesses sexuais e afetivos. Na homossexualidade, o interesse é direcionado a pessoas do mesmo sexo ou gênero; na bissexualidade, abrange tanto indivíduos do mesmo sexo quanto do sexo oposto; na pansexualidade, a atração não depende da identidade de gênero ou do sexo; e na assexualidade, há uma manifestação mínima ou ausente de interesse sexual, que pode ou não acompanhar a falta de interesse afetivo. Assim como a identidade de gênero, a orientação sexual é autodeclaratória, o que reflete a complexa interconexão entre essas dimensões na construção da diversidade humana[167].

O desenvolvimento de gênero e da sexualidade na adolescência é um processo contínuo, influenciado por múltiplos fatores. Durante essa fase, os adolescentes experimentam transformações físicas, psicológicas e sociais que podem levar à reavaliação de suas identidades de gênero,

---

[165] *Confer* CARDILLI, J. 'Não pode nem abraçar o filho', diz homem que teve orelha cortada. *G1*, São Paulo, 19 jul. 2011. Disponível em: https://g1.globo.com/sao-paulo/noticia/2011/07/nao-pode-nem-abracar-o-filho--diz-homem-que-teve-orelha-cortada.html. Acesso em: 13 maio 2023.
R7. Amigos são brutalmente espancados após serem confundidos com casal gay no Rio. *Notícias R7*. 6 maio 2015. Disponível em: https://noticias.r7.com/rio-de-janeiro/fotos/amigos-sao-brutalmente-espancados--apos-serem-confundidos-com-casal-gay-no-rio-06052015. Acesso em: 13 maio 2023.
ESTADÃO. Mãe e filha são agredidas em shopping por serem confundidas com casal gay. *Estadão*. 2 out. 2017. Disponível em: https://www.estadao.com.br/emais/comportamento/mae-e-filha-sao-agredidas-em-shopping-por-serem-confundidas-com-casal-gay/. Acesso em: 13 maio 2023.
QUERINO, R. Mulher cis em tratamento contra câncer sofre agressão ao ser confundida com trans. *Observatório G*. 27 nov. 2018. Disponível em: https://observatoriog.com.br/noticias/mulher-cis-sofre-agressao-ao-ser--confundida-com-trans. Acesso em: 13 maio 2023.
CARVALHO, R. Cabeleireiro hétero é agredido por vizinhos homofóbicos. *Observatório G*. 11 ago. 2020. Disponível em: https://observatoriog.com.br/noticias/cabeleireiro-hetero-e-agredido-por-vizinhos-homofobicos. Acesso em: 13 maio 2023.
CORREIO BRAZILIENSE. Turista português fica 19 dias preso na Turquia por "aparentar ser gay". *Correio Braziliense*. 22 jun. 2023. Disponível em: https://www.correiobraziliense.com.br/mundo/2023/07/5110929-turista-portugues-fica-19-dias-preso-na-turquia-por-aparentar-ser-gay.html. Acesso em: 13 maio 2023.

[166] *Confer* CAMPOS, R. Carregando bolsa da esposa, homem é confundido com gay e apanha. *Metrópoles*. 5 nov. 2019. Disponível em: https://www.metropoles.com/mundo/carregando-bolsa-da-esposa-homem-e--confundido-com-gay-e-apanha. Acesso em: 13 maio 2023.
EFRAIM, A. Agressão no Qatar: bandeira de Pernambuco é confundida com arco-íris LGBT. *Universa Uol*. 22 nov. 2022. Disponível em: https://www.uol.com.br/universa/noticias/redacao/2022/11/22/brasileiro-e-agredido-no-qatar-apos-briga-por-bandeira-de-pe-e-simbolo-gay.htm. Acesso em: 13 maio 2023.

[167] COLLING, 2018.
WOOD, 2021.

dos papéis atribuídos e dos estereótipos associados. Nesse contexto, a teoria da performatividade de gênero emerge como uma abordagem crucial para compreender a construção das identidades. Butler critica a tradicional distinção entre sexo – concebido como uma categoria natural – e gênero, entendido como uma construção cultural, argumentando que o corpo está sempre imerso nas normas culturais que definem as concepções de gênero. Ela ressalta, por exemplo, que a sociedade impõe essas normas desde os estágios iniciais da vida, como evidenciado pela prática de identificar o sexo de um bebê por meio de ultrassonografias[168].

Butler também sustenta que a heterossexualidade compulsória e a heteronormatividade contribuem para manter uma coerência rígida entre sexo, gênero, desejo e prática sexual, prejudicando aqueles que desafiam essas convenções. De acordo com a teoria da performatividade, a repetição ritualizada das normas sociais leva os indivíduos a internalizarem e se conformarem com essas regras, enquanto os que se afastam delas enfrentam consequências como a negação de direitos, o desrespeito e, em muitos casos, a violência[169]. Nesse sentido, é importante reconhecer que os adolescentes podem enfrentar desafios adicionais relacionados ao desenvolvimento de gênero, como a pressão dos pares, a discriminação e o preconceito. Por isso, é fundamental que tenham acesso a informações e apoio de pais, professores, profissionais de saúde mental e outros adultos, para que possam compreender melhor suas identidades de gênero e desenvolver comportamentos saudáveis.

Em síntese, o binarismo de gênero e os estigmas sociais influenciam significativamente o desenvolvimento da sexualidade na juventude, impactando a forma como os indivíduos vivenciam e expressam sua identidade. A discriminação – manifestada em diversos níveis, desde o contexto cultural até as relações interpessoais – molda a percepção dos jovens sobre si mesmos e seu papel na sociedade, gerando consequências profundas para sua saúde mental e bem-estar. Esse acúmulo de mensagens negativas evidencia a necessidade de estratégias mais integradoras e sensíveis às complexidades das identidades de gênero e sexualidade[170].

---

[168] BUTLER, 2022.
[169] *Ibidem.*
[170] ABADI; LOBO, 2018.

1.2 Dispositivos de gênero

A noção de dispositivo é essencial para analisar a relação entre poder, conhecimento e práticas sociais. Esse conceito descreve uma rede complexa de elementos interconectados – que englobam discursos, instituições, organizações arquitetônicas, decisões regulamentares, leis, medidas administrativas, enunciados científicos e proposições filosóficas, morais e filantrópicas – os quais, em conjunto, moldam a compreensão do mundo e exercem poder sobre os indivíduos e a sociedade. Em outras palavras, o que é dito e o que não é dito se entrelaçam para formar um sistema que articula essas diversas dimensões[171].

Um dispositivo não se limita a uma ferramenta ou instrumento físico; trata-se de uma rede complexa de relações, práticas, instituições e discursos que operam de forma integrada para exercer poder, produzir conhecimento e moldar subjetividades. Essa rede evolui e se adapta ao longo do tempo em resposta às mudanças nas relações de poder e nas estruturas sociais. A aplicação desse conceito possibilitou explorar as práticas históricas e os modos de subjetivação que caracterizam a modernidade, revelando que o poder disciplinar tradicional foi substituído por um biopoder mais abrangente, que se estende além do indivíduo, alcançando populações e regulando fenômenos em escala global[172].

O conceito de dispositivo de sexualidade pode ser considerado uma aplicação específica da ideia mais ampla de dispositivo, que examina como a sociedade, sobretudo a burguesa do século XIX, abordava e regulava a sexualidade, evidenciando uma transformação significativa na forma de compreendê-la. Dentro desse contexto, a noção de dispositivo de sexualidade investiga como elementos como a medicina, a psiquiatria, a moralidade, a educação e o controle estatal se articulam para moldar a percepção e a vivência da sexualidade. Essa rede de fatores não só reprime a sexualidade, mas também a produz, tornando-a objeto de conhecimento e controle, demonstrando como poder, conhecimento e práticas sociais se entrelaçam para moldar as experiências e as normas sexuais na sociedade[173].

Essas ideias compõem o arcabouço teórico adotado por Valeska Zanello para conceituar os dispositivos de gênero – amoroso, materno

---

[171] FOUCAULT, M. *Microfísica do poder*. Rio de Janeiro: Paz & Terra, 1998.
[172] Ibidem.
[173] Ibidem.

e da eficácia –, que se configuram como conjuntos de saberes, práticas e discursos empregados como instrumentos de controle social, com o objetivo de regular as relações de poder e contribuir para a manutenção das desigualdades de gênero[174].

O dispositivo amoroso é uma construção social e histórica complexa que regula as relações afetivas e sexuais, adaptando-se às mudanças culturais e temporais. O amor romântico, elemento central desse dispositivo, emergiu no século XIX e, desde então, tornou-se uma norma social amplamente aceita. Contudo, no século XXI, embora o amor romântico continue importante para muitas pessoas, novos modelos de relacionamento têm surgido e desafiado as concepções tradicionais de amor[175].

Além disso, esse dispositivo exerce forte influência na construção da feminilidade, ao impor características e comportamentos específicos às mulheres. Frequentemente, as mulheres são socializadas para serem românticas, sensíveis e cuidadoras, e pressionadas a buscar o amor e o casamento, o que pode levá-las a se submeter aos desejos masculinos, normalizando comportamentos que contribuem para a objetificação e a violência contra elas. A mídia, a religião e a psicologia desempenham papéis importantes na perpetuação do dispositivo amoroso, pois produzem e reforçam representações e discursos que naturalizam e legitimam a ordem heterossexual e patriarcal[176].

A mídia é uma das principais instâncias responsáveis por disseminar o dispositivo amoroso. Meios de comunicação de massa, como televisão, cinema e internet, estão repletos de imagens e narrativas que apresentam o amor romântico como a única forma válida de amor, frequentemente de maneira estereotipada e heteronormativa – retratando as mulheres como passivas e dependentes, e os homens como ativos e protetores. Além disso, muitas religiões pregam que o casamento é um sacramento sagrado e que o amor romântico é o caminho para a felicidade, induzindo as pessoas a acreditarem que só podem ser completas por meio de um relacionamento amoroso. Por fim, Zanello critica a psicologia tradicional, que frequentemente associa o amor romântico à saúde mental e ao

---

[174] ZANELLO, 2018.
[175] Ibidem.
[176] Ibidem.

bem-estar, levando muitos a acreditarem que é indispensável estar em um relacionamento para ser feliz e saudável[177].

O dispositivo materno regula as relações entre mães e filhos, impondo expectativas de cuidado, amor e abnegação. As mães são socializadas para priorizar os interesses de seus filhos, frequentemente sacrificando os próprios, o que contribui para a divisão sexual do trabalho ao atribuir a elas a principal responsabilidade pelo cuidado infantil e pelas tarefas domésticas, gerando sobrecarga e impactando negativamente suas vidas[178].

A representação das mulheres por meio desse dispositivo, que associa o cuidado com o outro à própria natureza feminina, gera implicações até para aquelas que não são ou não pretendem ser mães. Mesmo sem filhos, as mulheres frequentemente são pressionadas a assumir responsabilidades de cuidado com parentes ou parceiros, o que as obriga a abandonar seus próprios projetos em benefício dos outros. Além disso, o dispositivo materno pode afetar negativamente a saúde mental das mães, impondo a elas uma pressão para alcançar uma maternidade ideal, o que frequentemente resulta em sentimentos de culpa e vergonha quando essas expectativas não são atendidas[179].

Instituições como a religião, a medicina e a psicologia desempenham papéis importantes na perpetuação do dispositivo materno, reforçando as normas e expectativas associadas à maternidade. Muitas religiões pregam que a maternidade é um sacramento sagrado e que somente as mulheres podem dar à luz e criar filhos. Ademais, a medicina e a psicologia tradicionais costumam endossar a ideia de instinto materno, associando a maternidade à identidade feminina e reforçando a crença de que as mulheres são incompletas se não forem mães[180].

Os dispositivos amoroso e materno contribuem para a construção social da feminilidade, impondo características e comportamentos esperados das mulheres, o que pode levar à discriminação e ao preconceito contra aquelas que não se enquadram nesses padrões. Além disso, tais dispositivos naturalizam a desigualdade de gênero e reforçam a divisão

---

[177] ZANELLO, 2018.
[178] *Ibidem.*
[179] *Ibidem.*
[180] *Ibidem.*

sexual do trabalho, sobrecarregando as mulheres com responsabilidades domésticas e de cuidado[181].

Nesse contexto, a análise do trabalho doméstico e reprodutivo não remunerado é fundamental para a compreensão das dinâmicas de gênero na sociedade contemporânea. Silvia Federici, renomada acadêmica feminista italiana, argumenta que essas atividades — frequentemente disfarçadas como expressões de amor e cuidado — funcionam como mecanismos centrais de exploração capitalista e controle patriarcal. Em seu ensaio *O que eles chamam de amor, nós chamamos de trabalho não pago*, ela destaca como a economia global depende da contribuição não remunerada das mulheres, uma realidade muitas vezes encoberta pelo discurso tradicional de amor e altruísmo[182].

O trabalho não pago das mulheres configura-se como um componente-chave da economia global, não apenas sustentando o sistema, mas também reforçando as disparidades socioeconômicas existentes. Dessa forma, o entrelaçamento entre patriarcado e capitalismo na exploração do trabalho doméstico perpetua a desigualdade de gênero, enquanto a romantização dessa prática desvaloriza o trabalho das mulheres e mascara as relações de poder subjacentes, bem como as pressões sociais que as forçam a desempenhar tais funções[183].

O dispositivo amoroso e o dispositivo materno contribuem para a construção social da feminilidade, impondo características e comportamentos esperados das mulheres. Tais normas podem gerar discriminação e preconceito contra aquelas que não se enquadram nesses padrões, além de naturalizar a desigualdade de gênero e reforçar a divisão sexual do trabalho, sobrecarregando as mulheres com responsabilidades domésticas e de cuidado[184]. A análise do trabalho doméstico e reprodutivo não remunerado é fundamental para a redefinição das dinâmicas de gênero, pois revela um mecanismo de exploração capitalista e controle patriarcal.

---

[181] ZANELLO, 2018.

[182] FEDERICI, S. O que eles chamam de amor, nós chamamos de trabalho não pago, diz Silvia Federici. Entrevistadora: Úrsula Passos. *Folha de S. Paulo*. São Paulo, 14 out. 2019. Disponível em: https://www.geledes.org.br/o-que-eles-chamam-de-amor-nos-chamamos-de-trabalho-nao-pago-diz-silvia-federici/. Acesso em: 31 ago. 2023.

[183] *Ibidem*.

[184] ZANELLO, 2018.
FEDERICI, 2019.

A valorização desse trabalho, mediante remuneração justa, é uma luta feminista pela autonomia econômica e pela equidade de gênero[185].

Quanto aos homens, Zanello propõe o conceito de dispositivo da eficácia, que estabelece as características e comportamentos socialmente esperados em relação à masculinidade. Segundo ela, os homens são socializados para serem fortes, assertivos e produtivos, sendo pressionados a alcançar sucesso na carreira e a atuar como principais provedores de suas famílias. Esse dispositivo define padrões que podem resultar em discriminação e preconceito para aqueles que não se conformam – por exemplo, homens que não demonstram força física, assertividade ou sucesso profissional podem ser rotulados como inadequados ou fracassados. Ademais, a associação da masculinidade com força e agressividade os torna vulneráveis a formas de violência, como *bullying*, violência doméstica e, em alguns casos, violência homofóbica ou transfóbica[186].

De forma semelhante aos dispositivos que incidem sobre as mulheres, o dispositivo da eficácia também pode afetar negativamente a saúde mental dos homens, provocando sentimentos de ansiedade, depressão e isolamento. Eles podem sentir-se pressionados a serem perfeitos em todas as esferas – física, social e financeira – e experimentam culpa caso não consigam atender a essas expectativas, o que frequentemente os leva a se sentir isolados e incapazes de compartilhar suas emoções e experiências[187].

A desconstrução desses dispositivos exige ações concretas. A educação desempenha um papel fundamental nesse processo, pois é necessário que as pessoas compreendam que esses dispositivos são construções sociais que não refletem a realidade do amor, da maternidade e da masculinidade. O debate sobre a violência de gênero é igualmente crucial para conscientizar a sociedade de que esse problema afeta tanto homens quanto mulheres. Além disso, os estereótipos de gênero devem ser desafiados, demonstrando que mulheres e homens são capazes de desempenhar qualquer função, independentemente de sua identidade de gênero. Por fim, é imprescindível oferecer apoio a todas as pessoas que enfrentam dificuldades decorrentes desses dispositivos.

---

[185] FEDERICI, 2019.
[186] ZANELLO, 2018.
[187] *Ibidem*.

1.3 Tecnologias de gênero

Teresa de Lauretis define tecnologia de gênero como qualquer aparato ou processo que, de maneira codificada, produz subjetividades de gênero. Essas tecnologias constituem um fenômeno complexo e multifacetado, essencial para a formação da identidade de gênero, permeando todas as esferas da vida social. Elas moldam e sustentam as categorias binárias de homem e mulher, estabelecendo normas e expectativas sobre o comportamento individual[188]. Nesse contexto, os filmes de animação das princesas Disney podem ser entendidos como artefatos culturais e comerciais de um sistema capitalista voltado ao lucro, devendo ser analisados não como simples desenhos inofensivos, mas como veículos carregados de conceitos patriarcais, burgueses e coloniais[189].

De Lauretis classifica as tecnologias de gênero em duas categorias: primárias e secundárias. As tecnologias de gênero primárias produzem subjetividades a partir da diferença sexual e incluem, por exemplo, a medicina, que atribui funções e características aos corpos; a psicologia, que associa traços de personalidade e comportamentos a cada gênero; e a educação, que reforça normas e expectativas de gênero no ambiente escolar. Em contrapartida, as tecnologias de gênero secundárias se baseiam na diferenciação já estabelecida pelas primárias, como a mídia e a cultura, que representam e perpetuam estereótipos de gênero por meio da criação de imagens e discursos internalizados pelos indivíduos. Atualmente, as redes sociais emergem como um exemplo marcante de tecnologia de gênero secundária, ao reforçar papéis tradicionais por meio de algoritmos que promovem conteúdos baseados em estereótipos, moldando comportamentos e influenciando a percepção de gênero desde cedo[190].

Nesse contexto, as tecnologias de gênero e os dispositivos de gênero se inter-relacionam de maneira circular. As tecnologias de gênero produzem efeitos que reafirmam os padrões que as originaram e que são, por sua vez, concretizados pelos dispositivos de gênero. O conceito de *looping effect* é utilizado para descrever esse fenômeno, no qual os efeitos gerados pelas

---

[188] DE LAURETIS, 1987.
[189] MACHADO, A. A.; ZIMMERMANN, T. R. Considerações sobre Pedagogias Fílmicas Infantis da Disney: Representando Princesas em Subjetividades Femininas Outras. *Zanzalá*, v. 9, n. 1, 2022.
[190] DE LAURETIS, 1987.

tecnologias de gênero consolidam os próprios padrões que lhes deram origem[191]. Por exemplo, tecnologias de gênero que promovem a ideia de que as mulheres possuem um instinto materno inato e habilidades naturais para o cuidado – além de serem mais sensíveis e emotivas do que os homens – resultam na sobrecarga de responsabilidades domésticas, na discriminação no mercado de trabalho e na incidência de violência doméstica. Esses efeitos reforçam a noção de que as mulheres são responsáveis pelo cuidado da casa e dos filhos, enquanto os homens são idealizados como mais fortes e agressivos, perpetuando assim os próprios mecanismos que sustentam essas tecnologias de gênero[192].

As animações das princesas Disney são exemplos clássicos de tecnologias de gênero. Essas produções reproduzem e reforçam padrões de desigualdade que sustentam a ordem patriarcal, ao retratarem personagens femininas como cuidadoras, passivas e belas. Tais representações podem impactar negativamente meninas e mulheres, levando-as a acreditar que devem possuir essas características para serem aceitas, o que pode fazer com que subestimem suas próprias habilidades e potencialidades[193].

Os conceitos de dispositivo amoroso e dispositivo materno são igualmente essenciais para compreender essas narrativas, pois reforçam a ideia de que o amor romântico é o único caminho para a felicidade e que a maternidade é o destino natural das mulheres. Essa abordagem incute, desde a infância, papéis e expectativas de gênero que afetam profundamente a subjetividade feminina[194].

Ao longo desta pesquisa, por meio da análise de cada personagem e dos enredos das histórias, será possível compreender de maneira prática e detalhada como as tecnologias de gênero operam desde cedo na vida, especialmente entre as meninas, com repercussões que se estendem por todo o ciclo do desenvolvimento.

---

[191] ZANELLO, 2018.
[192] *Ibidem*.
[193] MONTEIRO; ZANELLO, 2015.
ZANELLO, 2018.
[194] ZANELLO, 2018.

Capítulo 2

PRINCESAS EM PAUTA: DISNEY E A DISCUSSÃO SOBRE GÊNERO E DIVERSIDADE

> *For whether we are white or copper skinned*
> *We need to sing with all the voices of the mountains*
> *We need to paint with all the colors of the wind*
> *You can own the Earth and still*
> *All you'll own is earth until*
> *You can paint with all the colors of the wind*
> *(Pocahontas – Colors Of The Wind)*[195]

A Walt Disney Company teve início na Califórnia, em 1923, quando os irmãos Walt e Roy Disney fundaram o estúdio de animação The Walt Disney Studios. Desde então, a empresa estabeleceu uma forte conexão com os contos de fadas, evidenciada pelo lançamento, em 1937, do filme *Branca de Neve e os Sete Anões*, o primeiro longa-metragem totalmente animado a utilizar a tecnologia Technicolor. Além disso, o estúdio foi pioneiro na introdução de trilhas sonoras originais e canções em seus filmes, contribuindo significativamente para o desenvolvimento dessa forma de arte à cultura popular. A trajetória da Disney, ao longo de seus mais de cem anos, revela sua expansão para diversos setores do entretenimento, como cinema, televisão, parques temáticos, produtos de consumo e mídia digital[196].

Nesse cenário, mesmo diante de adversidades – como a queda nos lucros nos primeiros meses da pandemia de covid-19 – a empresa adaptou-se e encontrou oportunidades de crescimento, sobretudo com o aumento das assinaturas de seus serviços de *streaming* (Disney+, Star+, ESPN+ e Hulu). O Relatório Financeiro Anual do Ano Fiscal de 2022 aponta um

---

[195] Porque quer sejamos brancos ou da cor do cobre | Precisamos cantar com todas as vozes das montanhas | Precisamos pintar com todas as cores do vento | Você pode conquistar toda a Terra | E ainda assim, tudo que você terá é somente terra | Até que você aprenda a pintar com todas as cores do vento – Pocahontas – Cores do Vento (tradução nossa).
[196] PALLANT, C. Disney-Formalism: Rethinking 'Classic Disney.' *Animation*, v. 5, n. 3, p. 341-352, 2010. MOLLET, 2013.
GABLER, N. *Walt Disney:* O triunfo da imaginação americana. 3. ed. Barueri: Novo Século Editora, 2016.

aumento significativo nas receitas, que alcançaram 82,7 bilhões de dólares, impulsionado não apenas pela retomada das atividades afetadas pela pandemia, mas também pelo sucesso em diversas áreas, como bilheteria cinematográfica, transmissões televisivas, serviços de streaming e vendas de produtos licenciados, especialmente da franquia Disney Princesas®, uma das mais populares e lucrativas da empresa[197].

A franquia Disney Princesas® destaca-se como um dos pilares dessa hegemonia cultural e econômica da empresa. O sucesso dessas personagens não se restringe ao impacto nas bilheterias – conforme evidenciado pelo faturamento global dos filmes, consolidado pela *Internet Movie Database* e apresentado na Tabela 1 –, mas também se estende ao vasto mercado de produtos licenciados, que gera receitas significativas por meio de *royalties*[198].

Tabela 1 – *Resultado de bilheteria das animações protagonizadas pelas Disney Princesas®*

(Continua)

Ano	Filme	CI	Ranking						Faturamento
			EUA			Global			
			a	b	c	a	b	c	(em US$)
1937	Branca de Neve e os Sete Anões	G	d	17	259	d	d	d	184.925.486 [e]
1950	Cinderela	G	d	47	859	d	74 [f]	1.826 [f]	96.383.330 [f]
1959	A Bela Adormecida	G	d	85	1.754	d	d	d	51.600.000 [e]
1989	A Pequena Sereia	G	13	33	658	13	38	824	211.343.479
1991	A Bela e a Fera	G	3	11	183	1	15	306	424.967.620
1992	Aladdin	G	1	12	189	1	10	229	504.050.219
1995	Pocahontas	G	4	25	442	4	20	441	346.079.773
1998	Mulan	G	13	32	579	6	26	522	304.320.254

---

[197] LANG, B. Disney Earnings Beat Expectations Thanks to Streaming Growth. *Variety*. 11 fev. 2021. Disponível em: https://variety.com/2021/biz/news/disney-earnings-disney-plus-streaming-1234906441. Acesso em: 13 maio 2023.
IGER, R. A. *et al. Fiscal Year 2022 Annual Financial Report*. 2023. Disponível em: https://thewaltdisneycompany.com/app/uploads/2023/02/2022-Annual-Report.pdf. Acesso em: 12 maio 2023.
[198] INTERNET MOVIE DATABASE [IMDB]. ([1998?]). Report. *Box Office Mojo*. Disponível em: https://www.boxofficemojo.com/. Acesso em: 12 maio 2023.

Tabela 1 – *Resultado de bilheteria das animações protagonizadas pelas Disney Princesas*

(Conclusão)

Ano	Filme	CI	Ranking EUA			Ranking Global			Faturamento
			a	b	c	a	b	c	(em US$)
2009	A Princesa e o Sapo	G	31	36	724	25	29	606	267.045.765
2010	Enrolados	PG	10	63	228	8	46	180	592.462.816
2012	Valente	PG	8	48	155	13	54	209	538.983.207
2016	Moana	PG	11	42	142	12	35	145	682.685.900

Fonte: elaboração própria
Nota: Dados de 13 de maio de 2023
CI – *Classificação Indicativa conforme a Motion Picture Association (MPAA)*[199]
G – *Audiência Geral, segundo informação do site da MPAA: "Nada que ofendesse os pais pela visualização pelos filhos"*[200]
PG – *Orientação Parental Sugerida, pois "os pais são instados a dar 'orientação parental'. Pode conter alguns materiais que os pais podem não gostar para seus filhos pequenos"*[201]
[a] *Posição no ano de seu lançamento*
[b] *Posição no ranque com os filmes de mesma classificação indicativa*
[c] *Posição levando em consideração todos os filmes de todas classificações indicativas*
[d] *As informações que constam no site são a partir de 1977*
[e] *Valores domésticos dos EUA*
[f] *Estão sendo considerados relançamentos muitos anos depois do lançamento oficial*

Embora a Disney seja amplamente reconhecida por sua inovação, criatividade e impacto no entretenimento, a empresa enfrenta críticas constantes, especialmente no contexto da globalização e da hegemonia cultural. O conceito de disneyficação ajuda a compreender como a disseminação de valores, narrativas e estéticas associadas à marca molda percepções culturais e reforça o consumo capitalista desde a infância, influenciando identidades e papéis de gênero[202].

---

[199] MOTION PICTURE ASSOCIATION [MPAA]. ([1922?]). *Film Ratings*. Disponível em: https://www.motionpictures.org/film-ratings/. Acesso em: 13 maio 2023.
[200] *Ibidem*.
[201] *Ibidem*.
[202] BRYMAN, A. *The Disneyization of Society*. London: Sage, 2004.
KIYOMI, K. Disney's Pocahontas: Reproduction of Gender, Orientalism, and the Strategic Construction of Racial Harmony in the Disney Empire. *Asian Journal of Women's Studies*, v. 6, n. 4, p. 39-65, 2000. http://dx.doi.org/10.1080/12259276.2000.11665893.
RAHAYU, M. *et al*. "Aladdin" from Arabian Nights to Disney: The change of discourse and ideology. *LiNGUA*, v. 10, n. 1, p. 24-34, 2015. https://doi.org/10.18860/ling.v10i1.3030.

Ao adaptar narrativas de culturas não ocidentais, a Disney frequentemente suaviza elementos originais para torná-los mais aceitáveis ao público global, o que pode apagar nuances culturais e reforçar estereótipos. Embora personagens como Moana e Tiana representem esforços inclusivos, elas ainda são alvo de críticas por reproduzirem visões ocidentais sobre culturas marginalizadas, revelando um processo de representação influenciado por referenciais culturais dominantes[203].

Ademais, as histórias das princesas são questionadas por manter papéis tradicionais de gênero, mesmo quando introduzem protagonistas mais diversas e independentes. O estúdio, apesar de avanços, tende a comercializar o feminismo, preservando padrões de beleza e comportamentos convencionais. Essa abordagem suscita debates sobre o impacto da Disney na cultura, evidenciando questões de poder, hegemonia e a forma como certos ideais são perpetuados[204].

Críticos afirmam que a empresa reduz a complexidade dos contos de fadas, eliminando o potencial imaginativo das crianças ao simplificar as narrativas e reforçar papéis de gênero estereotipados. Embora haja tentativas de promover personagens femininas progressistas que ressignificam o papel social da mulher segundo os ideais contemporâneos, essa transformação muitas vezes se revela como uma versão mercantilizada do feminismo, em que a *princesa empoderada* ainda se submete a normas tradicionais[205]. Essa perspectiva convida a uma reflexão aprofundada sobre o impacto da Disney na sociedade, levantando questões essenciais sobre poder, hegemonia e a representação cultural.

---

[203] SAID, 2011.
[204] ANJIRBAG, M. A. Mulan and Moana: Embedded Coloniality and the Search for Authenticity in Disney Animated Film. *Social Sciences*, v. 7, n. 11, 2018. https://doi.org/10.3390/socsci7110230.
KHALID, M. A Feminist Study of Tangled. *European Academic Research*, v. 3, n. 2, p. 1833-1845, 2015.
[205] BRYMAN, 2004.
BUENO, 2012.
AGUIAR; BARROS, 2015.
MORAIS, G. A. L. F. de. De princesa a heroína – a transformação da personagem feminina em herói no filme Moana: um mar de aventuras. *Olho d'água*, v. 10, n. 1, p. 1-259, 2018.
MOREIRA, P. V.; PORTELA, J. C. A figura feminina nos filmes Disney: prática de representação identitária. *PERcursos Linguísticos*, v. 8, n. 18, 262-271, 2018.
HINE *et al.*, 2018.

2.1. Corte encantada: as escolhidas da Disney

A franquia das Princesas da Disney surgiu em 2000 a partir de uma ideia do então presidente de produtos de consumo da Disney, Andy Mooney. Enquanto aguardava na fila para uma apresentação do *Disney on Ice*, Mooney percebeu que muitas crianças e algumas mães usavam roupas inspiradas nas princesas da Disney[206]. Desde então, a franquia passou a reunir personagens femininas icônicas das animações da empresa, incluindo atualmente Branca de Neve, Cinderela, Aurora, Ariel, Bela, Jasmine, Pocahontas, Mulan, Tiana, Rapunzel, Mérida, Moana e Raya[207]. Essas personagens e seus filmes despertam interesse não apenas do público consumidor, mas também em diversas áreas acadêmicas. Uma das áreas que se destacam – embora não seja a única – é a dos estudos feministas, que analisam as representações de gênero, os

---

[206] LEDUC, 2020.
[207] É importante ressaltar que, por Raya ter sido incluída no elenco da franquia em 2022, após o início da pesquisa e dos primeiros encontros com as participantes, as informações sobre o filme e o perfil da personagem não serão abordadas ao longo deste trabalho.
JERNIGAN, E. World Princess Week Returns to Disney Parks Next Week. *Disney Parks Blog*. 19 ago. 2022. Disponível em: https://disneyparks.disney.go.com/blog/2022/08/world-princess-week-returns-next-week/. Acesso em: 15 maio 2023.

papéis e estereótipos, bem como o sexismo e o machismo presentes nas animações das princesas[208].

O lançamento do filme *A Princesa e o Sapo*, em 2009, e o entusiasmo em torno da introdução da primeira princesa negra da Disney motivaram uma série de publicações com perspectivas variadas. Algumas dessas publicações recordaram o passado racista da sociedade estadunidense, evidenciado por determinadas decisões criativas da empresa, mas também destacaram avanços positivos na representação da população negra, especialmente das mulheres. Contudo, apontam que a representação de personagens negros ainda apresenta problemáticas quando analisada sob uma perspectiva branca[209].

---

[208] Confer ENGLAND et al., 2011.
WOHLWEND, K. E. 'Are You Guys Girls?': Boys, Identity Texts, and Disney Princess Play. *Journal of Early Childhood Literacy*, v. 12, n. 1, p. 3-23, 2012a. https://doi.org/10.1177/1468798411416787.
WOHLWEND, K. E. The boys who would be princesses: playing with gender identity intertexts in Disney Princess transmedia. *Gender and Education*, v. 24, n. 6, p. 593-610, 2012b. https://doi.org/10.1080/09540253.2012.674495.
AGUIAR; BARROS, 2015.
COYNE et al., 2016.
POTGIETER, L.; POTGIETER, Z. Deconstructing Disney's divas: a critique of the singing princess as filmic trope. *Acta Academica*: Critical views on society, culture and politics, v. 48, n. 2, p. 48-75, 2016. https://doi.org/10.18820/24150479/aa48i2.2.
STREIFF, M.; DUNDES, L. From Shapeshifter to Lava Monster: Gender Stereotypes in Disney's Moana. *Social Sciences*, v. 6, n. 3, 2017. https://doi.org/10.3390/socsci6030091.
HINE, B. et al. From the Sleeping Princess to the World-Saving Daughter of the Chief: Examining Young Children's Perceptions of 'Old' versus 'New' Disney Princess Characters. *Social Sciences*, v. 7, n. 9, 2018a. https://doi.org/10.3390/socsci709016.
SANTOS, R. da S. et al. "Sou princesa, sou real": os impactos da Disney na construção do sujeito. *RBSE Revista Brasileira de Sociologia da Emoção*, v. 18, n. 54, p. 87-96, 2019.
DUNDES, L. The Upshot on Princess Merida in Disney/Pixar's Brave: Why the Tomboy Trajectory Is Off Target. *Humanities*, v. 9, n. 3, 2020. https://doi.org/10.3390/h9030083.
HOLLOWELL, A. Chief Tui Makes Way: Moana, Misogyny, and the Possibility of a Profeminist Ethic. *Men and Masculinities*, v. 24, n. 5, p. 760-779, 2020. https://doi.org/10.1177/1097184X20954265.
WILKE, V. C. L. Princesas em pleno século XXI? – Histórias para meninas e mulheres empoderadas. *Aprender Caderno de Filosofia e Psicologia da Educação*, v. 24, p. 42-60, 2020. https://doi.org/10.22481/aprender.i24.7746.
COYNE et al., 2021.
ROSENZWEIG, P. Q. *Princesa, pra quê?* Princesas, pra quem? Reflexos e reflexividades da disneyzação. 2021. 310 f. Tese (Doutorado em Arte e Cultura Visual) – Universidade Federal de Goiás, Goiânia, 2021.
SALGADO, T. B. P.; de CARVALHO, T. M. S. C. Princesas ressignificadas: nuances feministas em A Bela e a Fera. *Animus Revista Interamericana de Comunicação Midiática*, v. 20, n. 44, 2021. https://doi.org/10.5902/2175497744305.
BEGUM, 2022.
MANAWORAPONG, P.; BOWEN, N. E. J. A. Language, gender, and patriarchy in Mulan: a diachronic analysis of a Disney Princess movie. *Humanit Soc Sci Commun*, v. 9, n. 224, 2022. https://doi.org/10.1057/s41599-022-01244-y.

[209] Confer BARKER, 2010.
BREAUX, R. M. After 75 Years of Magic: Disney Answers Its Critics, Rewrites African American History, and Cashes In on Its Racist Past. *Journal of African American Studies*, v. 14, n. 4, p. 398-416, 2010.
LESTER, N. A. Disney's The Princess and the Frog: The Pride, the Pressure, and the Politics of Being a First. *The Journal of American Culture*, v. 33, p. 294-308, 2010. https://doi.org/10.1111/j.1542-734X.2010.00753.x.
BALISCEI, 2017.

Apesar de algumas melhorias, decisões questionáveis persistem, como a limitação do tempo de tela de Tiana em sua forma humana, já que a personagem passa a maior parte do filme transformada em sapo. Além disso, os valores atribuídos a Tiana – relacionados ao trabalho árduo, especialmente na cozinha e no serviço em um restaurante – destoam dos modelos anteriores, nos quais as princesas se envolviam predominantemente com questões da realeza ou do combate[210].

Além das análises feministas e raciais, alguns estudos têm explorado aspectos técnicos das animações, como o estilo artístico conhecido como *Disney-formalismo*, que se refere à maneira como os estúdios produzem seus filmes – incluindo a criação de texturas, movimentos naturais dos cabelos e o processo de desenvolvimento dos figurinos –, elementos essenciais para as narrativas cinematográficas[211]. Outros estudos examinam questões sociais, como a representação de diferentes povos, costumes e culturas, e discutem como filmes, como Moana, abordam a crise climática ao explorar a relação entre os seres humanos e o meio ambiente[212]. Essas análises ressaltam tanto a responsabilidade humana na degradação ambiental quanto as possibilidades de restauração e reconciliação com a natureza.

---

[210] *Confer* GEHLAWAT, A. The Strange Case of "The Princess and the Frog": Passing and the Elision of Race. *Journal of African American Studies*, v. 14, n. 4, p. 417-431, 2010.
GREGORY, S. M. Disney's Second Line: New Orleans, Racial Masquerade, and the Reproduction of Whiteness in 'The Princess and the Frog'. *Journal of African American Studies*, v. 14, n. 4, p. 432-49, 2010.
DUNDES, L.; STREIFF, M. Reel Royal Diversity? The Glass Ceiling in Disney's Mulan and Princess and the Frog. *Societies*, v. 6, n. 4, 2016. https://doi.org/10.3390/soc6040035.

[211] *Confer* PALLANT, 2010.
WARD, K. *et al.* Simulating Rapunzel's hair in Disney's Tangled. *SIGGRAPH '10*, 2010. https://doi.org/10.1145/1837026.1837055.
SIMMONS, M. *et al.* Directing hair motion on Tangled. *SIGGRAPH '11*, 2011 https://doi.org/10.1145/2037826.2037880.
KALMAKURKI, M. Snow White and the Seven Dwarfs, Cinderella and Sleeping Beauty: The Components of Costume Design in Disney's Early Hand-Drawn Animated Feature Films. *Animation*, v. 13, n. 1, p. 7-19, 2018. https://doi.org/10.1177/1746847718754758.

[212] *Confer* FERGUSON, J-W. "Traded it off for that Voodoo Thing": Cultural Capital and Vernacular Debt in Disney's Representation of New Orleans. *J Pop Cult*, v. 49, p. 1224-1240, 2016. https://doi.org/10.1111/jpcu.12486.
BLUMLO, D. Pocahontas, Uleleh, and Hononegah: The Archetype of the American Indian Princess. *Journal of the Illinois State Historical Society*, v. 110, n. 2, p. 129-153, 2017. https://doi.org/10.5406/jillistathistsoc.110.2.0129.
MIDKIFF, E.; AUSTIN, S. The Disneyfication of Climate Crisis: Negotiating Responsibility and Climate Action in Frozen, Moana, and Frozen 2. *The Lion and the Unicorn*, v. 45, n. 2, p. 154-171, 2021. https://doi.org/10.1353/uni.2021.0013.
PÉREZ, E. "I Got Voodoo, I Got Hoodoo": Ethnography and Its Objects in Disney's the Princess and the Frog. *Material Religion*, v. 17, n. 1, p. 56-80, 2021. https://doi.org/10.1080/17432200.2021.1877954.

Este trabalho não pretende esgotar todas as possibilidades de análise e discussão que as animações das princesas oferecem. Afinal, ao longo de um século, essas produções continuam a atrair espectadores e a inspirar estudos. Contudo, espera-se que este breve retrospecto, baseado em trabalhos publicados a partir da segunda década do século XXI, evidencie a importância de continuar examinando essas narrativas, que permanecem pertinentes para abordar temas relevantes e estabelecer uma ponte entre a pesquisa acadêmica e o público em geral. Na sequência, serão descritas algumas características das personagens, suas jornadas pessoais e representações dos papéis e estereótipos de gênero presentes nas animações, temas de interesse para esta pesquisa[213].

Branca de Neve – O filme *Branca de Neve e os Sete Anões* (1937) é uma adaptação do conto de fadas alemão *Schneewittchen* dos Irmãos Grimm, publicado pela primeira vez em 1812 na coleção *Kinder- und Hausmärchen* (Contos de Fadas para Crianças e Adultos, em tradução livre)[214]. Este longa-metragem marcou um ponto de virada na história do cinema, por ser o primeiro filme de animação produzido pela Walt Disney Productions utilizando a tecnologia Technicolor. Além disso, oferece uma visão dos valores e estereótipos de gênero da época, influenciando as futuras representações das princesas da Disney[215].

A representação de Branca de Neve como uma jovem de beleza cativante e ingenuidade notável – com pele alva, cabelos escuros e longos, olhos castanhos e lábios vermelhos como uma rosa – reflete a idealização da feminilidade daquele período, marcada pela doçura, gentileza e compaixão. A trama central gira em torno da inveja da Rainha Má pela beleza de Branca de Neve, desencadeando uma série de eventos que exploram as interações entre os personagens, como a tentativa de assassinato da jovem, sua fuga para a floresta em busca de abrigo na casa dos sete anões, e o envenenamento por uma maçã oferecida pela Rainha disfarçada, culminando na necessidade do *beijo do verdadeiro amor* para despertá-la. Esses elementos são fundamentais

---

[213] Raya não será abordada devido a motivos previamente explicados.
[214] KALMAKURKI, 2018.
[215] HAND, D. (Diretor). Branca de Neve e os Sete Anões. Walt Disney Pictures. 1937.
AGUIAR; BARROS, 2015.
MARTINEZ, 2015.

para a compreensão do desenvolvimento do enredo e das relações de poder presentes no filme[216].

Cada componente da história revela camadas profundas de opressão e desigualdade de gênero, evidenciando como os valores patriarcais são inculcados desde a infância. O conto serve como uma lente para analisar as dinâmicas do patriarcado capitalista. Desde o início, a figura da madrasta personifica a obsessão pela beleza e a inveja entre mulheres, reforçando a ideia de que o valor feminino está intrinsecamente ligado à aparência. Esse padrão perpetua a competição e a rivalidade entre mulheres, desviando o foco de questões mais substanciais e reforçando estereótipos de gênero[217].

As personagens são retratadas conforme as normas sociais da época: Branca de Neve assume o papel tradicional de dona de casa, realizando tarefas domésticas, enquanto os homens trabalham fora. A dualidade entre Branca de Neve e a madrasta ilustra a visão idealizada da mulher como esposa perfeita em contraste com a mulher solitária que busca validação masculina. A madrasta é apresentada como a vilã que busca a beleza a qualquer custo, reforçando o estereótipo de que as mulheres competem entre si pela aparência. A beleza é tratada como um padrão único, no qual a mulher deve ser jovem, magra e de pele branca, enquanto Branca de Neve é mostrada como passiva, com o único objetivo de encontrar o amor e ser salva, reforçando os estereótipos tradicionais[218].

Quanto aos personagens masculinos, o filme apresenta três estereótipos principais: o caçador, os anões e o príncipe. O caçador é inicialmente retratado como violento, mas demonstra um lado bondoso ao poupar Branca de Neve. Os anões aparecem como homens desajeitados e trabalhadores, enquanto o príncipe é o típico salvador, cuja função é resgatar a princesa, reforçando a ideia de dependência feminina[219].

---

[216] HAND, 1937.
AGUIAR; BARROS, 2015.
MOTA, I. de O. *et al*. Branca de Neve e os sete anões: uma análise discursiva do filme de Walt Disney. *Revista DisSoL – Discurso, Sociedade e Linguagem*, n. 9, p. 5-23, 2019. https://doi.org/10.35501/dissol.v0i9.410.
AUN; RODRIGUES, 2023.
[217] *Ibidem*.
[218] MÉNDEZ, S.; SEVILLA-VALLEJO, S. Los estereotipos y los roles de género en las películas Disney: Análisis psicocrítico de Blancanieves, Mulan y Frozen. *Revista 2i*: Estudos de Identidade e Intermedialidade, v. 4, n. 6, p. 81-97, 2022. https://doi.org/10.21814/2i.4095.
[219] *Ibidem*.

Além disso, a história evidencia questões de capacitismo ao retratar os anões como infantilizados e desprovidos de sexualidade devido ao nanismo. Ao apresentar os anões como incapazes de desenvolver uma sexualidade ou relações adultas, o conto reforça visões limitadas sobre a identidade e autonomia das pessoas com deficiência, sugerindo que sua condição física os torna menos aptos para atividades consideradas normais para adultos[220].

Outra consequência dessa representação relaciona-se à divisão do trabalho e à desvalorização do trabalho doméstico no contexto do patriarcado capitalista. Ao atribuir o trabalho doméstico às mulheres e desconsiderar sua importância, o conto contribui para a naturalização de estruturas opressivas, nas quais o cuidado é visto como responsabilidade exclusiva das mulheres, enquanto os homens ocupam espaços de poder e visibilidade no âmbito público e político. Essa invisibilidade do trabalho contribui para a manutenção dessas estruturas, mantendo as mulheres em papéis tradicionais, mesmo quando os benefícios de seu trabalho são apropriados pelo sistema capitalista. Essa análise crítica do filme amplia a compreensão das questões de gênero e poder presentes na sociedade da época, revelando sua relevância para os debates contemporâneos[221].

Cinderela – A história de Cinderela, amplamente popularizada pela adaptação da Disney (1950), tem origens muito mais antigas e diversas do que se imagina. Relatos indicam que uma das primeiras versões conhecidas surgiu na China, por volta de 860 d.C., já apresentando elementos centrais — como a heroína maltratada que eventualmente encontra justiça e felicidade[222]. Na Grécia Antiga, Strabo (63 a.C.–24 d.C.) registrou o relato de uma escrava forçada a se casar com um rei[223]. Além disso, há indícios de origens ainda mais remotas, que remontam ao Antigo Egito e a outras tradições gregas, como a história de Ródope[224], demonstrando a ampla disseminação e variação do conto em diferentes culturas.

---

[220] AUN; RODRIGUES, 2023.
[221] FEDERICI, 2019.
AUN; RODRIGUES, 2023.
[222] MOIOLI, M. Ye Xian and her sisters: the role of a tang story in the Cinderella cycle. 2018. 320 f. Tese (Doutorado) – Universitat Autònoma de Barcelona, Barcelona, 2018.
[223] ZIPES, 2001.
[224] BEAUPRÉ, O. M. (ed.). *Through Fairy Halls of My Bookhouse*. Chicago: The Bookhouse for Children Publisher, 1920.

Contudo, a versão mais conhecida no Ocidente foi escrita por Charles Perrault, em 1697, quando foram introduzidos elementos icônicos como a fada madrinha e o sapatinho de cristal. Posteriormente, a adaptação dos Irmãos Grimm — mais sombria e sem a presença da fada madrinha — ganhou destaque ao incluir a famosa descrição das meias-irmãs que cortam partes dos pés para ajustar ao sapatinho[225]. Assim, a narrativa de *Cinderela* constitui um mosaico de contos que atravessaram séculos e culturas, adaptando-se aos valores e contextos de cada época, sendo a versão da Disney apenas uma entre muitas interpretações dessa história.

Na adaptação da Disney, Cinderela é retratada como uma jovem de cabelos loiros e olhos azuis cuja vida é marcada pela opressão e pelos abusos de sua madrasta, Lady Tremaine, e de suas filhas, Anastasia e Drizella. Representada como gentil, doce e otimista, mesmo diante das adversidades, ela vive uma existência de servidão após a morte de seu pai, até que, com a ajuda mágica de sua Fada Madrinha, consegue comparecer ao baile real e conhece o Príncipe Encantado. Contudo, ao ter que abandonar o baile antes da meia-noite – quando o feitiço se desfaz e ela perde seu sapatinho de cristal – a narrativa se desloca para a busca de Cinderela, com o príncipe utilizando o objeto para encontrá-la e, assim, assegurar um final feliz[226].

A representação de Cinderela personifica o ideal feminino da época, ressaltando atributos como beleza, gentileza e passividade. Esse modelo reflete concepções tradicionais de feminilidade, nas quais as mulheres são vistas como submissas e dependentes dos homens para alcançar felicidade e realização pessoal. O relacionamento de Cinderela com o Príncipe Encantado exemplifica essa ideologia, apresentando o amor romântico como destino final em vez de uma busca ativa pela própria libertação. Tal representação limitada do poder feminino reproduz as ideologias dominantes sobre o papel das mulheres na sociedade da época e influencia a construção da identidade da personagem, espelhando os ideais românticos e patriarcais prevalentes[227].

---

[225] ZIPES, 2001.
[226] JACKSON, W. *et al.* (Diretores). *Cinderela*. Walt Disney Pictures. 1950.
[227] O'BRIEN, P. C. The Happiest Films on Earth: A Textual and Contextual Analysis of Walt Disney's Cinderella and The Little Mermaid. *Women's Studies in Communication*, v. 19, n. 2, p. 155-183, 2015. http://dx.doi.org/10.1080/07491409.1996.11089811.

Por trás da aparente inocência da narrativa, encontram-se lógicas patriarcais que perpetuam desigualdades de gênero e naturalizam formas de opressão. A história do baile real, em que o príncipe escolhe sua futura esposa em uma espécie de vitrine, ilustra como as mulheres são tratadas como objetos de escolha, reforçando a ideia de que seu valor depende da capacidade de agradar aos homens. Ao analisar a história de Cinderela sob uma perspectiva crítica, é possível perceber como narrativas aparentemente inofensivas funcionam como instrumentos de socialização que moldam percepções e comportamentos, contribuindo para a manutenção das estruturas de poder dominantes na sociedade[228].

Aurora – O filme *A Bela Adormecida* (1959) é uma adaptação do conto de fadas homônimo do século XVII, cuja narrativa possui três versões distintas, escritas por Giambattista Basile, Charles Perrault e os Irmãos Grimm. A trama gira em torno da história de Aurora, uma princesa amaldiçoada, destinada a adormecer até ser despertada por um beijo de amor verdadeiro. A protagonista é retratada como uma figura encantadora e graciosa, com atributos físicos típicos das princesas da Disney da época – cabelos loiros longos, olhos violetas e um vestido deslumbrante, com saia volumosa e corpete justo –, que refletem os padrões de vestimenta comuns nos contos de fadas[229].

Em termos de personalidade, Aurora é apresentada como doce, gentil e sonhadora. Ela é criada por três fadas bondosas – Flora, Fauna e Primavera –, que a protegem na floresta. Essa representação reflete os estereótipos de gênero predominantes na cultura da época, na qual as mulheres eram frequentemente vistas como figuras passivas, com seu destino determinado por forças externas. Em particular, a narrativa enfatiza a dependência de Aurora pelo *beijo de amor verdadeiro* de um príncipe para romper a maldição, perpetuando a ideia de que as

---

[228] ZANELLO, V. *A prateleira do Amor*: Sobre mulheres, homens e relações. Curitiba: Appris, 2022. AUN; RODRIGUES, 2023.
[229] GERONIMI, C. (Diretor). *A Bela Adormecida*. Walt Disney Pictures. 1959.
CARDOSO, R. M.; DUTRA, V. da S. A Desconstrução do mal: A relação entre "A Bela Adormecida" e "Malévola". *Linguagem: Estudos e Pesquisas*, v. 19, n. 1, p. 163-177, 2016.
KALMAKURKI, 2018.
APPOLINÁRIO; GONÇALVES, 2020.

mulheres são frágeis e necessitam dos homens para alcançar felicidade e realização[230].

Além disso, a história de Aurora enfatiza a beleza física e o romance como objetivos fundamentais para as mulheres. Apesar de ser celebrada por sua beleza e elegância, Aurora tem pouco controle sobre seu próprio destino, já que sua jornada é dominada por eventos externos e decisões tomadas por outros personagens, reforçando os papéis tradicionais de gênero e limitando a agência feminina[231].

Ademais, a complexidade subjacente ao conto evidencia a normalização da violência sexual contra mulheres desacordadas – simbolizada pela personagem adormecida –, perpetuando a perigosa ideia de que mulheres inconscientes ou embriagadas podem ser vistas como alvos vulneráveis. A romantização dos homens na cultura popular, inclusive ao retratarem estupradores como príncipes encantados ou inocentes, tende a culpabilizar a vítima, sugerindo que comportamentos considerados inadequados — como beber ou usar roupas curtas — podem ser tolerados, o que é profundamente prejudicial e deve ser contestado[232].

Ariel – O filme *A Pequena Sereia* (1989) é uma adaptação do conto de fadas de Hans Christian Andersen, escrito em 1837, que apresenta uma narrativa diversificada de romance, aventura e música. No centro da trama está Ariel, uma jovem sereia curiosa que sonha em viver além das profundezas do mar. Ela é retratada com longos cabelos ruivos e olhos azuis, e, embora sua beleza seja notável, o que realmente se destaca é sua personalidade vibrante e determinada[233].

Desde o início, Ariel desafia as normas de sua sociedade submarina, demonstrando fascínio pelo mundo humano ao colecionar artefatos e explorar naufrágios. Entretanto, sua impulsividade e ingenuidade se

---

[230] GERONIMI, 1959.
ENGLAND *et al.*, 2011.
SUMARSONO, I. *et al*. Gender Roles in Giambattista Basile's Sun, Moon, and Talia, and Walt Disney's Sleeping Beauty. *World Journal of English Language*, v. 13, n.1, p. 195-199, 2023. http://dx.doi.org/10.5430/wjel.v13n1p195.
[231] REILLY, C. CHAPTER FOUR: An Encouraging Evolution Among the Disney Princesses? A Critical Feminist Analysis. *Counterpoints*, v. 477, p. 51-63, 2016.
FERREIRA, V. C. de M.; GONÇALVES, J. P. Princesas Disney e cinema: representações do gênero feminino. *Comunicações*, v. 26, n. 2, p. 99-121, 2019. https://doi.org/10.15600/2238-121X/comunicacoes.v26n2p99-121.
[232] *Ibidem.*
[233] MUSKER, J.; CLEMENTS, R. (Diretores). *A Pequena Sereia*. Walt Disney Pictures. 1989.
MOLLET, 2013.

evidenciam quando ela se apaixona à primeira vista pelo príncipe Eric, levando-a a firmar um acordo com a bruxa do mar, Úrsula, para se tornar humana e conquistar seu coração. A trama segue sua jornada em busca do amor de Eric, enfrentando desafios como a oposição de seu pai, o Rei Tritão – que teme pela segurança de sua filha – e as artimanhas de Úrsula, que frustram seus planos e a obrigam a fazer escolhas difíceis, aprendendo lições sobre responsabilidade e amor verdadeiro[234].

A representação de Ariel é paradoxal em termos de papéis de gênero e estereótipos. Por um lado, ela rompe com o estereótipo da princesa passiva, agindo de forma ativa e determinada e buscando sua independência sem depender de um resgate. Por outro lado, sua busca por um príncipe humano e a renúncia à sua voz em troca de pernas refletem uma narrativa que reforça a conformidade e a submissão feminina aos desejos masculinos. Além disso, a maneira como seu corpo é representado contribui para a idealização de um padrão de beleza inatingível e prejudicial[235].

Essas questões levantam reflexões sobre a representação das mulheres nos contos de fadas da Disney e como essas narrativas podem influenciar as percepções das crianças sobre gênero e relacionamentos. Tais representações desempenham um papel significativo na formação das expectativas de gênero, podendo reforçar estereótipos e normas sociais[236]. Por exemplo, a canção *Corações Infelizes* ilustra essas questões de forma explícita, como demonstrado no trecho em que Úrsula canta:

> *O homem abomina tagarelas / Garota caladinha ele adora / Se a mulher ficar falando / O dia inteiro e fofocando / O homem se zanga, diz adeus e vai embora / Não! / Não vá querer jogar conversa fora / Que os homens fazem tudo pra evitar / Sabe quem é mais querida? / É a garota retraída! / E só as bem quietinhas vão casar!*[237]

Essa abordagem crítica evidencia como as representações de gênero na Disney podem influenciar as percepções culturais sobre a feminilidade e os papéis das mulheres na sociedade.

---

[234] MUSKER; CLEMENTS, 1989.
[235] APPOLINÁRIO; GONÇALVES, 2020.
AUN; RODRIGUES, 2023.
[236] APPOLINÁRIO; GONÇALVES, 2020.
[237] MUSKER; CLEMENTS, 1989.

Bela – A adaptação de A Bela e a Fera (1991) popularizou a história francesa *La Belle et la Bête*, originalmente escrita por Gabrielle-Suzanne Barbot de Villeneuve em 1740 e posteriormente simplificada por Jeanne-Marie Leprince de Beaumont em 1756. Na animação, Bela é apresentada como uma personagem multifacetada. Fisicamente, ela é descrita como uma jovem de cabelos longos e castanhos e olhos da mesma cor, irradiando uma beleza que vai além do superficial, ao mesmo tempo em que exibe confiança e determinação[238].

Em termos de personalidade, Bela se destaca por sua inteligência, coragem e bondade. Retratada como uma leitora apaixonada com um desejo de explorar além dos limites de sua pequena aldeia, sua bravura se evidencia quando ela se oferece para substituir seu pai, tornando-se prisioneira da Fera em um sacrifício altruísta motivado pelo amor filial. Além disso, sua gentileza a capacita a enxergar além das aparências assustadoras, descobrindo a humanidade oculta na forma animalesca de Fera[239].

A trama central gira em torno do encontro entre Bela e a Fera, um príncipe amaldiçoado cuja transformação em criatura monstruosa resulta de sua arrogância e falta de compaixão. Conforme o vínculo entre eles se desenvolve, o enredo aborda temas como amor verdadeiro, redenção e aceitação, culminando com o retorno da Fera à forma humana graças ao amor de Bela[240].

No que diz respeito à representação dos papéis de gênero, o filme é frequentemente elogiado por apresentar Bela como uma protagonista independente, determinada e capaz de tomar suas próprias decisões, contrastando com o estereótipo da donzela indefesa. Sua paixão pela leitura

---

[238] SIMIONATO, G. D. F. A Bela e a Fera: representações coloniais de gênero em três versões do conto. *Epígrafe*, v. 11, n. 1, p. 23-48, 2022. https://doi.org/10.11606/issn.2318-8855.v11i1p23-48.

[239] TROUSDALE, G.; WISE, K. (Diretores). *A Bela e a Fera*. Walt Disney Pictures. 1991.
BALISCEI, J. P. Quem é mais homem? A construção de masculinidades rivais na animação A Bela e a Fera (1991) da Disney. *Comunicação & Sociedade*, v. 42, n. 2, p. 283-316, 2020b. https://doi.org/10.15603/2175-7755/cs.v42n2p283-316.
SALGADO; DE CARVALHO, 2021.

[240] TROUSDALE; WISE, 1991.
RIVERA, N. S. Presencia y evolución de los arquetipos masculinos en el cine de Disney. Ambigua: *Revista De Investigaciones Sobre Género Y Estudios Culturales*, n. 9, 22-38, 2022. https://doi.org/10.46661/ambigua.7110.
BENHAMOU, E. *Contemporary Disney Animation:* Genre, Gender and Hollywood. Edinburgh: Edinburgh University Press, 2023.

e seu espírito aventureiro evidenciam uma valorização do intelecto e da experiência pessoal em oposição às convenções sociais[241].

Entretanto, a narrativa também revela aspectos problemáticos. Por exemplo, há uma inversão de papéis entre Bela e a Fera: enquanto Bela é mostrada como corajosa, a Fera desempenha o papel de sequestrador ao mantê-la confinada, o que sugere uma relação de poder desigual, em que a violência é mascarada como amor e proteção. Além disso, a ideia de que Bela é *recompensada* por seu amor é contestada, já que a história a apresenta como confinada e responsabilizada pelo ambiente opressivo[242].

A obra também perpetua uma concepção de gênero binária e hierárquica, que limita a diversidade de expressões e reforça ideias prejudiciais sobre as relações entre os sexos. Embora Bela seja celebrada por sua inteligência e independência, ela ainda se encaixa em padrões convencionais de beleza – com cabelos longos, pele clara e figura esbelta – contribuindo para a manutenção de ideais estéticos inatingíveis e priorizando a aparência em detrimento de outras qualidades[243].

Quanto à representação dos homens, o filme reproduz estereótipos que associam a masculinidade à força, ao heroísmo e à dominação. Ao romantizar a figura do salvador, o enredo pode transmitir uma visão distorcida dos elementos essenciais para um relacionamento equilibrado. Ademais, a ilusão de suporte proporcionada pelos objetos animados no castelo intensifica a solidão e o isolamento de Bela, reforçando a ideia de que o amor justifica a violência e a submissão[244].

Além disso, a decisão de Bela de se tornar prisioneira da Fera para salvar seu pai pode ser interpretada como uma escolha forçada, limitando sua autonomia e reafirmando papéis tradicionais. Por fim, a representação de Gaston como um exemplo extremo de masculinidade – hipermasculino,

---

[241] MOREIRA; PORTELA, 2018.
LEMOS, J. F. B.; BARTH, M. Donas do castelo: a introdução do empoderamento feminino no comportamento das Princesas Disney e a proposição de um instrumento de análise. *Revista UNINTER de Comunicação*, v. 8, n. 15, p. 60-78, 2020. https://doi.org/10.21882/ruc.v8i15.844.
[242] AUN; RODRIGUES, 2023.
[243] FERREIRA; GONÇALVES, 2019.
SIMIONATO, 2022.
[244] BALISCEI, 2020b.
AUN; RODRIGUES, 2023.

narcisista e agressivo – reforça a associação de ser homem à força física e à dominação, perpetuando estereótipos prejudiciais[245].

Jasmine – O filme *Aladdin* (1992) é uma adaptação do conto *Aladim e a Lâmpada Maravilhosa*, que faz parte da coletânea *As Mil e Uma Noites*, uma compilação de histórias do Oriente Médio e do Sul da Ásia elaborada durante a Idade de Ouro Islâmica. A versão mais conhecida no Ocidente foi traduzida por Antoine Galland no início do século XVIII, sendo a primeira a incluir a história de Aladim em sua coletânea[246].

Jasmine, figura central dessa narrativa, é a primeira princesa da Disney a apresentar uma representação não branca, com traços físicos distintos das versões anteriores. Ela é retratada como uma personagem que busca romper com as restrições da vida na realeza, almejando ter controle sobre seu próprio destino, casar-se por amor e escolher seu futuro. Embora sua aparência física, marcada pela elegância e graciosidade, seja notável, sua verdadeira força reside em sua personalidade intrépida e independente. Desde o início do filme, ela desafia as normas sociais e as expectativas impostas ao papel de princesa, demonstrando um forte desejo por liberdade e aventura, o que a coloca em conflito com as convenções sociais de seu tempo e com as expectativas de seu pai, o Sultão de Agrabah[247].

A trama se desenvolve quando Jasmine foge disfarçada do palácio para experimentar a vida fora dos portões dourados de Agrabah. Durante essa jornada, ela conhece Aladdin, um jovem ladrão que sobrevive nas ruas da cidade. A conexão instantânea entre eles transcende as barreiras sociais e revela a verdadeira essência de seus personagens. Juntos, eles enfrentam diversos desafios para derrotar Jafar, o vilão da história, e encontrar uma maneira de ficar juntos, superando as diferenças sociais que os separam. Ao longo do filme, Jasmine demonstra coragem e determinação, recusando-se a ser tratada como um prêmio a ser conquistado por um

---

[245] REILLY, 2016.
BALISCEI, J. P. O Vilão Suspeito: O que há de errado com a masculinidade dos vilões da Disney? *Diversidade e Educação*, v. 7, n. 2, p. 45-70, 2020a. https://doi.org/10.14295/de.v7i2.9422.

[246] BOURENANE, A. Authenticity and discourses in Aladdin (1992). *Journal of Arab & Muslim Media Research*, v. 13, n. 2, p. 235-250, 2020. https://doi.org/10.1386/jammr_00021_1.

[247] BUENO, 2012.
BALISCEI, 2020a.
ZIMMERMANN, T. R.; MACHADO, A. A. Construção de princesas em filmes de animação da Disney. *Diversidade e Educação*, v. 9, n. 1, p. 662-688, 2021. https://doi.org/10.14295/de.v9i1.12273.
ANDRADE, A. A. *et al.* De Princesa a Sultana: A reapresentação da personagem Jasmine da animação Aladdin (1992) para o live-action (2019) como instrumento de posicionamento de marca Disney. *Revista Intercom*, v. 11, n. 1, 2022.

pretendente rico e assumindo a protagonismo de sua própria história ao tomar decisões e arriscar para alcançar seus objetivos[248].

Embora a representação de Jasmine desafie certos estereótipos ao retratar uma princesa com ambições pessoais, desejo de liberdade e atitude proativa, é fundamental reconhecer que a narrativa também reproduz papéis e estereótipos de gênero tradicionais. Por exemplo, ao ser apresentada como uma mulher de aparência exótica e sensual, Jasmine pode contribuir para a objetificação e a fetichização das mulheres de culturas não ocidentais. Além disso, mesmo sendo retratada como forte e determinada, sua história ainda se concentra em torno do personagem masculino, Aladdin, e sua libertação do papel tradicional de princesa depende da intervenção dele[249].

A narrativa revela uma dinâmica complexa entre os personagens centrais: a princesa encantadora se envolve com Aladdin, um jovem que oculta aspectos de sua identidade social e de suas posses materiais. Essa relação problemática levanta questões acerca dos padrões de masculinidade que Aladdin representa, os quais se fundamentam na mentira e na manipulação. Além disso, a história romantiza relações baseadas em desonestidade e comportamentos questionáveis, evidenciando mensagens prejudiciais para os jovens espectadores[250].

Embora não seja o foco desta pesquisa, vale mencionar que, com o lançamento do *live-action* em 2019, a Disney procurou contrapor alguns desses estereótipos, alterando, por exemplo, o epílogo de Jasmine, de modo que, em vez de simplesmente se casar com Aladdin, ela passa a se tornar a próxima sultana de Agrabah[251].

---

[248] MUSKER, J.; CLEMENTS, R. (Diretores). *Aladdin*. Walt Disney Pictures. 1992.
HURLEY, 2005.
REILLY, 2016.
MOREIRA; PORTELA, 2018.
[249] KIYOMI, 2000.
ENGLAND *et al.*, 2011.
BELTRÁN, I. G. Princesas y príncipes en las películas Disney (1937-2013). Análisis de la modulación de la feminidad y la masculinidad. *Filanderas*, n. 2, p. 53-74, 2017. https://doi.org/10.26754/ojs_filanderas/fil.201722309.
[250] AUN; RODRIGUES, 2023.
[251] *Confer* RITCHIE, G. (Diretor). *Aladdin*. Walt Disney Pictures. 2019.
ANDRADE *et al.*, 2022.
KASTO, N. I.; SAPTANTO, D. D. Comparative Scenes and Issues of The 1992 Aladdin Film and Aladdin 2019 Produced by Walt Disney. *The Virtual International Conference on Economics, Law and Humanities*, v. 1, n. 1, p. 25-31, 2022.

Pocahontas – Ao contrário das produções mencionadas anteriormente, o filme *Pocahontas* (1995) não é uma adaptação direta de uma obra literária específica, mas sim inspirado em eventos históricos e na vida de Pocahontas, uma mulher indígena do povo Powhatan, reconhecida por sua relação com a colonização inglesa em Jamestown, Virgínia. A história da interação entre Pocahontas e os colonos ingleses, especialmente com John Smith, tem sido recontada por meio de livros, peças teatrais e filmes. No entanto, a versão da Disney representa uma interpretação livre e fortemente ficcionalizada desses eventos, incorporando elementos de romance, aventura e música para atingir um público mais amplo e jovem. Ainda assim, essa adaptação suscita questionamentos sobre a forma como aborda questões históricas e culturais sensíveis[252].

No filme, Pocahontas é apresentada como uma jovem de espírito livre, corajosa e curiosa sobre o mundo além de sua tribo. Sua representação enfatiza uma beleza idealizada – com longos cabelos negros, figura esbelta e traços indígenas –, contrastando com sua personalidade determinada e independente. Esses atributos a distinguem das personagens femininas tradicionais da Disney, pois ela também demonstra uma forte conexão com a natureza e atua como mediadora entre seu povo e os colonizadores, buscando promover a paz e a compreensão mútua[253].

A trama foca no encontro entre Pocahontas e os colonizadores liderados por John Smith, que chegam às costas da América do Norte em busca de ouro e riquezas. A história se desenvolve em meio a intensos conflitos culturais e ideológicos, e, apesar das tensões, Pocahontas e John Smith desenvolvem um romance considerado proibido, enfrentando a oposição de ambas as comunidades. Dessa forma, o cerne do filme reside na promoção de uma mensagem de tolerância, respeito e compreensão entre diferentes culturas, com Pocahontas emergindo como uma mediadora que defende a paz e a harmonia[254].

---

[252] AGUIAR; BARROS, 2015.
BLUMLO, 2017.
ALMEIDA, R. M. V. de. *O mito Pocahontas na Disney renaissance*: das narrativas de um mito fundador aos dilemas identitários dos Estados Unidos na década de 1990. 2020. 340 f. Tese (Doutorado em História) – Faculdade de Filosofia, Letras e Ciências Humanas, Universidade de São Paulo, São Paulo, 2020. https://doi.org/10.11606/T.8.2020.tde-07082020-195745.

[253] ENGLAND *et al.*, 2011.
MAIA *et al.*, 2020.

[254] GABRIEL, M.; GOLDBERG, E. (Diretores). *Pocahontas*. Walt Disney Pictures. 1995.
BUESCHER, D. T.; ONO, K. A. Civilized Colonialism: Pocahontas as Neocolonial Rhetoric, *Women's Studies in Communication*, v. 19, n. 2, p. 127-153, 1996. http://dx.doi.org/10.1080/07491409.1996.11089810.
KIYOMI, 2000.
BLUMLO, 2017.
MOREIRA; PORTELA, 2018.

Embora a representação de Pocahontas pela Disney seja amplamente reconhecida, ela também tem sido criticada por sua imprecisão histórica e pela perpetuação de estereótipos sobre os povos indígenas. A adaptação do filme revela uma tentativa de modernizar o papel das princesas, apresentando uma protagonista mais ativa e independente do que as personagens dos filmes anteriores da Disney. Em vez de esperar por um herói, ela assume o controle de sua própria narrativa e busca resolver ativamente os conflitos ao seu redor[255].

Entretanto, o filme ainda recorre a simplificações e estereótipos. Por exemplo, a personagem é enquadrada dentro de uma narrativa romântica que centraliza sua relação com um homem como elemento crucial de sua história. Além disso, a representação de Pocahontas como uma figura altamente sexualizada e exótica pode ser considerada problemática, pois perpetua noções colonialistas e fetichistas sobre as mulheres indígenas. Ademais, o romance entre Pocahontas e John Smith pode ser interpretado como uma idealização da colonização europeia, minimizando as consequências devastadoras desse processo para os povos indígenas[256].

Mulan – O filme *Mulan* (1998) é uma adaptação da lenda chinesa de Hua Mulan, uma história transmitida por diversas gerações na China, principalmente por meio do poema narrativo *A Balada de Mulan*. Essa lenda, que se acredita ter sido composta durante a dinastia do Norte e do Sul (420–589 d.C.), narra a corajosa decisão de uma jovem de se disfarçar de homem para substituir seu pai idoso no exército, desafiando as normas de gênero e evidenciando a importância da lealdade familiar[257].

---

[255] FERREIRA; GONÇALVES, 2019.
ALMEIDA, 2020.
MACHIDA, A. N.; MENDONÇA, C. M. C. A. Construção das Princesas Disney: Uma análise das performances, narrativas e Identidades femininas. *Tropos:* Comunicação, Sociedade e Cultura, v. 9, n. 2, 2020.
[256] BUESCHER; ONO, 1996.
KIYOMI, 2000.
HURLEY, 2005.
REILLY, 2016.
BLUMLO, 2017.
ALMEIDA, 2020.
WILKE, 2020.
[257] FERREIRA, V. C. de M.; GONÇALVES, J. P. Mudanças nas representações femininas fílmicas do estúdio Walt Disney do século XX: A princesa clássica Branca de Neve (1937) e a revolucionária Mulan (1998). *Caderno de Gênero e Tecnologia*, v. 11, n. 38, p. 5-19, 2018.
GUINTA, J. V. "A Girl Worth Fighting For": Transculturation, Remediation, and Cultural Authenticity in Adaptations of the "Ballad of Mulan". *SARE*, v. 55, n. 2, p. 154-172, 2018.

No filme, Mulan é apresentada como uma personagem complexa, cuja determinação, coragem e inteligência rompem com as expectativas tradicionais de feminilidade, que frequentemente enfatizam submissão e delicadeza. Em vez disso, ela demonstra individualidade e força, valorizando profundamente sua família e estando disposta a fazer sacrifícios significativos. Fisicamente, Mulan é retratada de forma menos sexualizada em comparação com outras princesas da Disney, com ênfase em sua competência e habilidade, em vez de se limitar à aparência[258].

A narrativa acompanha a jornada de Mulan, que se disfarça de homem para lutar no exército imperial no lugar de seu pai doente. Ao longo da história, ela enfrenta diversos desafios, incluindo a pressão para se conformar aos papéis de gênero estereotipados da sociedade chinesa e a necessidade de manter sua verdadeira identidade em segredo. Demonstrando habilidades notáveis como guerreira e estrategista, Mulan destaca-se entre os soldados, desempenhando um papel crucial na derrota dos Hunos e salvando a China de uma invasão, sendo consagrada como heroína[259].

Mulan questiona e subverte diversos clichês comuns às histórias de princesas da Disney. A protagonista é ativa, salvando a si mesma e seu país sem depender de um príncipe encantado. O filme aborda questões de equidade de gênero, empoderamento feminino e o direito das mulheres de tomarem suas próprias decisões. A narrativa destaca a coragem de Mulan ao desafiar as expectativas de sua família e comunidade, optando por se disfarçar de homem para proteger sua cidade em tempos de guerra, o que ressalta a importância da autonomia e da busca por uma identidade própria, mesmo diante das pressões sociais para se conformar a papéis de gênero predefinidos[260].

A narrativa revela nuances das estruturas patriarcais e as dificuldades que as mulheres enfrentam para serem reconhecidas em espaços de poder historicamente dominados por homens. Ao se destacar como o melhor soldado do exército, Mulan demonstra que, para conquistar

---

[258] FERREIRA; GONÇALVES, 2018.
BEGUM, 2022.
MANAWORAPONG; BOWEN, 2022.
[259] BANCROFT, T.; COOK, B. (Diretores). *Mulan*. Walt Disney Pictures. 1998.
MÉNDEZ; SEVILLA-VALLEJO, 2022.
[260] GUINTA, 2018.
MANAWORAPONG; BOWEN, 2022.
AUN; RODRIGUES, 2023.

respeito em campos tradicionalmente masculinos, é necessário que as mulheres se sobressaiam de forma excepcional. Embora a história possa tanto desafiar quanto reforçar estereótipos de gênero, seu final indica que até mesmo conquistas individuais podem ser minimizadas pelo romance e pelas forças patriarcais. Essa ambiguidade destaca a presença sutil de elementos da feminilidade tradicional – como o interesse romântico entre Mulan e o capitão Shang – mesmo quando comparado a outras narrativas de princesas da Disney[261].

Portanto, embora o filme seja reconhecido pela representação positiva da força feminina e da capacidade das mulheres de alcançarem seus objetivos, ele também é criticado por perpetuar estereótipos de gênero, racismo e a disneyficação da história original. Algumas críticas argumentam que Mulan é apresentada como uma exceção à norma, em vez de desafiar ativamente as convenções, e que a representação dos personagens chineses é estereotipada e insensível à cultura[262].

Tiana – O filme *A Princesa e o Sapo* (2009) não é uma adaptação direta de uma obra literária específica, mas se inspira livremente no romance *The Frog Princess*, de E.D. Baker, que, por sua vez, tem origem no conto de fadas *O Príncipe Sapo*, dos Irmãos Grimm. Apesar de manter vínculos com essa tradição, a narrativa do filme diverge significativamente do livro e do conto original, introduzindo personagens e enredos próprios.

A Princesa e o Sapo representa um marco na história das animações da Disney ao apresentar sua primeira princesa negra, Tiana, e ao abordar papéis e estereótipos de gênero sob uma perspectiva tanto racial quanto social[263]. Tiana é retratada como uma jovem determinada, inteligente e trabalhadora, cujo maior sonho é abrir seu próprio restaurante em homenagem ao legado de seu falecido pai, objetivo que persegue com

---

[261] BANCROFT; COOK, 1998.
GUINTA, 2018.
BEGUM, 2022.
MANAWORAPONG; BOWEN, 2022.
[262] DUNDES; STREIFF, 2016.
GUINTA, 2018.
MÉNDEZ; SEVILLA-VALLEJO, 2022.
[263] MUSKER, J.; CLEMENTS, R. (Diretores). *A Princesa e o Sapo*. Walt Disney Pictures. 2009.
GREGORY, 2010.
LESTER, 2010.

tenacidade ao longo da narrativa. Sua ética de trabalho incansável e sua capacidade de enfrentar adversidades ressaltam valores de independência e autossuficiência[264].

Fisicamente, Tiana aparece como uma mulher negra, com pele escura e cabelos cacheados, desafiando os padrões de beleza eurocêntricos que predominavam nas representações anteriores das princesas Disney. Sua caracterização, tanto estética quanto comportamental, evidencia uma transformação na forma como as protagonistas são retratadas, enfatizando a autonomia e a realização de metas pessoais e profissionais[265].

Ambientado em Nova Orleans na década de 1920, o filme acompanha a trajetória de Tiana, uma jovem garçonete que aprendeu desde cedo o valor do trabalho duro ajudando seus pais na venda de *beignets*[266]. A história se inicia com o encontro de Tiana com o príncipe Naveen, transformado em sapo por um feiticeiro, e segue sua jornada mágica para encontrar Mama Odie, uma curandeira sábia capaz de reverter o feitiço. Durante essa aventura, ela enfrenta desafios adicionais decorrentes das barreiras sociais e econômicas da época, que afetavam especialmente a população negra[267].

A representação de Tiana tem sido amplamente analisada quanto à dinâmica de poder, raça e gênero. Inicialmente, sua figura suscita questionamentos sobre como a branquitude define os espaços de poder, associando personagens brancos a posições privilegiadas e, consequentemente, reforçando desigualdades raciais. Entretanto, as referências culturais e familiares, juntamente com a valorização da trilha sonora e sua conexão com a cultura negra, enriquecem a narrativa e ampliam sua dimensão[268].

---

[264] MUSKER; CLEMENTS, 2009.
BALISCEI, 2017.
TAVARES, O. P. Trabalhar e obedecer para merecer: as representações de feminilidades negras em A Princesa e o Sapo. In: Seminário Internacional Fazendo Gênero 12. *Anais Eletrônicos*. Florianópolis, 2021.
[265] MUSKER; CLEMENTS, 2009.
LESTER, 2010.
TAVARES, 2021.
[266] São uns bolinhos quadrados clássicos de New Orleans que lembram o sonho, mas não possuem recheio (Martins, 2018).
[267] MUSKER; CLEMENTS, 2009.
BARKER, 2010.
GEHLAWAT, 2010.
FERGUSON, 2016.
[268] AUN; RODRIGUES, 2023.

Ao desafiar estereótipos tradicionais, Tiana representa um avanço na representatividade, pois é mostrada como independente e capaz de conquistar seus sonhos sem depender de um príncipe encantado. Essa postura transmite uma mensagem poderosa de empoderamento e autorrealização, inspirando meninas e mulheres a buscar sua autonomia[269]. Por outro lado, o filme também tem sido criticado por reproduzir certos estereótipos culturais, como a representação da cultura afro-americana por meio de elementos como jazz, vodu e comidas típicas[270], e por retratar Tiana em boa parte da narrativa como sapo, o que pode contribuir para a desumanização dos corpos negros e reforçar associações negativas. Além disso, a romantização do papel feminino, que responsabiliza as mulheres pelo sucesso ou fracasso dos relacionamentos enquanto isenta os homens, perpetua padrões de gênero prejudiciais.

Rapunzel – O filme *Enrolados* (2010) é uma adaptação moderna do conto de fadas *Rapunzel*, originalmente publicado pelos Irmãos Grimm em sua coletânea *Contos de Grimm*. A narrativa, conhecida por sua protagonista com longos cabelos mágicos, que é mantida presa em uma torre por uma bruxa malvada, é reinterpretada pela Disney com elementos originais, mantendo a essência do conto clássico enquanto introduz novos personagens e uma trama expandida[271].

Na adaptação, Rapunzel é retratada como uma jovem dotada de uma personalidade multifacetada. Sua natureza doce, inocente e curiosa é complementada por uma criatividade e talento artísticos notáveis, bem como por uma coragem e empatia que se manifestam, sobretudo, quando ela se depara com a dor e o sofrimento alheio. Determinada a alcançar seus sonhos e descobrir sua verdadeira identidade, ela rompe com as barreiras impostas pelo confinamento na torre, buscando a liberdade que lhe foi negada por tantos anos. Fisicamente, Rapunzel é apresentada com olhos verdes e longos cabelos loiros, que, na versão da Disney, possuem poderes mágicos capazes de curar e rejuvenescer[272].

---

[269] LESTER, 2010.
TAVARES, O. P. Representações de feminilidades negras em produções da Disney: o protagonismo de Tiana e os atravessamentos de gênero, raça e classe. *In: Anais do XV ENECULT*. Salvador, 2019.
[270] *Confer* BARKER, 2010.
FERGUSON, 2016.
PÉREZ, 2021.
[271] KHALID, 2015.
GRENO, N.; HOWARD, B. (Diretores). *Enrolados*. Walt Disney Pictures. 2010.
[272] SIMMONS, 2011.
AGUIAR; BARROS, 2015.
KHALID, 2015.

A trama central de *Enrolados* acompanha a jornada de Rapunzel em busca de sua verdadeira identidade e herança, após viver confinada na torre sob o controle de sua captora, Gothel. A história começa na véspera de seu 18º aniversário, quando Rapunzel expressa o desejo de deixar a torre para contemplar as lanternas flutuantes, lançadas anualmente no reino em sua homenagem, mesmo sem compreender completamente seu significado. Com a ajuda de Flynn Rider, um jovem ladrão que se refugia na torre, ela embarca em uma aventura que a leva a confrontar Gothel, a descobrir sua verdadeira identidade como a princesa perdida do reino e, eventualmente, a reencontrar seus pais biológicos[273].

A animação propõe uma abordagem que, ao mesmo tempo em que incorpora elementos tradicionais dos contos de fadas – como a princesa em perigo, a bruxa malvada e o padrão de beleza feminina frequentemente promovido pela Disney, além da ideia de que o amor romântico é essencial para a felicidade –, também subverte esses estereótipos. Rapunzel é apresentada como uma personagem forte, determinada e ativa, que rejeita o papel passivo de donzela indefesa à espera de um príncipe encantado, desafiando as expectativas de passividade e submissão historicamente associadas às mulheres[274]. Ademais, Flynn Rider é retratado como um herói com traços humanos e vulneráveis, desafiando estereótipos masculinos tradicionais e subvertendo a ideia do príncipe salvador, já que é Rapunzel quem, em última análise, salva sua própria vida[275].

Merida – O filme *Valente* (2012) não é uma adaptação de uma obra literária específica, mas sim uma história original desenvolvida por Brenda Chapman, Mark Andrews, Steve Purcell e Irene Mecchi. A animação se destaca por sua narrativa, que aborda temas como a independência e a relação entre mãe e filha, ambientada em um reino fictício na Escócia medieval[276].

A protagonista Merida é apresentada como uma jovem princesa cuja personalidade forte e independente desafia os estereótipos de gênero comumente atribuídos às princesas da Disney. Corajosa e determinada, ela prefere explorar as montanhas e florestas da Escócia a se conformar com os papéis sociais tradicionais. Fisicamente, Merida destaca-se por seus

---

[273] BELTRÁN, 2017.
[274] RIVERA, 2022.
[275] AGUIAR; BARROS, 2015.
BELTRÁN, 2017.
RIVERA, 2022.
[276] ANDREWS, M.; CHAPMAN, B. (Diretores). *Valente*. Pixar Animation Studios. 2012.

longos cabelos ruivos e cacheados, olhos azuis e uma postura confiante, enquanto sua habilidade com o arco e flecha simboliza sua destreza e resolução. Ao mesmo tempo, sua personalidade revela teimosia e obstinação, sem perder a compaixão e o carinho por sua família[277].

A narrativa de *Valente* gira em torno do desejo de Merida de assumir o controle de seu destino, especialmente diante do casamento arranjado que sua mãe, a rainha Elinor, tenta impor. Ao rejeitar essas expectativas, ela desafia abertamente as convenções de gênero, o que desencadeia uma série de eventos que levam, junto com sua mãe, a repensar suas perspectivas e prioridades[278].

Valente é considerado um marco tanto para a Disney quanto para a Pixar, tendo sido consagrado com o Oscar de Melhor Animação em 2013. Esse reconhecimento, tanto do público quanto da crítica, fez com que Brenda Chapman, codiretora da animação, se tornasse a primeira mulher a ganhar o prêmio nessa categoria. Esse reconhecimento, além de celebrar a inovação da obra, destaca sua abordagem de temas como a liberdade de escolha, o diálogo intergeracional e a desconstrução de papéis rígidos dentro dos contos de fadas[279].

A representação de Merida subverte os papéis tradicionais: enquanto as princesas anteriores eram frequentemente retratadas como figuras passivas, Merida é ativa e capaz de resolver seus próprios problemas, recusando-se a se submeter às expectativas familiares em relação ao casamento e buscando sua liberdade pessoal. O relacionamento entre Merida e sua mãe ressalta a importância do diálogo e do respeito mútuo entre gerações, oferecendo uma abordagem mais complexa e realista das dinâmicas familiares[280].

---

[277] ANDREWS; CHAPMAN, 2012.
SILVA, D. G. G.; MARTINI, V. "Você é uma princesa, e eu espero que você aja como tal": gênero, corpo e espaço em Brave. *Veredas da História*, v. 8, n. 1, p. 140-155, 2015.
DUNDES, 2020.
[278] ANDREWS; CHAPMAN, 2012.
DUNDES, 2020.
[279] SILVA; MARTINI, 2015.
DUNDES, 2020.
VITORELO, R.; PELEGRINI, C. Valente: a desconstrução dos estereótipos femininos em uma princesa Disney. *Revista Entreideias*: Educação, Cultura e Sociedade, v. 7, n. 1, 2018. https://doi.org/10.9771/re.v7i1.21480.
SOUZA, V. E. B. de; MELLO, R. M. A. V. de. Por que ser princesa quando se pode ser valente? Reflexões e desconstruções das questões de gênero no universo Disney. *Revista Gênero*, v. 21, n. 2, 2021.
MERDEKA, P. H. Representation of Feminism In Disney Brave Film. *JLLANS*, v. 2, n. 1, 2023. https://doi.org/10.56855/jllans.v2i1.279.
[280] SOUZA; MELLO, 2021.
VITORELO; PELEGRINI, 2021.

Em contrapartida, a rainha Elinor encarna as normas sociais que restringem a liberdade feminina, impondo comportamentos considerados adequados, como a obediência às tradições e a aceitação de casamentos arranjados. Essa visão se estende além do ambiente doméstico, refletindo uma sociedade onde as mulheres são vistas como responsáveis por manter a ordem, enquanto os homens são retratados de forma infantilizada e desinteressada. Essa dicotomia reforça estereótipos patriarcais e molda as expectativas sociais sobre o papel das mulheres[281].

Além disso, críticas apontam que, mesmo retratando figuras femininas poderosas, a narrativa dos contos de fadas frequentemente apresenta mulheres independentes como solitárias, enquanto aquelas que buscam relacionamentos podem acabar sacrificando sua autonomia. Essa limitação evidencia a persistência de restrições impostas pela sociedade, que podem esvaziar o verdadeiro significado do empoderamento e da autonomia feminina[282].

Moana – O filme *Moana: Um Mar de Aventuras* (2016) é uma produção original dos Estúdios Walt Disney, inspirada em diversas histórias e mitologias polinésias que ressaltam elementos culturais da região, como a navegação e a importância do oceano. A narrativa acompanha Moana, uma jovem líder que parte em uma jornada épica para salvar seu povo, explorando temas de autodescoberta e heroísmo[283].

A personagem destaca-se por sua coragem, curiosidade, força física, determinação e habilidades de navegação, além de manter uma conexão profunda com o mar. Ambientada na ilha fictícia de Motunui, no Pacífico Sul, a trama mostra que, desde a infância, Moana desenvolve um forte vínculo com o oceano, mesmo diante das restrições impostas por seu pai, que proíbe a navegação além dos recifes. Diante de uma ameaça iminente à sua comunidade, ela desafia essas regras e busca o semideus Maui para devolver um objeto mágico à deusa Te Fiti, restaurando a harmonia[284].

---

[281] AUN; RODRIGUES, 2023.
[282] *Ibidem*.
[283] MUSKER, J.; CLEMENTS, R. (Diretores). Moana: Um mar de Aventuras. Walt Disney Pictures. 2016.
BENITES, P. R. Ritos simbólicos: uma análise dos traços do período paleolítico presentes nos contos maravilhosos e nas produções cinematográficas "Frozen, uma aventura congelante" e "Moana, um mar de aventuras". Entrelinhas, v. 12, n. 2, p. 219-245, 2018. https://doi.org/10.4013/entr.2018.12.2.06.
[284] MUSKER; CLEMENTS, 2016.
FERREIRA; GONÇALVES, 2018.

Fisicamente, Moana é retratada como uma jovem polinésia de cabelos escuros e trajes típicos, refletindo sua rica herança cultural. Contudo, sua essência vai além da aparência, evidenciada por sua empatia e disposição para se sacrificar pelo bem de sua comunidade e do meio ambiente[285]. Ao assumir o controle de seu destino sem depender de um interesse amoroso, ela subverte os estereótipos tradicionais, demonstrando que as mulheres podem ser tão corajosas e autônomas quanto os homens[286]. Vale destacar também que, no final, seu pai adota uma postura progressista, reforçando a importância da independência[287].

O filme tem sido analisado sob uma perspectiva feminista. Se por um lado, é elogiado por valorizar as raízes culturais e representar uma figura de força e consciência; por outro, é criticado por continuar a se apoiar em figuras masculinas, como Maui, que impulsionam a narrativa. Além disso, o patriarcado se faz presente tanto nas restrições impostas pelo pai quanto na resistência inicial de Maui em ajudar, configurando a jornada de Moana como um desafio às estruturas dominantes e revelando os obstáculos enfrentados por mulheres que buscam romper com normas tradicionais[288].

Paralelamente, a representação cultural suscita elogios e críticas. Enquanto a valorização da cultura polinésia promovida pelo filme é vista de forma positiva, outros questionam a apropriação cultural e a representação estereotipada de povos e lugares[289], bem como as disparidades nas relações de trabalho entre profissionais estadunidenses e consultores culturais indígenas da Oceania[290].

---

[285] GUTIÉRREZ, J. C. H. Moana (Vaiana): el empoderamiento femenino en Disney. *Analéctica*, v. 6, n. 38, 2020. https://doi.org/10.5281/zenodo.4091483.
HYLAND, N. "I am not a princess": Navigating Mana Wahine in Disney's Moana. *Performance Paradigm*, v. 15, p. 7-22, 2020.

[286] MORAIS, 2018.
GUTIÉRREZ, 2020.
SEYBOLD, S. L. "It's Called a Hustle, Sweetheart": Zootopia, Moana, and Disney's (Dis) empowered Postfeminist Heroines. *Int J Polit Cult Soc*, v. 34, p. 69-84, 2021. https://doi.org/10.1007/s10767-019-09347-2.

[287] *Confer* HOLLOWELL, 2020.

[288] AUN, RODRIGUES, 2023.

[289] *Confer* TAMAIRA, A. M. K.; FONOTI, D. Beyond Paradise? Retelling Pacific Stories in Disney's Moana. *The Contemporary Pacific*, v. 30, n. 2, p. 297-327, 2018.
HYLAND, 2020.

[290] *Confer* ANJIRBAG, 2018.
ARMSTRONG, R. Time to Face the Music: Musical Colonization and Appropriation in Disney's Moana. *Social Sciences*, v. 7, n. 7, p. 113, 2018. https://doi.org/10.3390/socsci7070113.
YOSHINAGA, I. Disney's Moana, the Colonial Screenplay, and Indigenous Labor Extraction in Hollywood Fantasy Films. *Narrative Culture*, v. 6, n. 2, p. 188-215, 2019. https://doi.org/10.13110/narrcult.6.2.0188.

Ao analisar essas histórias, não se pode ignorar os múltiplos significados que permeiam essas narrativas, especialmente para crianças e adolescentes que as consomem desde cedo. A jornada das princesas da Disney revela padrões que vão além das narrativas populares, refletindo as estruturas sociais e ideológicas de seu tempo. Desde a presença da magia e do sagrado até a construção dos vilões e a dinâmica entre os personagens, cada elemento contribui para uma compreensão mais profunda das mensagens transmitidas.

Um aspecto crucial é como diferentes culturas são representadas nessas histórias. Enquanto a magia e o sagrado europeus são frequentemente romantizados e desprovidos de conotações negativas, práticas como o vodu são estigmatizadas e associadas à vilania. Essa dicotomia evidencia não apenas preconceitos culturais, mas também as dinâmicas de poder e colonialismo que moldam as percepções dominantes[291].

Além disso, a análise das narrativas permite questionar as noções de individualismo e comunidade, especialmente em relação ao sagrado e ao poder feminino. Embora as histórias enfatizem a jornada pessoal das protagonistas em busca de autoconhecimento e autonomia, elas tendem a minimizar a importância do cuidado mútuo e da coletividade. A luta contra o patriarcado, o colonialismo e outras formas de opressão é multifacetada, e o capitalismo patriarcal-colonial mostra uma notável capacidade de transformar até mesmo as narrativas mais subversivas em produtos consumíveis que sustentam o *status quo*[292]. Nesse cenário, a resistência exige coragem, vigilância constante e disposição para desafiar as estruturas de poder estabelecidas, como será discutido na próxima seção.

2.2. Princesas Disney na linha do tempo do feminismo

Ao longo dos séculos, os contos de fadas foram adaptados para refletir os valores das sociedades em que eram contados. Com a popularização dessas histórias pela Disney, as narrativas passaram por uma suavização destinada a um público mais amplo, especialmente infantil, o que resultou na idealização do amor romântico – frequentemente associado

---

[291] SAID, 2011.
AUN, RODRIGUES, 2023.
[292] AUN; RODRIGUES, 2023.

a uma violência disfarçada de afeto. Tais adaptações, embora pareçam inofensivas, reforçam padrões patriarcais e capitalistas que moldam as percepções de poder na sociedade[293].

Essas estruturas interagem de forma interdependente, perpetuando o domínio masculino e a opressão. As normas sociais e institucionais não apenas refletem, mas também configuram as interações sociais e políticas. Assim, desafiar o patriarcado e o capitalismo exige uma abordagem coletiva que reconheça sua interconexão e impacto generalizado[294].

No contexto das narrativas das princesas da Disney, percebe-se que essas histórias servem como instrumentos para manter padrões de comportamento alinhados aos ideais dominantes. Essa manipulação narrativa promove a submissão e a conformidade, restringindo a liberdade e a autonomia das mulheres[295]. Embora persistam críticas quanto aos estereótipos e à apropriação cultural, a evolução das representações – especialmente a partir dos anos 2000 – evidencia um esforço para integrar questões de gênero, diversidade e tradições culturais. Esse avanço constitui um passo significativo em direção a narrativas verdadeiramente inclusivas e emancipadoras.

Utilizando os exemplos das animações, é possível destacar as principais características e demandas associadas às ondas do feminismo. Essa categorização é utilizada didaticamente para sinalizar períodos marcados por intensos movimentos militantes e debates acadêmicos, nos quais determinadas pautas femininas ganharam destaque e transformaram o discurso social[296]. Além disso, a metáfora da onda é empregada para ilustrar como momentos históricos específicos podem alcançar seu ponto de maior força, embora se possa repensar essa abordagem de forma mais orgânica, entendendo as ondas do feminismo como fenômenos contínuos, impulsionados por inúmeras mulheres de diferentes origens, gerações e perspectivas, em vez de eventos isolados que surgem e desaparecem rapidamente[297].

---

[293] AUN; RODRIGUES, 2023.
[294] *Ibidem*.
[295] *Ibidem*.
[296] FRANCHINI, B. S. O que são as ondas do feminismo?. *Revista QG Feminista*. 8 mar. 2018. Disponível em: https://medium.com/qg-feminista/o-que-s%C3%A3o-as-ondas-do-feminismo-eeed092dae3a. Acesso em: 27 jun. 2023.
[297] ZIRBEL, I. Ondas do Feminismo. *Blogs de Ciência da Universidade Estadual de Campinas:* Mulheres na Filosofia, v. 7, n. 2, p. 10-31, 2021.

Ademais, é importante reconhecer que o feminismo, frequentemente definido como um movimento que luta pela igualdade de direitos e contra os abusos decorrentes do patriarcado, não é homogêneo[298]. Embora o conceito de interseccionalidade tenha emergido no final do século XX durante a terceira onda, sua essência – especialmente nas relações entre gênero, raça e classe social – já estava presente desde a primeira onda, refletindo as disparidades entre as experiências e as reivindicações das mulheres brancas de classe média e das mulheres negras, historicamente marginalizadas[299].

A luta das mulheres negras, embora sempre presente, tornou-se mais visível nas últimas décadas, impulsionada pela crescente participação dessas mulheres na produção acadêmica e no ativismo social. No Brasil, por exemplo, a partir de 1888, com a abolição da escravatura, elas se organizaram em associações, como a *União dos Homens de Cor* (UHC) e *Teatro Experimental do Negro* (TEN), desenvolvendo estratégias diversas de resistência e reivindicação em favor da população negra. Em 1950, com a criação do *Conselho Nacional das Mulheres Negras*, o feminismo negro brasileiro ganhou destaque e ultrapassou fronteiras, em parte devido às contribuições da filósofa, antropóloga e ativista antirracista Lélia Gonzalez, que criticava veementemente o feminismo hegemônico europeu e estadunidense. Suas análises evidenciam que o feminismo negro, ao examinar os mecanismos de opressão que afetam mulheres negras e aquelas à margem, sublinha a centralidade da luta feminista no enfrentamento do racismo patriarcal heteronormativo[300].

Além disso, embora o movimento feminista tenha se expandido globalmente, as experiências das mulheres permanecem diversas, e suas conquistas variam de acordo com as especificidades sociais, culturais e econômicas de cada região e país. Esse panorama é crucial para compreender a complexidade do tema e, além das ondas do feminismo, identificar as correntes locais, uma vez que cada movimento desenvolve sua própria

---

[298] BOTELHO, J. Vertentes do feminismo: conheça as principais ondas e correntes! *Politize!*, 11 fev. 2022. Seção O que é o Feminismo?. Disponível em: https://www.politize.com.br/feminismo/. Acesso em: 27 jun. 2023

[299] FRANCHINI, 2018.
BREEN, M.; JORDAHL, J. *Mulheres na luta*: 150 anos em busca de liberdade, igualdade e sororidade. Paraty: Seguinte, 2019.
ZIRBEL, 2021.

[300] DOMINGUES, P. Movimento Negro Brasileiro: alguns apontamentos históricos. *Tempo*, v. 12, n. 23, p. 100-122, 2007. https://doi.org/10.1590/S1413-77042007000200007.
HOOKS, B. *Teoria Feminista: da Margem ao Centro*. São Paulo: Perspectiva, 2019.

forma de ação, refletindo suas condições e interesses específicos[301]. Essas considerações ressaltam a dificuldade de abordar completamente essa temática neste trabalho e justificam a escolha de utilizar, como referencial, a evolução do movimento feminista nos Estados Unidos, dada a predominância de produções culturais desse país.

No decorrer dos anos, as princesas Disney passaram por transformações significativas – evoluindo das representações clássicas para figuras rebeldes e, finalmente, para personagens contemporâneas – o que possibilita correlacionar essas mudanças com as ondas do feminismo, refletindo a evolução dos ideais na busca por representatividade e equidade de gênero. Conforme discutido anteriormente, as semelhanças na forma de retratar as princesas e desenvolver suas narrativas coincidem com os períodos de intrepidez feminista na sociedade ao longo do tempo[302].

Inicialmente, as princesas clássicas, como Branca de Neve, Cinderela e Aurora, criadas entre 1937 e 1959, foram representadas segundo os padrões de beleza e as expectativas sociais da época. Suas histórias enfatizavam a importância da aparência, da passividade e da busca pelo amor romântico, apresentando-as como figuras belíssimas, brancas, magras e delicadas, cuja realização era alcançada por meio da salvação por um príncipe, do casamento e de um final feliz. Essa representação evidencia a mentalidade predominante, na qual o papel das mulheres era restrito e subordinado aos homens, definindo um modelo ideal de feminilidade pautado na beleza, passividade e dependência[303].

---

[301] FRANCHINI, 2018.
BREEN; JORDAHL, 2019.
ZIRBEL, 2021.
BOTELHO, 2022.
[302] AGUIAR; BARROS, 2015.
MOREIRA; PORTELA, 2018.
LEMOS; BARTH, 2020.
MACHIDA; MENDONÇA, 2020.
TASMIN, T. You Only Have to be Brave Enough to See it: Evaluation of Gender Role Portrayal in Disney Princess Movies in View of Waves of Feminism. *Communication*, 2020.
ZIMMERMANN; MACHADO, 2021.
MACHADO; ZIMMERMANN, 2022.
[303] HAND, 1937.
JACKSON *et al.*, 1950.
GERONIMI, 1959.
AGUIAR; BARROS, 2015.
REILLY, 2016.
MACHIDA; MENDONÇA, 2020.

Além disso, como demonstrado nas discussões sobre tecnologias de gênero, as animações das princesas seguem uma agenda que se alinha aos ideais patriarcais, capitalistas e coloniais. O lançamento do filme de Branca de Neve ocorreu em um período em que a luta das mulheres por igualdade, liberdade e maior participação na vida pública começava a ganhar espaço no Ocidente[304].

Durante a Segunda Guerra Mundial (1939–1945), embora o movimento feminista tenha sido temporariamente enfraquecido nos países em conflito, o alistamento dos homens permitiu que as mulheres assumissem papéis distintos na sociedade. Esse cenário favoreceu o surgimento de um ativismo feminista que, após o fim da guerra e o retorno dos homens, se opôs à retomada das mulheres aos tradicionais papéis domésticos. Nesse contexto, os filmes de Cinderela e Aurora, ao servir de *guia* para o comportamento feminino – especialmente no que tange à ideia de ser uma boa esposa – contribuíram para reforçar os estereótipos de gênero esperados das mulheres daquela época[305].

A segunda onda do feminismo, ocorrida entre as décadas de 1960 e 1980, foi fortemente influenciada pelo movimento de contracultura e por diversos movimentos sociais. Embora tenham sido conquistados avanços significativos em direitos legais e políticos, ficou evidente que tais medidas, isoladamente, não garantiam a equidade almejada pelo movimento. Essa fase teve início com protestos contra concursos de beleza nos Estados Unidos, organizados por grupos como *The Redstockings* e *New York Radical Feminists*, que buscavam demonstrar que esses concursos tratavam as mulheres como objetos, perpetuando a ideia de que a aparência tem mais valor do que o pensamento crítico[306].

---

[304] PISCITELLI, A. Gênero: a história de um conceito. *In*: ALMEIDA, H. B. de; SZWAKO, J. E. (org.). *Diferenças, igualdade*. São Paulo: Berlendis & Vertecchia, 2009, p. 116-148.
BREEN; JORDAHL, 2019.
ZIRBEL, 2021.
MACHIDA; MENDONÇA, 2020.
MACHADO; ZIMMERMANN, 2022.
[305] REILLY, 2016.
BREEN; JORDAHL, 2019.
MACHIDA; MENDONÇA, 2020.
ZIRBEL, 2021.
[306] FRANCHINI, 2018.
BREEN; JORDAHL, 2019.
MACHIDA; MENDONÇA, 2020.
TASMIN, 2020.
ZIRBEL, 2021.
BOTELHO, 2022

Nesse contexto, as feministas dessa época passaram a questionar o papel da mulher na sociedade, na família e no trabalho, denunciando a opressão patriarcal e o sexismo, lutando por direitos reprodutivos e promovendo debates sobre sexualidade. As chamadas *princesas rebeldes* surgiram como uma resposta a esses desafios, apresentando personagens que exibiam maior personalidade, inteligência, independência e objetivos próprios, além de uma insatisfação crescente com as imposições sociais e familiares, e o desejo de romper com os estereótipos de gênero[307].

Entretanto, mesmo com esses avanços, as representações permaneciam marcadas por uma sexualização que enfatizava corpos esbeltos e a importância da aparência física, mantendo finais semelhantes aos das princesas tradicionais – como Ariel, Bela e Jasmine, que se casam com seus interesses românticos[308]. Embora personagens como Pocahontas e Mulan não tenham finais tão explícitos, ainda se percebe a promessa de um destino similar[309]. Assim, apesar de essas princesas serem consideradas rebeldes e demonstrarem competências diversas, a liberdade e a equidade efetiva continuaram limitadas, e a autonomia plena só começou a emergir em representações mais recentes[310].

Até o momento, observa-se que há uma lacuna entre as representações das princesas Disney e as reivindicações feministas. Em outras palavras, as críticas à personificação da primeira geração de princesas só foram consideradas pela geração seguinte, que, entretanto, já se encontrava defasada em relação à efervescência social provocada pelas demandas da segunda onda do feminismo. Esse vácuo pode ter sido parcialmente mitigado pelo intervalo entre os lançamentos de *Mulan* (1998) e *A Princesa e o Sapo* (2009), hiato que contribuiu para o surgimento de uma maior diversidade nas animações da terceira geração de princesas.

---

[307] REILLY, 2016.
FRANCHINI, 2018.
BREEN; JORDAHL, 2019.
MACHIDA; MENDONÇA, 2020.
ZIRBEL, 2021.
BOTELHO, 2022.
[308] MUSKER; CLEMENTS, 1989.
TROUSDALE; WISE, 1991.
MUSKER; CLEMENTS, 1992.
[309] GABRIEL; GOLDBERG, 1995.
BANCROFT; COOK, 1998.
[310] REILLY, 2016.
LEMOS; BARTH, 2020.
MACHIDA; MENDONÇA, 2020.

Essa diversidade, impulsionada especialmente pelas feministas negras, passou a integrar um movimento cuja terceira onda, a partir da década de 1990, enfatizou intensamente a diversidade e a inclusão, reconhecendo que as experiências das mulheres variam conforme raça, etnia, classe social, orientação sexual e condição física. Outras questões relevantes desse período incluíram a violência sexual e doméstica, a discriminação no trabalho e na educação, a reprodução de imagens estereotipadas de mulheres na mídia, a falta de representatividade feminina em posições de liderança política e empresarial, além do acesso precário à saúde reprodutiva e à prevenção de doenças sexualmente transmissíveis[311]. Ademais, o avanço das tecnologias, da internet e das redes sociais possibilitou transformações significativas no movimento feminista.

Questões anteriormente debatidas em pequenos grupos – como os desafios do capacitismo, etarismo e das lutas de pessoas trans, feministas comunitaristas e indígenas – passaram a integrar a pauta de diversos segmentos do movimento feminista. As ferramentas teóricas permitiram um aprofundamento na compreensão das múltiplas formas de opressão que podem afetar simultaneamente uma mesma mulher, além de estimular debates sobre as diferenças e a diversidade internas ao movimento. As novas mídias aceleraram, ainda, a disseminação dessas análises e ideias para além das fronteiras locais, ampliando o alcance dos debates[312].

Esse cenário de maior visibilidade e conectividade entre feministas sugere que produções como as da Disney terão cada vez mais dificuldade em ignorar as demandas e preocupações relativas à representação de meninas e mulheres, bem como seus anseios e possibilidades de atuação no mundo. Esse desafio envolve também questões financeiras, uma vez que, com o tempo, as mulheres passaram a ocupar mais espaço no mercado de trabalho e a desempenhar um papel crucial como consumidoras[313], mesmo diante da precarização do trabalho e da persistência da desigualdade salarial – temas que continuam a ser pauta do movimento feminista[314].

---

[311] FRANCHINI, 2018.
BREEN; JORDAHL, 2019.
ZIRBEL, 2021.
BOTELHO, 2022.

[312] ZIRBEL, 2021.

[313] Confer BRANDÃO, M. Cinco fatos sobre as formas de consumo das mulheres. *Consumidor Moderno*. 8 mar. 2023. Disponível em: https://consumidormoderno.com.br/mulheres-consumo-america-latina/. Acesso em: 17 jul. 2023.

[314] ZIRBEL, 2021.

Dentro dessa perspectiva, é possível identificar nas figuras de Tiana, Rapunzel, Merida e Moana o surgimento de um novo modelo de feminilidade, caracterizado por mulheres autoconfiantes, resilientes, decididas e capazes de enfrentar os desafios da nova realidade social sem depender necessariamente de um parceiro masculino. Apesar das críticas já mencionadas, Tiana exemplifica a figura de uma princesa autônoma, empenhada e decidida a buscar sua ascensão social por meio de seus próprios esforços, sem depender de um príncipe encantado. Por sua vez, Rapunzel não apenas anseia por liberdade, mas, na contramão das narrativas de suas predecessoras, salva a vida do *príncipe* – que, nesse caso, é um ladrão –, subvertendo os estereótipos tradicionais de gênero[315].

Dentro desse universo das princesas, as duas últimas – Merida e Moana – podem ser consideradas as mais subversivas. Merida, pelos confrontos com sua mãe, evidencia sua insatisfação com as expectativas sociais e os papéis de gênero impostos a uma princesa da Escócia medieval. O clímax de sua narrativa ocorre durante uma competição para determinar com qual primogênita dos clãs convidados ela se casará: "Eu sou Merida, primogênita descendente do clã Dun Brock. E pela minha própria mão, eu vou lutar!"[316]. Por sua vez, Moana, ao se distanciar do estereótipo tradicional de princesa, especialmente quando o semideus Maui a rotula dessa forma, refuta enfaticamente: "Olha, um, eu não sou princesa. Eu sou a filha do chefe!"[317]. Em ambas as animações, as protagonistas não demonstram interesses românticos, desafiam os papéis convencionais e lutam pelo direito de serem e fazerem o que desejam, mesmo diante das tensões e do forte foco nas relações familiares[318].

Embora os filmes tenham se tornado mais progressistas na representação de personagens femininas ao longo do tempo, ainda reproduzem certos estereótipos prejudiciais, especialmente quando consumidos sem uma análise crítica das representações antiquadas que refletem épocas passadas. Portanto, é essencial que o público assista a esses filmes de forma reflexiva, ciente dos estereótipos que perpetuam. Ao retratar princesas como figuras belas, frágeis e dependentes de homens para serem salvas,

---

[315] AGUIAR; BARROS, 2015.
MACHADO; ZIMMERMANN, 2022.
[316] ANDREWS; CHAPMAN, 2012.
[317] MUSKER; CLEMENTS, 2016.
[318] AGUIAR; BARROS, 2015.
ZIMMERMANN; MACHADO, 2021.
MACHADO; ZIMMERMANN, 2022.

ocupando papéis predominantemente domésticos, como mães e esposas, tais narrativas podem influenciar negativamente as jovens, levando-as a acreditar que não são capazes de alcançar seu pleno potencial.

De fato, as ações do movimento feminista reverberaram na própria Disney, que passou a desenvolver personagens mais fortes e independentes. Consequentemente, as princesas mais recentes do estúdio demonstram traços de aventura, inteligência e autossuficiência. Ainda assim, é fundamental avançar na criação de personagens que abracem a diversidade das experiências femininas – abrangendo aspectos como a diversidade étnica, a representação racial e a imagem corporal.

Para aprofundar essa análise das representações femininas, é essencial considerar também como múltiplas identidades interagem para moldar essas experiências, conceito esse que ganhou corpo com a teoria da interseccionalidade. O conceito de interseccionalidade foi desenvolvido pela jurista e ativista dos direitos humanos estadunidense Kimberlé Crenshaw, em 1989, para explicar como as identidades sociais – incluindo raça, gênero, classe social, orientação sexual e condição física – se entrelaçam e geram experiências únicas. Em seu trabalho daquele ano, Crenshaw a autora discute a marginalização das mulheres negras na legislação antidiscriminação, na teoria feminista e na política antirracista, argumentando que a interseccionalidade, ao reconhecer a interconexão de diversas formas de opressão, é fundamental para compreender as complexas dinâmicas de discriminação que afetam essas mulheres. Essa abordagem desafia o modelo de análise de eixo único, que simplifica e distorce suas experiências, e serve como ferramenta crítica para assegurar que suas vozes sejam efetivamente incluídas nas discussões sobre equidade de gênero e racial. Crenshaw também enfatiza a importância da autorrepresentação, colaboração, empatia, autenticidade, criatividade, reflexão, coragem e esperança como elementos essenciais para questionar e transformar as normas culturais que perpetuam a desigualdade[319].

Nesse cenário, a narrativa feminista se apresenta como uma maneira de contar histórias que desafiam as normas culturais e sociais, buscando representar as experiências femininas de forma realista e plural. A com-

---

[319] CRENSHAW, K. Demarginalizing the Intersection of Race and Sex: A Black Feminist Critique of Antidiscrimination Doctrine, Feminist Theory and Antiracist Politics. *University of Chicago Legal Forum*, v. 1, n. 8, p. 139-167, 1989.
Idem. Palestra proferida no TEDWomen, San Francisco (California), out. 2016. Disponível em: https://www.ted.com/talks/kimberle_crenshaw_the_urgency_of_intersectionality?language=pt. Acesso em: 10 maio 2023.

binação entre narrativa feminista e interseccionalidade constitui formas de resistência, empoderamento e esperança em direção a um mundo mais inclusivo[320].

Em consonância com essa perspectiva, a escritora nigeriana Chimamanda Ngozi Adichie argumenta que as narrativas desempenham um papel essencial na formação da visão de mundo, especialmente durante a infância. Segundo ela, a imposição de uma narrativa única pode gerar estereótipos e contribuir para a desumanização de determinados grupos, evidenciando a necessidade de contar histórias que reflitam a complexidade das vidas e culturas. Narrativas limitadas são, muitas vezes, incompletas e podem inadvertidamente – ou não – levar à estigmatização, ao preconceito e até mesmo ser usadas para justificar a opressão. Assim, a análise crítica e cuidadosa dessas histórias consumidas e transmitidas é fundamental para a construção de uma sociedade mais justa, inclusiva e solidária, ao mesmo tempo em que amplia a compreensão das diversas identidades[321].

Paralelamente, ao explorar a interseção entre cultura pop e lógica mercadológica, nota-se que os produtos culturais exercem uma influência dupla: eles não apenas refletem os padrões sociais vigentes, como também contribuem para moldá-los. Nesse contexto, os filmes da Disney, por seguir os padrões da sociedade ocidental, desempenham um papel central na disseminação e reafirmação desses ideais. Isso demonstra que a produção e a recepção de produtos culturais estão profundamente interligadas aos processos de comunicação e às experiências vivenciadas pelos indivíduos, os quais desempenham um papel ativo na construção e transformação das representações culturais. Essa dinâmica impacta diretamente a forma como as pessoas se percebem e percebem os outros. Além disso, as mudanças nos modelos culturais influenciam as percepções sobre identidade de gênero, raça e classe, ressaltando a necessidade de uma análise crítica das produções culturais para identificar e desafiar as desigualdades que elas reproduzem[322].

Ao analisar a trajetória de Tiana, observa-se como a diversidade nas narrativas pode simultaneamente promover inclusão e perpetuar estereótipos limitantes. Embora a presença de uma protagonista negra

---

[320] ILMONEN, K. Feminist Storytelling and Narratives of Intersectionality. *Journal of Women in Culture and Society*, v. 45, n. 2, p. 347-371, 2020. https://doi.org/10.1086/704989.

[321] ADICHIE, C. N. Palestra proferida no TEDGlobal, Oxford (UK), jul. 2009. Disponível em: https://www.ted.com/talks/chimamanda_ngozi_adichie_the_danger_of_a_single_story/transcript?language=pt-br. Acesso em: 10 maio 2023.

[322] MACHIDA; MENDONÇA, 2020.

represente um avanço significativo para a Disney, sua construção narrativa suscita questionamentos semelhantes aos encontrados em outras produções – como, por exemplo, a abordagem da personagem Mulan, que, apesar de sua força, também enfrenta limitações na profundidade de sua representação cultural. Essa comparação evidencia que a representatividade eficaz não se restringe à inclusão simbólica, mas depende do desenvolvimento integral das personagens, que devem transmitir mensagens que dialoguem de maneira autêntica com as experiências reais de mulheres negras e de outros grupos marginalizados.

Nesse sentido, as reflexões de Adichie sobre o perigo da história única são especialmente relevantes, pois evidenciam como representações isoladas podem reforçar visões limitadas sobre determinados grupos sociais. A construção de personagens negros, indígenas e pertencentes a outras etnias minoritárias no cinema de animação muitas vezes segue padrões que reforçam desigualdades estruturais, seja ao perpetuar estereótipos de subalternidade, seja ao restringir suas narrativas a arcos limitados, como a superação de adversidades impostas pelo racismo sem uma problematização mais profunda desse contexto[323].

Além disso, a maneira como *A Princesa e o Sapo* aborda as interseccionalidades de gênero, raça e classe reforça a necessidade de discutir como diferentes opressões se cruzam e impactam as experiências das personagens. Enquanto outras princesas da Disney tradicionalmente vivenciam jornadas mágicas sem grandes obstáculos estruturais, Tiana precisa se esforçar incansavelmente para alcançar seus objetivos, o que pode ser interpretado como um reflexo das exigências desproporcionais impostas às mulheres negras na sociedade[324]. Assim, a narrativa se insere em um debate mais amplo sobre como a cultura midiática molda e reforça percepções sociais, destacando a importância de produções que promovam representações autênticas e diversificadas, capazes de romper com estereótipos e ampliar a pluralidade de vozes no universo da animação.

Se, por um lado, é possível apontar problemas na representação dos entrecruzamentos de gênero, raça e classe por meio de personagens como Tiana, por outro, as narrativas da Disney deixam a desejar na inclusão de protagonistas que representem pessoas com deficiência (PCDs) ou desafiem a lógica heteronormativa, uma vez que tais figuras raramente

---

[323] ADICHIE, 2009.
[324] TAVARES, 2019, 2021.

ocupam posições centrais. Dessa forma, a discussão sobre essas questões recorre, necessariamente, a personagens coadjuvantes, que oferecem uma visão limitada do imaginário do estúdio. É importante destacar que a representação de PCDs nas animações se restringe, em grande parte, a personagens secundários, os quais frequentemente aparecem de forma negativa ou cômica, sendo definidos apenas por suas limitações. Além disso, tais personagens costumam ser predominantemente masculinos, brancos e adultos. Um exemplo é o rei Fergus, pai de Merida, que, sendo amputado de uma perna, ilustra essa tendência. Essa abordagem problemática perpetua estereótipos que reforçam preconceitos e discriminações[325].

Em *Disfigured: On Fairy Tales, Disability, and Making Space* (Desfigurado: sobre contos de fadas, deficiência e criação de espaço), Amanda Leduc investiga como os contos de fadas — desde os Irmãos Grimm até as adaptações da Disney — reforçam estereótipos negativos e excluem a presença de personagens com deficiência. Segundo sua análise, essas narrativas influenciam as expectativas e os comportamentos do público, ao mesmo tempo em que, por meio de sua própria experiência, ela questiona as representações convencionais. Leduc argumenta que tais representações podem ensinar às crianças que a deficiência é algo a ser ridicularizado ou evitado, contribuindo para a exclusão social dessas pessoas. Ademais, embora a Disney tenha se esforçado para diversificar suas histórias com princesas de diferentes origens étnicas, a questão da deficiência continua sendo negligenciada[326].

A ausência de protagonistas com deficiência reflete um padrão mais amplo na mídia, em que a diversidade é frequentemente limitada a personagens secundários ou representada de maneira estereotipada. As histórias infantis, ao retratar a deficiência como um fardo ou um traço cômico, acabam reforçando uma visão reducionista que exclui PCDs de narrativas complexas e variadas. Isso contribui para a marginalização dessas pessoas, pois, sem referências positivas e variadas, as crianças com deficiência podem crescer sem se ver representadas de forma digna e autêntica, enquanto as crianças sem deficiência internalizam uma perspectiva enviesada sobre essas condições[327].

---

[325] GARRIDO, C. V. B. *Design de personagens*: estereótipos gráficos de personagens com deficiência em produções de animação. 2017. 151 f. Dissertação (Mestrado em Artes Visuais) – Universidade Federal da Bahia, Salvador, 2017.
[326] LEDUC, 2020.
[327] *Ibidem*.

Além disso, a forma como a deficiência é abordada nos filmes da Disney frequentemente reforça a ideia de que a superação da condição é um pré-requisito para a aceitação social. Para a comediante e ativista dos direitos de pessoas com deficiência australiana, Stella Young, essa narrativa – conhecida como *inspiration porn* – descreve personagens valorizados apenas por sua capacidade de vencer obstáculos relacionados à sua condição, em vez de serem reconhecidos como indivíduos plenos, com aspirações, defeitos e complexidades. Essa abordagem se alinha a uma lógica capacitista, na qual a deficiência é vista como um problema a ser resolvido, em vez de uma característica que deve ser normalizada dentro da diversidade humana[328].

Em adição aos desafios já discutidos, a diversidade sexual e de gênero constitui outro aspecto a ser aprimorado nas produções da Disney. Apesar de avanços recentes, as representações de personagens LGBTQIAPN+ ainda são pontuais, muitas vezes simbólicas e sem protagonismo real. A resistência em abordar diretamente identidades de gênero e sexualidade diversas pode ser explicada pela preocupação mercadológica e o receio de rejeição por parte de públicos mais conservadores[329].

Ainda assim, embora a presença de personagens LGBTQIAPN+ nas animações possa representar uma oportunidade para criar um mundo mais inclusivo, esses personagens frequentemente aparecem de forma codificada ou ambígua, sem que sua identidade seja claramente afirmada na trama. É o caso, por exemplo, dos ratos Jaq e Tatá, de *Cinderela*, que se diferenciam dos demais ratos antropomórficos masculinos tanto fisicamente quanto psicologicamente. Em particular, Tatá exibe traços que se alinham ao estereótipo do homem afeminado. De maneira similar, na narrativa de *Pocahontas*, os personagens do Governador Ratcliffe e de Wiggins são retratados de forma negativa, com o vilão sendo caracterizado como ganancioso, manipulador e xenófobo, enquanto ambos são apresentados com características tradicionalmente associadas ao feminino, o que reforça estereótipos prejudiciais[330].

Os vilões nas narrativas da Disney evidenciam, por um lado, uma tendência à negativização de identidades de gênero não heteronormativas, ao serem retratados como transgressores dos padrões tradicionais

---

[328] YOUNG, S. Palestra proferida no TEDx, Sydney (AU), abr. 2014. Disponível em: https://www.ted.com/talks/stella_young_i_m_not_your_inspiration_thank_you_very_much. Acesso em: 15 fev 2025.

[329] RAMALHO, F. de C. *A representação do diverso no cinema de animação*. 2020. 415 f. Tese (Doutorado em Artes) – Universidade Federal de Minas Gerais, Belo Horizonte, 2020.

[330] *Ibidem*.

de masculinidade e feminilidade. Essa representação pode influenciar negativamente as percepções das crianças, uma vez que o sistema heteronormativo utiliza esses personagens para rotular práticas e identidades diversas como indesejáveis, impondo punições severas nos enredos. Por outro lado, esses vilões também desafiam e desestabilizam as normas de gênero, questionando a dicotomia tradicional entre masculino e feminino. No entanto, essa capacidade de contestação é frequentemente cooptada para preservar a norma e as relações de dominação, mantendo a matriz heterossexual como princípio organizador das narrativas. Dessa forma, os vilões da Disney se configuram tanto como instrumentos de perpetuação de estereótipos quanto como agentes que, de maneira ambígua, podem incentivar uma reflexão crítica sobre a preservação da norma e das relações de dominação[331].

Em resumo, as representações simbólicas de identidades de gênero desviantes, de pessoas com deficiência ou de origens raciais, étnicas e sociais distintas da normatividade imposta têm implicações significativas na vida cotidiana dos grupos marginalizados, uma vez que as produções artísticas influenciam a organização da sociedade. Portanto, o reconhecimento e a valorização dessas identidades desempenham um papel fundamental na busca por mudanças estruturais, conectando o simbólico e o político na luta por direitos e equidade.

Nesse sentido, a exibição de personagens diversos pode ser vista não apenas como uma forma de pedagogia cultural – ao apresentar diferentes culturas, identidades e corpos de maneira positiva e representativa, ajudando a quebrar estereótipos e promover a aceitação da diversidade – mas também como ponto de partida para transformações profundas no setor audiovisual. Para impulsionar essa mudança, a indústria pode repensar os roteiros e o desenvolvimento de personagens, incentivando a criação de narrativas que dialoguem de forma autêntica com as diversas experiências femininas.

Além disso, é fundamental promover a inclusão de profissionais de diferentes origens étnicas, sociais e de gênero na criação e produção, assegurando assim uma pluralidade de perspectivas. Também se mostra necessária a construção de parcerias com estudiosos e ativistas em áreas como estudos de gênero, raça e inclusão, de forma a orientar a produção

---

[331] SANTOS, C. de C. O Vilão Desviante: Ideologia e Heteronormatividade em Filmes de Animação Longa-Metragem dos Estúdios Disney. 2015. 142 f. Dissertação (Mestrado em Filosofia) – Universidade de São Paulo, São Paulo, 2015. https://doi.org/10.11606/D.100.2015.tde-09092015-190418.

de conteúdos que reflitam críticas sociais fundamentadas. Por fim, o investimento em produções alternativas, como projetos independentes e o uso de plataformas digitais para a experimentação de narrativas inovadoras, pode servir de alavanca para que essas abordagens sejam incorporadas, de maneira mais ampla, ao *mainstream*. Essas estratégias, em conjunto, não apenas ampliam o espectro de representações positivas, mas também contribuem para a construção de uma cultura midiática que empodere os grupos marginalizados, promovendo mudanças estruturais em toda a sociedade.

Capítulo 3

O MAPA METODOLÓGICO: A JORNADA RUMO AO REINO DAS DESCOBERTAS

> *See the line where the sky meets the sea?*
> *It calls me*
> *No one knows*
> *How far it goes*
> *If the wind in my sail on the sea*
> *Stays behind me*
> *One day I'll know*
> *If I go, there's just no telling how far I'll go*
> *(Moana – How Far I'll Go)*[332]

Este estudo teve como objetivo investigar as concepções de gênero de adolescentes que se identificam como mulheres cisgênero, utilizando os filmes das princesas Disney para mediar a análise. O foco central está na interseção entre gênero, desenvolvimento humano e mídia, com ênfase em como essas representações influenciam a socialização e as percepções de gênero das jovens. Dada a relevância cultural dos filmes Disney, a pesquisa busca compreender de que forma as narrativas e personagens presentes nessas animações moldam as expectativas e práticas de gênero.

Para a produção de dados, adotou-se um método inovador que combinou sessões de *react* com entrevistas não estruturadas. Embora o uso de *react* ainda seja raro em pesquisas acadêmicas, sua aplicação permitiu captar reações e comentários espontâneos das participantes enquanto assistiam a seus filmes favoritos e aos menos apreciados das princesas Disney. Essa abordagem, análoga à técnica de vídeo-feedback – empregada desde a década de 1920[333] em contextos terapêuticos e educacionais –, mostrou-se eficaz para explorar, de forma autêntica, as percepções

---

[332] Vê a linha onde o céu encontra o mar? | Ela me chama | E ninguém sabe | O quão longe ela vai | Se o vento na minha vela no mar | Vier comigo | Um dia eu vou saber | Se eu for, não sei ao certo quão longe eu vou – Moana – Quão Longe Eu Vou (tradução nossa).
[333] MEHARG, S. S.; WOLTERSDORF, M. A. Therapeutic use of videotape self-modeling: A review. *Advances in Behaviour Research and Therapy*, v. 12, n. 2, p. 85-99, 1990.

sobre papéis de gênero. Durante as sessões, as participantes assistiam aos filmes escolhidos individualmente e podiam pausar a exibição a qualquer momento para comentar, refletindo sobre trechos relevantes e desenvolvendo uma visão crítica das representações midiáticas. Embora não haja referências diretas ao uso do *react* como método de produção de dados, estudos recentes apontam para o crescente emprego de conteúdos digitais em contextos acadêmicos, reforçando o potencial dessa abordagem[334].

As participantes foram selecionadas por meio de divulgação em redes sociais e atenderam aos seguintes critérios de inclusão: serem do sexo feminino, terem entre 12 e 18 anos, demonstrar interesse ou já ter tido contato com os filmes das princesas Disney e dispor de acesso à internet para os encontros virtuais. O grupo, composto por quatro adolescentes oriundas de diferentes cidades e contextos sociais, apresentou familiaridade com as animações, embora as motivações para participar do estudo tenham variado. Algumas jovens demonstraram curiosidade e desejo de compartilhar suas opiniões, enquanto outras relataram uma forte ligação afetiva com os filmes, uma relação construída ao longo de gerações.

A Tabela 2, a seguir, apresenta um resumo das principais informações sociodemográficas das participantes.

Tabela 2 – *Informações sociodemográficas das participantes*

	Bela	Cinderela	Merida	Mulan
Idade[a]	17	14	14	13
Tipo de escola[a]	Pública	Particular	Pública	Particular
Raça/Etnia familiar[b]	Branca	Branca	Mulata	Negra
Renda[c]	2 a 4	10 a 20	-	4 a 10
Família[d]	Mais de 6	3 a 4	5 a 6	Mais de 6

Fonte: elaboração própria
[a] Informações fornecidas pelas participantes.
[b] Autodeclaração familiar feita pelas mães.
[c] Renda familiar, em salários mínimos, informada pela mãe. A que não tem informação preferiu não dizer.
[d] Fornecido pelas mães, refere-se à quantidade de pessoas morando na mesma casa.

---

[334] *Confer* DEWI, A. H. The Use Of Teens React Video To Improve Students' Speaking Ability. *RETAIN*: Journal of Research in English Language Teaching, v. 1, n. 1, 2016.
FERREIRA, C. C. *et al*. 'Being a Woman' and 'Being a Scientist': Contributions to Women Participation in Science. *In*: 2nd South American International Conference on Industrial Engineering and Operations Management, 2021. https://doi.org/10.46254/SA02.20210498.

Inicialmente, as participantes foram convidadas a escolher livremente como gostariam de ser identificadas. Diante das dificuldades em sugerir nomes e da diversidade de preferências em relação às animações, sugeriu-se – e as participantes concordaram – que se identificassem com o nome da protagonista de seu filme preferido. Esse processo revelou uma interessante aproximação entre as características pessoais das jovens e as narrativas representadas.

Por exemplo, Bela (17 anos), embora se identifique intensamente com a protagonista Merida de *Valente* – cuja narrativa ressoa com suas experiências familiares –, optou por adotar o codinome Bela. Essa escolha ocorreu não somente porque outra participante já havia selecionado *Valente* como seu filme favorito, mas também em virtude de sua identificação pessoal com a protagonista de *A Bela e a Fera*. Assim como a personagem do filme, Bela (17 anos) destaca-se por sua singularidade na comunidade, demonstrando uma paixão pela leitura que a diferencia. Sua visão positiva sobre o relacionamento apresentado em *A Bela e a Fera*, interpretado como uma oportunidade de crescimento mútuo, também influenciou sua escolha. Ademais, Bela (17 anos) desafia as narrativas tradicionais sobre relacionamentos ao valorizar conexões significativas em diversas áreas de sua vida, indo além do mero âmbito amoroso.

Cinderela (14 anos) optou pelo filme *Cinderela*, possivelmente em virtude de ter celebrado seu primeiro aniversário com o tema da animação, o que criou uma conexão afetiva desde a infância. Ela demonstra uma ligação especial com a produção, refletindo traços de personalidade semelhantes aos da protagonista – como timidez e paciência –, e sua cena favorita, envolvendo a fada madrinha, pode sugerir um desejo por momentos encantadores e otimistas.

Merida (14 anos) escolheu *Valente* por se identificar com a protagonista, cuja resistência às expectativas sociais ressoa com suas próprias experiências, sobretudo em relação à comunicação com sua mãe. A percepção de Merida (14 anos) como a única mulher entre irmãos indica uma sensação de desigualdade nas relações familiares, ressaltando limitações que ela vivencia em comparação aos seus irmãos. Seu apreço pela cena final evidencia um anseio por resolução e união familiar.

Mulan (13 anos) revela uma forte conexão com as histórias de princesas desde a infância, especialmente com Branca de Neve, pois frequentemente era comparada à personagem devido à sua pele clara e cabelos escuros. No entanto, sua escolha por *Mulan* decorre da admiração pela protagonista, que simboliza força e independência. Mulan (13 anos) valoriza a mensagem de que uma mulher pode ser forte sem depender de um príncipe encantado e aprecia o afeto demonstrado pela personagem em relação à sua família, o que ressalta a importância dos vínculos familiares em sua vida.

Para aprofundar as discussões ao final de cada sessão virtual, foram elaborados tópicos-guia baseados em cenas-chave das animações, os quais foram previamente anotados durante a exibição. Essa estratégia não só orientou a análise sem restringir o fluxo espontâneo das entrevistas, mas também permitiu à pesquisadora, com experiência prévia no trabalho com adolescentes, ajustar o método conforme a necessidade de cada participante. O resumo dos encontros com cada participante pode ser consultado na Tabela 3.

A análise dos dados foi realizada por meio da Análise Temática (AT)[335], permitindo a identificação de padrões e significados emergentes nas narrativas. Essa abordagem integra dados e teoria para oferecer uma compreensão aprofundada das concepções de gênero.

Tabela 3 – *Resumo dos encontros com as participantes*

(Continua)

Participante	Encontro	Data	Atividade	Duração
Bela[336]	1	10/06/22	Entrevista Piloto	1 h 08 min 32 s
	2	17/06/22	*React* – A Bela e a Fera	3 h 03 min 08 s
	3	12/07/22	*React* – Valente	2 h 03 min 40s
	4	20/04/23	Entrevista semiestruturada	1 h 09 min 13 s

---

[335] BRAUN, V.; CLARKE, V. Using thematic analysis in psychology. *Qualitative Research in Psychology*, v. 3, p. 2, p. 77-101, 2006. https://doi.org/10.1191/1478088706qp063oa.
Idem. *Successful qualitative research*: A practical guide for beginners. Los Angeles | London | New Delhi |Singapore | Washington DC: Sage, 2013.
BRAUN, V. *et al*. Thematic Analysis. *In*: LIAMPUTTONG, P. (ed.). *Handbook of Research Methods in Health Social Sciences*. Singapore: Springer, 2019. https://doi.org/10.1007/978-981-10-5251-4_103.

[336] Ela indicou duas animações como sendo as favoritas, então conversamos sobre elas, mas não foi possível a realização de um quarto encontro para conversarmos sobre o filme que ela menos gosta porque ela estava em período agitado em virtude da preparação para o vestibular.

Tabela 3 – *Resumo dos encontros com as participantes*

(Conclusão)

Participante	Encontro	Data	Atividade	Duração
Cinderela	1	22/07/22	*React* -Cinderela	1 h 28 min 28 s
	2	29/07/22	*React* -Valente	1 h 39 min 24 s
	3	05/04/23	Entrevista semiestruturada	31 min 53 s
Merida	1	06/07/22	*React* -Valente	2 h 11 min 44s
	2	15/07/22	*React* -Cinderela	1 h 29 min 25s
	3	27/03/23	Entrevista semiestruturada	52 min 08 s
Mulan	1	23/06/22	*React* -Mulan	2 h 28 min 01 s
	2	29/07/22	*React* -Pocahontas	1 h 29 min 58 s
	3	19/04/23	Entrevista semiestruturada	1h 07 min 50 s

Fonte: elaboração própria

  O estudo seguiu rigorosamente as diretrizes éticas para pesquisas com menores de idade. Após a aprovação do projeto pelo Comitê de Ética em Pesquisa com Seres Humanos, obteve-se o consentimento informado das participantes e de seus responsáveis legais, garantindo a proteção dos direitos e o bem-estar dos envolvidos.

Capítulo 4

DESVENDANDO E EXPLORANDO O REINO DAS DESCOBERTAS

> And I'm almost there, I'm almost there
> People down here think I'm crazy, but I don't care
> Trials and tribulations I've had my share
> There ain't nothing gonna stop me now cause I'm almost there
> (The Princess and the Frog – Almost There)[337]

A partir AT dos dados, foram identificados três temas principais e 11 subtemas, cujas denominações, inspiradas nos contos de fadas, oferecem pistas sobre o conteúdo de cada categoria. O primeiro tema, intitulado *Era uma vez...: concepções de gênero*, relaciona-se ao conceito de PPCT, enfatizando a interconexão entre aspectos pessoais, sociais e culturais na construção das concepções de gênero e nas experiências das adolescentes. Esse tema abrange três subtemas: *Pergaminhos malditos: papéis de gênero*; *Rótulo amaldiçoado: estereótipos de gênero*; e *Crueldades do reino: disparidades e violência*.

O segundo tema, denominado *Em um reino não tão distante...: contextos de socialização*, articula-se com a TBDH, que serve de base teórica para o estudo, e inclui três subtemas: *Castelo mágico: microssistema*, *Reino encantado: exossistema* e *Além da floresta: macrossistema*. Já o terceiro tema, intitulado *E viveram felizes para sempre?: sobre as princesas Disney*, também se fundamenta na TBDH e está diretamente ligado às narrativas das princesas da Disney, abrangendo cinco subtemas: *Heranças encantadas: legado geracional*; *Vórtice do tempo: opiniões transformadas*; *Espelho, espelho meu: identificação pessoal*; *Poções de sabedoria: interpretações possíveis*; e *Revelando o feitiço: críticas às narrativas*.

Na sequência, os temas e subtemas serão apresentados em detalhes, e a Figura 2 exibe o mapa temático derivado da AT dos dados.

---

[337] E eu estou quase lá, estou quase lá | As pessoas aqui pensam que sou louca, mas eu não me importo | Lutas e tribulações, já tive muitas | Agora não há nada que vá me parar, porque eu estou quase lá – A Princesa e o Sapo – Quase Lá (tradução nossa).

Figura 2 – *Mapa temático*

Era uma vez...
concepções de gênero

Pergaminhos malditos
papéis de gênero

Crueldades do reino
disparidades e violência

Rótulo amaldiçoado
estereótipos de gênero

Poções de sabedoria
interpretações possíveis

Revelando o feitço
críticas às narrativas

Espelho, espelho meu
identificação pessoal

Vórtice do tempo
opiniões transformadas

Heranças encantadas
legado geracional

E viveram felizes para sempre?
sobre as princesas Disney

Em um reino não tão distante...
contextos de socialização

Castelo mágico
microssistema

Reino encantado
exossistema

Além da floresta
macrossistema

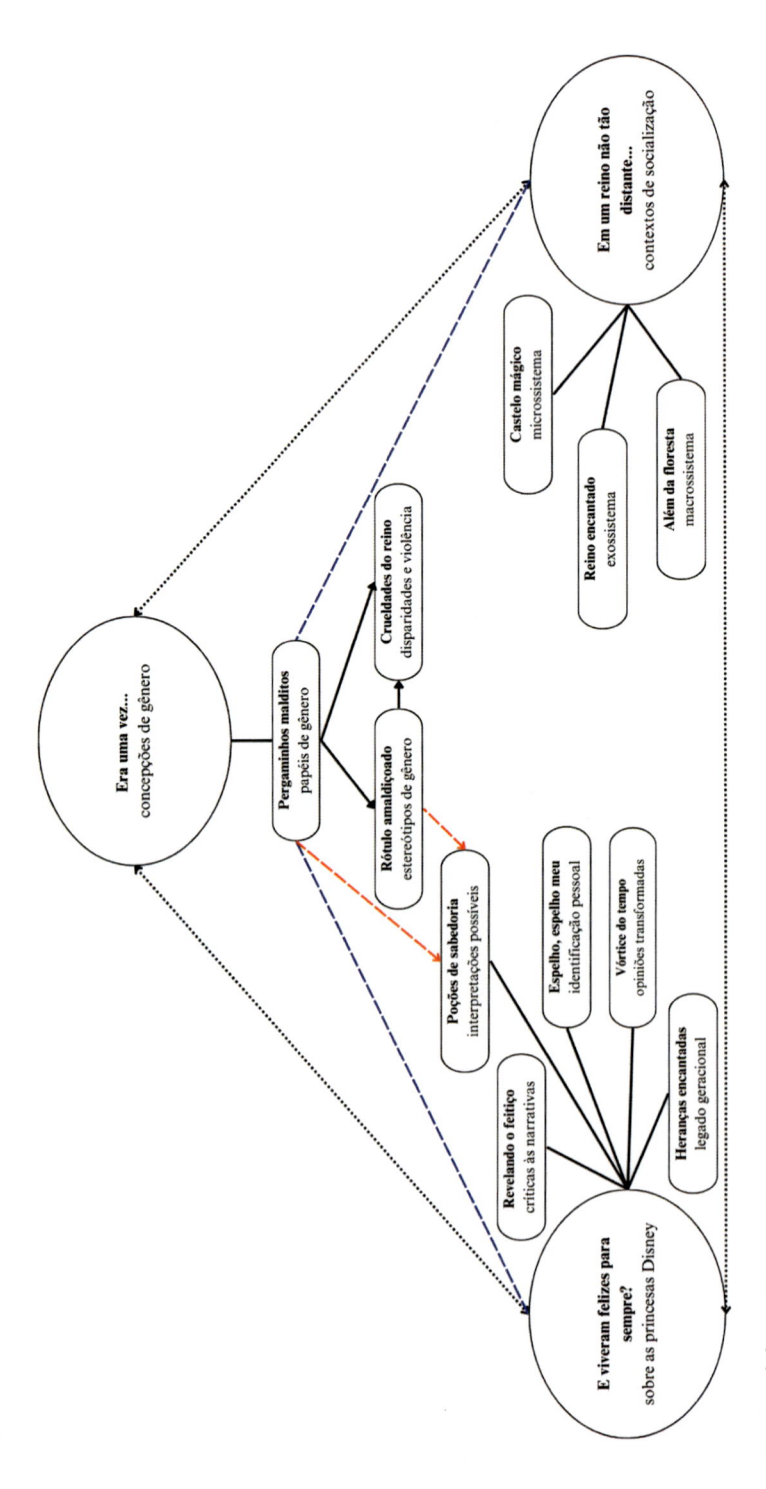

Fonte: elaboração própria

As linhas do mapa temático indicam os vínculos entre os temas e seus respectivos subtemas. As setas – exibidas em estilos sólidos, pontilhados ou tracejados – evidenciam as conexões tanto entre subtemas pertencentes ao mesmo tema quanto entre subtemas de temas distintos, além de mostrar a relação entre um subtema específico e outros temas. Essa representação foi elaborada a partir da análise das citações que acompanham cada subtema, evidenciando relações significativas entre as temáticas propostas. Por exemplo, observa-se uma conexão notável entre o subtema *Pergaminhos malditos: papéis de gênero* e os demais subtemas no tema *Era uma vez...: concepções de gênero*. De modo similar, há uma estreita relação entre o subtema *Poções de sabedoria: interpretações possíveis* e os outros dois temas. Além disso, a presença de setas bidirecionais destaca uma conexão sólida entre os temas, justificando a representação dessas relações no mapa temático.

Tema 1 – Era uma vez...: concepções de gênero

Este tema explora, de forma multifacetada, as percepções individuais e sociais sobre gênero, destacando como as adolescentes compreendem e vivenciam as identidades de gênero na sociedade. As entrevistas realizadas entre 2022 e 2023 revelaram que o entendimento de gênero é profundamente moldado por fatores sociais, familiares e interpessoais.

As participantes reconhecem que as expectativas de gênero são impostas pela sociedade, com a família, os amigos e os padrões culturais atuando como agentes significativos nessa imposição. Por exemplo, elas questionam a ideia de que determinadas atividades devam ser definidas com base no gênero, argumentando que essas limitações refletem preconceitos sociais. Além disso, as pressões familiares – frequentemente enraizadas em normas patriarcais – influenciam a forma como as mulheres são orientadas a se comportar e se apresentar.

Os relatos também evidenciam a persistência de estereótipos de gênero, como a cobrança excessiva sobre a aparência, o comportamento e as escolhas pessoais. A imposição de padrões de beleza é criticada por seus impactos negativos na saúde mental e no bem-estar das mulheres. Ainda, as experiências escolares, com restrições de vestimenta baseadas no gênero, ilustram a manutenção de normas tradicionais e a perpetuação da desigualdade. Dessa forma, as percepções de gênero resultam da interação entre experiências cotidianas, influências sociais e narrativas culturalmente enraizadas.

Alguns estudos oferecem uma base teórica para compreender as inter-relações entre gênero, sexualidade, saúde mental, cultura e subjetividade[338]. Os relatos das participantes ilustram a aplicação prática desses conceitos na vida cotidiana, proporcionando uma visão crítica e reflexiva sobre normas sociais, expectativas culturais e desigualdades de gênero.

A AT revela que o subtema *Pergaminhos malditos: papéis de gênero* é central, pois evidencia como as normas sociais geram tanto desigualdades quanto expectativas simplificadas e generalizadas sobre as características e comportamentos associados a homens e mulheres. Além disso, observa-se uma relação entre o subtema *Rótulo amaldiçoado: estereótipos de gênero* e *Crueldades do reino: disparidades e violência*, que se complementam ao amplificar as mensagens negativas e as injustiças existentes. A Figura 3 ilustra essas relações entre o tema e seus subtemas.

Na sequência, serão apresentados em detalhes, com trechos das falas das adolescentes, os três subtemas interconectados deste tema: *Pergaminhos malditos: papéis de gênero*; *Rótulo amaldiçoado: estereótipos de gênero*; e *Crueldades do reino: disparidades e violência*. A discussão, enriquecida pelas vozes das participantes, permitirá uma análise mais aprofundada das dinâmicas de gênero e de suas implicações na vida das adolescentes.

---

[338] *Confer* ABADI; LOBO, 2018.
BUTLER, 2022.
COLLING, 2018.
WOOD, 2021.
ZANELLO, 2018.

Figura 3 – *Ilustração das conexões entre o tema Era uma vez...: concepções de gênero e seus subtemas*

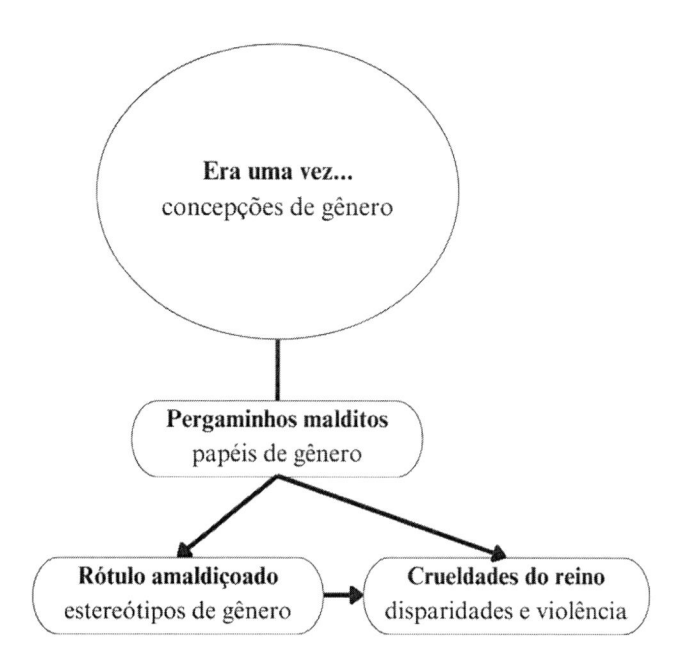

```
                    ┌─────────────────────┐
                    │    Era uma vez...   │
                    │ concepções de gênero│
                    └──────────┬──────────┘
                               │
                    ┌──────────┴──────────┐
                    │ Pergaminhos malditos│
                    │   papéis de gênero  │
                    └──────────┬──────────┘
                   ┌───────────┴───────────┐
         ┌─────────▼────────┐    ┌─────────▼────────┐
         │ Rótulo amaldiçoado│    │ Crueldades do reino│
         │estereótipos de gênero│ │disparidades e violência│
         └──────────────────┘    └──────────────────┘
```

Fonte: elaboração própria

Subtema 1.1 – Pergaminhos malditos: papéis de gênero

Este subtema examina as complexas normas sociais e expectativas que moldam os comportamentos tradicionalmente atribuídos a homens e mulheres, evidenciando como essas normas influenciam as vivências cotidianas. Além disso, as perspectivas das participantes oferecem percepções críticas que questionam os estereótipos de gênero e evidenciam como a sociedade perpetua essas normas.

Merida (14 anos) destaca a flexibilidade das capacidades individuais em relação às atividades atribuídas a cada gênero, questionando por que certas tarefas ainda são consideradas inerentes apenas a homens. Ela afirma: *"Tipo, por que a mulher não consegue levantar uma casa e um homem sim? Eu acho que os dois conseguem, o que impede mais são a sociedade e os preconceitos mesmo"*. Essa perspectiva reforça a ideia de que as capacidades não são fixas, mas sim moldadas e limitadas pelas expectativas sociais[339]. Além disso, sua fala exemplifica o conceito de performatividade de gênero, destacando que as normas sociais podem ser desafiadas e transformadas por meio de ações e expressões individuais[340]. Essa discussão se amplia ao considerar como as pressões sociais relacionadas ao comportamento feminino influenciam a saúde mental e os dispositivos culturais que moldam e perpetuam as representações de gênero[341].

Outra fala de Merida (14 anos) – *"Minha mãe já acha que mulheres devem se comportar bem, bem vestidinha [...] já vai ficar aquela fama de mulher da noite"* – ilustra como as normas de gênero são reforçadas no ambiente familiar. Essas normas, reiteradas diariamente por meio de instruções de comportamento e aparência impostas por sua mãe, não apenas perpetuam estereótipos, mas também criam uma pressão constante com profundas implicações para a saúde mental das adolescentes[342]. Consequentemente, as expectativas sociais durante a adolescência influenciam significativamente as percepções e comportamentos de gênero, impactando a formação da identidade[343]. Além disso, essa dinâmica ganha uma nova dimensão quando se analisa as representações femininas nos contos de fadas da Disney, que evidenciam como influências externas podem intensificar as pressões sociais enfrentadas pelas mulheres[344].

Em continuidade à discussão sobre as múltiplas dimensões das pressões sociais, Bela (17 anos) destaca, de forma contundente, como a imposição de papéis tradicionais afeta as mulheres. Ela afirma: *"As pessoas têm sonhos, mas muitas fazem isso por pressão, tipo, 'ah, o certo é uma mulher casar com um homem, ter filhos, obedecer o marido, ficar em casa, enquanto o marido trabalha'"*. Essa declaração reforça estudos sobre o desenvolvimento de papéis de gênero na adolescência, evidenciando como as expectativas sociais moldam escolhas e identidades[345]. Ainda que o ambiente social

---

[339] GALAMBOS, 2004.
BERENBAUM *et al.*, 2008.
[340] BUTLER, 2022.
[341] ZANELLO, 2018.
[342] ZANELLO, 2018.
BUTLER, 2022.
[343] GALAMBOS, 2004.
[344] AGUIAR; BARROS, 2015.
[345] GALAMBOS, 2004.
HOOD, 2010.

exerça uma influência marcante, observa-se que as adolescentes deste estudo encontram maneiras de resistir integralmente a tais imposições.

Retomando o debate sobre a influência da mídia nas construções de gênero, a fala de Bela (17 anos) acrescenta uma perspectiva relevante ao abordar as representações das heroínas dos contos de fadas da Disney. Essa análise revela que as narrativas culturais, ao moldarem as percepções de gênero desde a infância, estabelecem pressões que são absorvidas e reproduzidas ao longo da vida[346]. Outros estudos corroboram essa visão, demonstrando que as múltiplas camadas de expectativas impostas às mulheres, reforçadas pelas histórias culturais, têm impactos significativos tanto na formação das identidades quanto na saúde mental[347]. Dessa forma, a perspectiva de Bela (17 anos) também dialoga com discussões mais amplas sobre adolescência, gênero e violência, enriquecendo a compreensão das interseções entre pressões sociais, formação identitária e comportamento[348].

Bela (17 anos) também comenta sobre a influência da mídia nas representações dos papéis de gênero, afirmando: *"Tem até novela que eu assisto [...], tem uns personagens que estão mais conservadores e tem alguns que já são mais atualizados"*. Essa citação evidencia a percepção de que, mesmo em narrativas ficcionais, persistem expectativas tradicionais que se refletem na realidade[349]. Além disso, ao dizer *"Minha mãe tinha muito essa questão de o que a gente tem que passar para outras pessoas"*, Bela (17 anos) ressalta como os valores de gênero são transmitidos de geração para geração, corroborando estudos sobre desenvolvimento humano que demonstram a influência das gerações anteriores na formação das visões de gênero das mais jovens[350].

A análise integral das citações, conforme apresentado na Tabela 4, mostra que a interação entre indivíduos, sociedade e construções culturais desempenha um papel central na formação das identidades de gênero, fornecendo percepções valiosas sobre os desafios associados aos papéis de gênero.

---

[346] AGUIAR; BARROS, 2015.
[347] ZANELLO, 2018.
APPOLINÁRIO; GONÇALVES, 2020.
[348] BRUNS, M. A. de T.; ZERBINATI, J. P. Adolescência, gênero e violência. In: SILVA, J. P. da et al. (org.). *Psicologia e Adolescência*: gênero, violência e saúde [recurso eletrônico]. Curitiba: CRV, 2018. https://doi.org/10.24824/978854442984.6.
[349] AGUIAR; BARROS, 2015.
[350] *Confer* COLLINS; LAURSEN, 2004.
LERNER, 2018.
CERQUEIRA-SANTOS, 2021.

Tabela 4 – *Citações ilustrativas do subtema Pergaminhos malditos: papéis de gênero*

(Continua)

Trechos retirados das transcrições das entrevistas	Análise Sucinta
"Em questão de um não conseguir fazer o que o outro faz, não [concordo que haja atividade definida pelo gênero]. Tipo, por que a mulher não consegue levantar uma casa e um homem sim? Eu acho que os dois conseguem, o que impede mais são a sociedade e os preconceitos mesmo." (Merida, 14 anos)	Desafia a ideia de que certas atividades são inerentemente masculinas ou femininas, sugerindo que as capacidades individuais não são determinadas pelo gênero, mas condicionadas por preconceitos sociais.
"Eu acho que todo mundo pode tudo. Eu acho que tipo, a distinção de gênero é mais pelo que a sociedade impõe porque tipo, uma mulher tem as mesmas capacidades de um homem." (Merida, 14 anos)	Reforça a ideia de que a diferenciação de gênero resulta de uma imposição social, e não de uma diferença intrínseca nas habilidades.
"Minha mãe já acha que mulheres devem se comportar bem, bem vestidinha, não deve sair com tantos caras, essas coisas, porque até a sociedade condena mulheres que curtem a vida e saem ficando com um e outro, já vai ficar aquela fama de mulher da noite, de mulher que não é direita e tal. Então, por causa disso, a minha mãe já fala para mim, me comportar melhor, já com meus irmãos não é assim, ela já deixa os meus irmãos mais soltos para agirem do jeito que eles querem." (Merida, 14 anos)	Ilustra o duplo padrão de gênero no ambiente familiar, no qual as mulheres são pressionadas a manter uma reputação respeitável, enquanto os homens desfrutam de maior liberdade.
"As pessoas têm sonhos, mas muitas fazem isso por pressão, tipo, 'ah, o certo é uma mulher casar com um homem, ter filhos, obedecer o marido, ficar em casa, enquanto o marido trabalha.'" (Bela, 17 anos)	Destaca como as normas sociais pressionam as mulheres a seguirem caminhos tradicionais, moldando suas escolhas, identidades e limitando suas aspirações.

Tabela 4 – *Citações ilustrativas do subtema Pergaminhos malditos: papéis de gênero*

(Conclusão)

Trechos retirados das transcrições das entrevistas	Análise Sucinta
"Tem até novela que eu assisto [...], tem uns personagens que estão mais conservadores e tem alguns que já são mais atualizados, vamos dizer assim. E tem muito disso, de 'ah, uma mulher tem de casar com um homem', não só nessa novela, mas em várias outras, em situações reais também principalmente de que a mulher tem que casar com um homem, ter filhos com ele." (Bela, 17 anos)	Reconhece a influência da mídia na perpetuação de estereótipos de gênero e na imposição de expectativas tradicionais sobre os papéis femininos no casamento e na família.
"Minha mãe tinha muito essa questão de o que a gente tem que passar para outras pessoas, que a gente tem que se manter respeito e esse tipo de comentário. De que a gente não podia fazer as coisas sem pensar no que as outras pessoas vão falar, porque ser princesa, né? Como em Valente, uma princesa não usa armas, uma princesa não dá risada, gargalhadas de qualquer jeito. Foi uma coisa que eu me identifiquei porque assim, eu compreendo minha mãe, ela foi criada assim, então, eu tenho para mim, que a mãe da Merida, ela foi criada de um jeito e acabou se transformando desse jeito porque talvez ela não tinha nenhum outro espelho do que era ser princesa, sabe? Então acho que ela passa isso de mãe pra filha e ela vai querer que siga adiante, mas, como a gente sabe, não é bem assim, não é bem desse jeito, são diversas gerações." (Bela, 17 anos)	Discute a transmissão intergeracional das normas de gênero, evidenciando como as expectativas são passadas de mãe para filha, destacando a dificuldade de romper com padrões culturais profundamente enraizados, mesmo quando se reconhece que esses não refletem as aspirações individuais.

Fonte: elaboração própria

Subtema 1.2 – Rótulo amaldiçoado: estereótipos de gênero

O subtema *Rótulo amaldiçoado: estereótipos de gênero* investiga como as adolescentes percebem as pressões e os estereótipos que moldam suas identidades. Os relatos revelam uma consciência aguçada das influências desses estereótipos, demonstrando uma compreensão profunda das complexidades envolvidas. Entretanto, mesmo reconhecendo tais influências, algumas adolescentes agem como se fossem imunes a elas, o que levanta importantes questionamentos sobre a relação entre o reconhecimento dos estereótipos e o impacto real desses padrões nas atitudes e escolhas.

Dessa forma, os relatos individuais evidenciam que a percepção das adolescentes vai além do reconhecimento passivo dos estereótipos. Por exemplo, Bela (17 anos) critica de forma enfática a imposição de comportamentos específicos para cada gênero, afirmando: "*Não existem comportamentos ou coisas que só meninas devem fazer ou que só meninos devem fazer. Eu não acho normal, nem um pouco*". Essa declaração mostra que, para ela, as capacidades individuais não são determinadas pelo gênero, mas sim limitadas por preconceitos sociais – uma ideia que está em sintonia com estudos que demonstram como as expectativas sociais moldam escolhas e identidades[351]. Dessa perspectiva, os papéis de gênero se revelam construções sociais, reforçando a importância de desafiar e subverter normas tradicionais, mesmo diante dos persistentes desafios para a formação de uma identidade autêntica e livre de limitações[352].

Complementando essa crítica, Mulan (13 anos) destaca a distinção entre atividades esportivas tradicionalmente associadas a meninas e meninos, afirmando: "*Ah, não, menina tem que fazer academia e menino jogar bola*". Essa observação reforça estudos que demonstram como as expectativas de gênero direcionam interesses e habilidades individuais[353]. Paralelamente, ao comentar: "*Eu acho que homem [...] é mais largado e mulher mais coisadinha, delicada, e eu acho que é mais por pensar o que os outros vão pensar*", Mulan (13 anos) evidencia a pressão para a conformidade com padrões de beleza, evidenciando que a sociedade impõe normas distintas para homens e mulheres – o que frequentemente prejudica a autoestima feminina. Assim, seus relatos ampliam a discussão sobre os estereótipos de gênero na adolescência e seu impacto no desenvolvimento pessoal[354].

Prosseguindo na análise dos estereótipos, Bela (17 anos) também direciona sua crítica aos estereótipos masculinos, afirmando: "É estereótipo, de falar que homem de verdade é assim, tem que ser desse jeito". Essa declaração ilustra como os papéis de gênero restritivos limitam as expressões emocionais e as experiências dos adolescentes, contribuindo

---

[351] BLASCO; GRAU-ALBEROLA, 2019.
[352] BUTLER, 2022.
[353] BERENBAUM, 2008.
[354] HOOD, 2010.
LERNER, 2018.
BLASCO; GRAU-ALBEROLA, 2019.

para a formação de identidades conformadas a normas pré-estabelecidas[355]. Paralelamente, essa perspectiva ressalta a necessidade de investigar como a construção social dos papéis de gênero influencia o comportamento e a identidade dos jovens, e de que maneira as expectativas de masculinidade podem perpetuar normas prejudiciais[356].

Dando continuidade às críticas, a expressão lembrada por Bela (17 anos) – *"Prenda suas cabritas que o meu bode está solto"* – ilustra de forma contundente estereótipos de gênero que reforçam a ideia de controle masculino sobre as mulheres. Essa observação respalda análises que defendem a necessidade de desconstruir conceitos prejudiciais associados tanto à masculinidade quanto à feminilidade[357]. Quando contextualizada com outras pesquisas, essa expressão amplia a compreensão de como tais estereótipos se manifestam em diversos cenários e influenciam o desenvolvimento emocional e comportamental dos adolescentes[358].

Paralelamente, Bela (17 anos) discute a influência das representações de gênero nos filmes da Disney, destacando que, no cotidiano, ela absorve ensinamentos por meio de comentários – como os da mãe de Merida, que afirma: *"Ah, uma princesa não se veste desse jeito, se comporta desse jeito"* e *"[...] as pessoas não podem usar roupas curtas ou transparentes ou que mostrem o corpo porque é uma forma de denegrir [faz aspas com as mãos] a imagem"*. Essa observação reforça como as narrativas culturais colaboram para a interiorização dos estereótipos de gênero e seus efeitos na formação identitária dos adolescentes[359].

Concluindo essa análise das representações midiáticas, Cinderela (14 anos) ressalta que os filmes das princesas Disney podem reforçar ideias restritivas sobre os papéis de gênero – uma perspectiva que se alinha às discussões acerca da influência dessas representações na formação da

---

[355] GALAMBOS, 2004.
[356] BERENBAUM, 2008.
HOOD, 2010.
BRUNS; ZERBINATI, 2018.
BUTLER, 2022.
[357] AGUIAR; BARROS, 2015.
[358] *Confer* BUTLER, 2022.
GALAMBOS, 2004.
HOOD, 2010.
[359] HOOD, 2010.
BLASCO; GRAU-ALBEROLA, 2019.
APPOLINÁRIO; GONÇALVES, 2020.

identidade durante a adolescência[360]. Ao examinar essa influência, torna-se essencial incorporar análises que relacionem adolescência, gênero e violência, ampliando a compreensão das dinâmicas psicossociais envolvidas[361].

Dessa forma, as percepções de Cinderela (14 anos) dialogam com estudos que evidenciam como fatores sociais – especialmente as representações de gênero na mídia – moldam a identidade e o comportamento dos adolescentes[362]. Sua crítica às representações nos filmes da Disney conecta-se a debates mais amplos sobre juventude, gênero e sexualidade, situando suas observações em um contexto abrangente de desenvolvimento psicossocial na adolescência[363].

Em síntese, a análise deste subtema revela que as participantes compreendem que os estereótipos de gênero não só moldam as percepções sociais, como também afetam significativamente a saúde e o bem-estar. De forma integrada, as citações apresentadas na Tabela 5 evidenciam as disparidades nas construções sociais, interferindo na formação de identidades e comportamentos, e destacam a influência profundamente enraizada de representações simplificadas desses estereótipos.

Tabela 5 – *Citações ilustrativas do subtema Rótulo amaldiçoado: estereótipos de gênero*

(Continua)

Trechos retirados das transcrições das entrevistas	Análise Sucinta
"*Não existem comportamentos ou coisas que só meninas devem fazer ou que só meninos devem fazer. Eu não acho normal, nem um pouco.*" (Bela, 17 anos)	Desafia a ideia de que comportamentos são inerentemente definidos pelo gênero, defendendo que as capacidades individuais devem ser avaliadas sem as restrições impostas pela sociedade
"*Tem [distinção em atividades de meninas e meninos], tipo, em relação a esporte, digamos, tipo, 'ah, não, menina tem que fazer academia e menino jogar bola', entendeu?*" (Mulan, 13 anos)	Reconhece a imposição de expectativas distintas para meninos e meninas nas atividades esportivas, evidenciando como estereótipos restringem as opções e oportunidades com base no gênero.

---

[360] BERENBAUM, 2008.
[361] BRUNS; ZERBINATI, 2018.
[362] HOOD, 2010.
[363] ABADI; LOBO, 2018.

Tabela 5 – *Citações ilustrativas do subtema Rótulo amaldiçoado: estereótipos de gênero*

(Continuação)

Trechos retirados das transcrições das entrevistas	Análise Sucinta
"Ah, eu realmente, tipo assim, tenho um pouco de dúvida em relação a isso, do porquê da mulher ter que ser desse jeito toda, se arrumar toda, se maquiar toda, ajeitar o cabelo, passa duas horas na frente do espelho lá, passando a maquiagem, ajeitando o cabelo, escolhendo uma roupa para ver como é que vai ficar em você. Eu acho que homem, tipo assim, é mais largado e mulher mais coisadinha, delicada e eu acho que é mais por pensar o que os outros vão pensar, entendeu? Porque a maior coisa que tem, tipo assim, é você andar na rua, você vê uma mulher bagunçada, assim, o povo vai falar. Infelizmente é isso. O povo pode ver o homem bagunçado, o povo não vai falar nada. Eu acho isso bastante chato." (Mulan, 13 anos)	Questiona os padrões de aparência impostos às mulheres, evidenciando o duplo padrão pelo qual elas são julgadas mais rigorosamente do que os homens e criticando a pressão social para se adequarem a esses ideais.
"Realmente homem e mulher têm uma diferença muito grande, porque assim, nós mulheres daqui de casa, demoramos super pra poder se arrumar. Já meu tio, ele tá de boa, ele não liga muito para as coisas. Mulher gosta de se emperiquitar toda, gosta de fazer aquele charme, gosta de se ajeitar, um perfume ali, um perfume aqui. Mas eu acho que o meu tio tem em comum com a gente é que ele é bastante vaidoso." (Mulan, 13 anos)	Aponta as diferenças de autocuidado entre os gêneros, mas também sugere que tais comportamentos não são exclusivos, evidenciando que os estereótipos podem ser contestados quando observamos exemplos de vaidade fora do padrão tradicional.
"Comigo, de escutar que não é um comportamento feminino, é muito de 'ah, você, por ser uma mulher, né, não deveria tá fazendo esse tipo de coisa, de tá saindo sem seu namorado, porque isso não é um comportamento, de assim, não só de homem, mas de ser uma mulher de verdade'." (Bela, 17 anos)	Revela como as normas sociais determinam o que é considerado um comportamento adequado para as mulheres, limitando sua liberdade e impondo barreiras para que sejam reconhecidas como *verdadeiras mulheres*.
"É estereótipo, de falar que homem de verdade é assim, tem que ser desse jeito. Tanto do lado de fora, força física e comportamentos, quanto por dentro, o pensamento de 'ah, homem não faz esse tipo de coisa, isso é coisa de mulher.'" (Bela, 17 anos)	Desafia os estereótipos que impõem uma visão rígida da masculinidade, evidenciando que as restrições resultam de preconceitos sociais, e não de diferenças inerentes entre os gêneros.

Tabela 5 – *Citações ilustrativas do subtema Rótulo amaldiçoado: estereótipos de gênero*

(Continuação)

Trechos retirados das transcrições das entrevistas	Análise Sucinta
"Eu já escutei muito certos comportamentos que eu tive de que não eram comportamentos muito femininos, que eu não deveria agir assim. E também já escutei de alguns amigos meus que tinham alguns comportamentos que as pessoas falavam 'ah, isso é um comportamento muito feminino, você não deveria ter'. Principalmente com os homens tem isso." (Bela, 17 anos)	Evidencia como a sociedade rotula e limita comportamentos com base no gênero, ressaltando o duplo padrão que penaliza a expressão de características associadas ao feminino, mesmo entre homens.
"Eu já ouvi uma frase ['prenda suas cabritas que o meu bode está solto']. [...] Eu acho isso muito revoltante muito mesmo." (Bela, 17 anos)	Ilustra a objetificação e o controle impostos sobre as mulheres, em contraste com a liberdade atribuída aos homens, destacando a indignação gerada por tais estereótipos.
"[...] no nosso dia a dia a gente aprende muito [como a mãe de Merida fala] 'ah, uma princesa não se veste desse jeito, se comporta desse jeito' e [...] as pessoas não podem usar roupas curtas ou transparentes ou que mostrem o corpo porque é uma forma de denegrir [faz aspas com as mãos] a imagem." (Bela, 17 anos)	Demonstra como as normas de vestuário reforçam os estereótipos de gênero ao impor padrões restritivos de comportamento e aparência, destacando a pressão social para manter uma imagem considerada respeitável.
"Nessa Vila, [Bela] é considerada a estranha, né? Por todo mundo ser igual e ela ser diferente do igual. E, umas das coisas, que hoje em dia até acontece, eu sei que já aconteceu comigo algumas vezes, que é essa questão de gostar de leitura, que nesse tempo, né? Nesse desenho, do tempo dela, mulher não deveria ler livros, ter ideias... E isso já aconteceu comigo, não diretamente de falarem que mulheres não podem, né? Ler livros, ter ideias e pensar. [...] Eu já ouvi um pessoal falando que eu era diferente assim do normal das pessoas daqui. [...] E eu me identifiquei muito com isso, por conta disso, dela ser mais diferente, né?" (Bela, 17 anos)	Reflete como ser considerada diferente por gostar de leitura é percebido como uma transgressão dos estereótipos de gênero, desencorajando a busca pelo conhecimento e a expressão individual, ao mesmo tempo em que ressalta a resistência às normas culturais estabelecidas.

Tabela 5 – *Citações ilustrativas do subtema Rótulo amaldiçoado: estereótipos de gênero*

(Conclusão)

Trechos retirados das transcrições das entrevistas	Análise Sucinta
"Eu acho que a maioria [dos filmes das princesas Disney podem contribuir para reforçar essas ideias dos papéis de gênero na sociedade] sim. Tem muito que eles lutam pelo reino assim, a menina só fica lá ou que a menina vai cozinhar e eles ficam lá." (Cinderela, 14 anos)	Ressalta que os filmes das princesas Disney frequentemente perpetuam estereótipos ao apresentar mulheres em papéis passivos e subordinados, enquanto os homens são retratados como ativos e heroicos, reforçando expectativas tradicionais de gênero.

Fonte: elaboração própria

Subtema 1.3 – Crueldades do reino: disparidades e violência

Este subtema evidencia as desigualdades de gênero – incluindo as experiências de violência de gênero – e integra aspectos sociais, culturais e psicológicos. Dessa forma, os relatos das participantes enriquecem a compreensão das dinâmicas de gênero e da violência simbólica presentes na sociedade, ao oferecer percepções que elucidam as expectativas e os estereótipos que regem o cotidiano.

Nesse contexto, Bela (17 anos) questiona a expectativa de que as mulheres assumam a responsabilidade de corrigir o comportamento masculino, evidenciando estereótipos prejudiciais. Ela afirma: "*Acho que as mulheres, meninas, não são centros de reabilitação. Muita gente fala assim 'eu sei que ele é todo errado, mas se você namorar com ele e ensinar, ele aprende'*". Com isso, sua fala ilustra como tais expectativas são socialmente construídas e internalizadas, limitando a autonomia feminina[364].

De maneira similar, Merida (14 anos) critica a objetificação das mulheres por meio da vestimenta, afirmando: "*As meninas são muito mais cobradas por isso [pelas roupas que usam]. Porque normalmente quando a menina tá usando roupa curta, as pessoas falam nas costas dela que ela tá parecendo aquelas mulheres que se vendem em troca de dinheiro*". Assim, essa declaração evidencia a violência simbólica que incide sobre as mulheres, demonstrando como a cultura e os processos de subjetivação se interligam

---

[364] BUTLER, 2022.
GALAMBOS, 2004.

e como a estigmatização pela aparência pode impactar negativamente sua saúde mental[365].

Prosseguindo com a discussão, Mulan (13 anos) aborda a questão da vestimenta feminina, demonstrando como ela é utilizada para julgar e controlar o comportamento das meninas em sua escola:

> *Na minha escola mesmo, menina não pode ir de short, tem que todo dia ir de calça ou com short da escola e não poder tipo ir com um short comportado, sabe? Não pode porque "ah, sei lá o quê, vai atiçar os meninos". Uma coisa que, tipo, eles deveriam brigar com os meninos por ter feito tal coisa e não com as meninas por estarem vestindo uma roupa.*

Dessa forma, essa fala evidencia a complexidade das normas de gênero e o papel dessas expectativas na perpetuação das desigualdades, demonstrando como os estereótipos são internalizados desde cedo e moldam a percepção das adolescentes sobre si mesmas e os outros[366]. Além disso, ao abordar a responsabilização das meninas pelo comportamento dos meninos, Mulan (13 anos) dialoga com estudos que exploram o impacto das expectativas sociais na formação da identidade de gênero. Por fim, ao criticar as restrições impostas – como a proibição de shorts para meninas enquanto os meninos possuem mais liberdade – ela questiona a lógica subjacente a essas normas, alinhando sua experiência à ideia de que a performance de gênero se constrói por meio das práticas cotidianas, como a escolha de vestuário[367].

Ademais, a indignação expressa por Mulan (13 anos) diante da responsabilização das meninas pelo comportamento dos meninos evidencia uma clara resistência à repetição de normas culturalmente prescritas. Nesse sentido, sua crítica à postura da diretora – que favorece os meninos em detrimento das meninas – ilustra como as instituições educacionais contribuem para a regulamentação e a reprodução dos estereótipos de gênero, demonstrando que a performatividade de gênero se manifesta tanto em nível individual quanto nas interações sociais e estruturais[368].

---

[365] ZANELLO, 2018.
[366] BLASCO; GRAU-ALBEROLA, 2019.
[367] BUTLER, 2022.
[368] *Ibidem.*

Além disso, essa discussão se aprofunda com outra observação de Mulan (13 anos) acerca da subalternização histórica das mulheres. Ela ressalta a persistência de ideias ultrapassadas, afirmando: *"Infelizmente até hoje tem [comentários como] 'vou querer uma mulher para poder me dar comida, limpar a minha casa, ficar me esperando de braços abertos'"*. Paralelamente, ao destacar a internalização de padrões de beleza restritivos – *"A sociedade toda bota esses padrões de beleza, e a mulher acaba indo atrás da perfeição, perfeição, perfeição que pode prejudicar ela mais ainda, tanto a saúde mental dela quanto o corpo dela, a saúde dela mesmo, o bem-estar dela"* – Mulan (13 anos) demonstra como a pressão para atingir um ideal inatingível afeta negativamente a saúde mental e o bem-estar das mulheres, reforçando a subalternização historicamente imposta[369].

Em continuidade ao debate, Bela (17 anos) observa que *"tanto homens quanto mulheres são cobrados demais para ter o corpo perfeito"*. No entanto, ela ressalta que os homens também sofrem pressão para rejeitar comportamentos considerados femininos, afirmando: *"Também em questão de 'ah, agir desse jeito que nem mulherzinha não é legal* [...] *Não tem pra quê a gente se submeter a coisas que elas fazem, a gente tem que ser maior', no caso, menosprezando, diminuindo o ser mulher"*. Dessa forma, a expressão *"agir desse jeito que nem mulherzinha não é legal"* revela uma conotação pejorativa, evidenciando a desvalorização de características tradicionalmente associadas à feminilidade e sugerindo que tais comportamentos são percebidos como sinais de fraqueza. Assim, sua fala denuncia a imposição de padrões restritivos que perpetuam estereótipos de gênero e limitam a expressão e as potencialidades individuais.

Essa análise é aprofundada por estudos que discutem a construção social da masculinidade, exemplificados pelo conceito de *Casa dos Homens*. Segundo esse modelo, para ser considerado *homem*, o indivíduo precisa passar por uma série de provas – estabelecidas por outros homens – que exigem o abandono de comportamentos e traços tradicionalmente associados às mulheres. Consequentemente, esse processo, que envolve uma espécie de mimetismo de violências contra si mesmo, contra outros homens e contra as mulheres, naturaliza a violência, tornando-a cada vez mais invisível à medida que se institucionaliza[370].

---

[369] ABADI; LOBO, 2018.
ZANELLO, 2018.
WOOD, 2021.

[370] ZANELLO, 2018.

Da mesma forma, Merida (14 anos) relata que as permissões concedidas a ela diferem significativamente das dadas a seus irmãos mais velhos, evidenciando como, desde a infância, normas culturais e familiares moldam as expectativas de comportamento baseadas no gênero, perpetuando desigualdades[371]. Nesse sentido, ela questiona por que o mundo é visto como mais perigoso para ela do que para seus irmãos, afirmando:

> *A minha mãe normalmente deixa meus irmãos mais velhos fazerem coisas que eu não posso. Eu sempre pergunto para ela o porquê, aí ela fala que o mundo é perigoso, mas se é perigoso para mim, também é pros meus irmãos e eu nunca entendi isso ou o porquê disso, ser perigoso para mim e não para eles.*

Assim, seu depoimento ressalta a necessidade de compreender como essas percepções se formam e afetam as experiências das meninas desde cedo.

Adicionalmente, Merida (14 anos) demonstra uma consciência profunda das disparidades de gênero refletidas nas permissões familiares[372]. Ela observa que a explicação de sua mãe – baseada na ideia de que o perigo é exclusivo para as mulheres – revela um processo complexo de internalização de estereótipos, o qual afeta tanto as percepções de risco quanto as oportunidades concedidas, contribuindo para a manutenção das desigualdades ao longo do tempo. Assim, ao afirmar que *"[...] todo mundo pode tudo [...], a distinção de gênero é mais pelo que a sociedade impõe porque tipo, uma mulher tem as mesmas capacidades de um homem"*, a adolescente reforça sua convicção de que as limitações atribuídas aos gêneros são construídas socialmente e que, de fato, as mulheres possuem as mesmas capacidades dos homens.

Finalmente, Bela (17 anos) compartilha experiências que evidenciam as percepções de gênero vivenciadas diariamente. Por exemplo, ela relata que seu pai impõe permissões e restrições diferenciadas com base no seu gênero, afirmando: *"[ele dizia]: 'eu vou deixar o seu irmão ou teu primo ir porque eles são meninos e não tem nenhum problema nisso'. [...] aí eu me questionava 'é porque eu sou uma menina ou que eu sou nova ainda?'. Ele não respondia, mas eu sei [...]"*. Dessa forma, essa experiência

---

[371] BERENBAUM, 2008.
BLASCO; GRAU-ALBEROLA, 2019.
[372] GALAMBOS, 2004.

demonstra como as expectativas tradicionais podem limitar as atividades e oportunidades das adolescentes, corroborando discussões sobre o desenvolvimento de gênero na juventude[373].

De maneira complementar, Bela (17 anos) descreve um diálogo com um amigo que contrasta com a visão de seu pai. Enquanto ele utiliza o fato de ela ser menina para justificar restrições, seu melhor amigo adotava uma perspectiva diferente, demonstrando preocupação com a segurança dela. Em suas palavras:

> *Mas assim, por um lado, dependendo das pessoas, eu consigo compreender um pouco. Porque assim, eu tenho um melhor amigo e ele não pensa do mesmo jeito que meu pai. Quando meu pai falava 'não porque você não pode, você é menina', meu amigo falava 'cuidado que tá tarde e não é que eu concorde com teu pai de que você é a menina e não pode, mas eu fico preocupado porque normalmente os alvos de maldade no mundo é para meninas'.*

Dessa forma, essa divergência ilustra como as percepções de gênero variam entre os indivíduos e afetam suas interações sociais.

Ademais, a experiência de assédio relatada por Bela (17 anos) evidencia uma forma alarmante de violência de gênero em espaços públicos. Ela descreve:

> *Teve uma situação que aconteceu comigo [...] ele ficava o tempo todo tocando no meu cabelo, eu tirava a mão dele do meu cabelo, ele ficava tentando puxar assunto aí eu colocava um fone fingindo que não estava ouvindo. [...] tava todo mundo olhando no ônibus com a cara "você quer ajuda?". E tinha um homem que tava do meu lado, né? Fazendo essa cara para mim só que eu não conseguia mesmo virar a cara para falar para ele "eu quero ajuda".*

Com isso, essa situação ilustra como as normas de gênero contribuem para a perpetuação de comportamentos abusivos e para o deslocamento da responsabilidade, afetando diretamente a segurança e o bem-estar das jovens[374].

Por fim, as citações completas, disponíveis na Tabela 6, evidenciam de forma contundente as desigualdades de gênero e as experiências de violência que permeiam o cotidiano das participantes.

---

[373] GALAMBOS, 2004.
[374] BRUNS; ZERBINATI, 2018.
ABADI; LOBO, 2018.

Tabela 6 – *Citações ilustrativas do subtema Crueldades do reino: disparidades e violência*

(Continua)

Trechos retirados das transcrições das entrevistas	Análise Sucinta
"Acho que as mulheres, meninas, não são centros de reabilitação. Muita gente fala assim 'eu sei que ele é todo errado, mas se você namorar com ele e ensinar, ele aprende.' Não acho que seja assim que funciona, mas às vezes é a única solução, né?" (Bela, 17 anos)	Denuncia a expectativa injusta de que as mulheres devam assumir a responsabilidade de *consertar* homens problemáticos, revelando a carga emocional desproporcional imposta a elas nos relacionamentos.
"As meninas são muito mais cobradas por isso [pelas roupas que usam]. Porque normalmente quando a menina tá usando roupa curta, as pessoas falam nas costas dela que ela tá parecendo aquelas mulheres que se vendem em troca de dinheiro." (Merida, 14 anos)	Evidencia o rigor do julgamento moral sobre a vestimenta feminina, demonstrando como a sociedade impõe padrões rígidos que objetificam e desvalorizam as mulheres, restringindo sua liberdade de expressão por meio de críticas severas e discriminatórias.
"Na minha escola mesmo, menina não pode ir de short, tem que todo dia ir de calça ou com short da escola e não poder tipo ir com um short comportado, sabe? Não pode porque "ah, sei lá o quê, vai atiçar os meninos". Uma coisa que, tipo, eles deveriam brigar com os meninos por ter feito tal coisa e não com as meninas por estarem vestindo uma roupa, entendeu? Uma coisa que acontece muito, que me deixa com muita raiva, é quando em vários filmes e séries, acontece da diretora tipo defender, não as meninas, mas os meninos por estarem olhando a menina de forma errada, isso me deixava com muita raiva porque tipo, eu não tenho culpa da roupa que eu uso, é uma roupa normal como a dos os meninos, tipo, os meninos podem andar sem camisa, agora menina não pode usar roupa mostrando a barriga, entendeu?" (Mulan, 13 anos)	Denuncia a hipocrisia das normas escolares, que punem as meninas por sua vestimenta em vez de responsabilizar os meninos por seu comportamento. Critica a cultura de culpabilização, que responsabiliza as meninas pelos comportamentos inadequados dos meninos, reforçando uma vigilância desproporcional sobre o corpo feminino e perpetuando a desigualdade de gênero.

Tabela 6 – *Citações ilustrativas do subtema Crueldades do reino: disparidades e violência*

(Continuação)

Trechos retirados das transcrições das entrevistas	Análise Sucinta
"Antigamente, como você viu em Mulan, né? Mulher não tinha muita voz para poder falar. Infelizmente até hoje tem 'vou querer uma mulher para poder me dar comida, limpar a minha casa, ficar me esperando de braços abertos.'" (Mulan, 13 anos)	Relaciona a histórica submissão feminina às expectativas atuais, evidenciando que, mesmo nos dias de hoje, persiste a ideia de que as mulheres devem assumir funções domésticas e cuidar dos homens. Ressalta a continuidade dos padrões patriarcais que limitam a autonomia feminina.
"Eu acho horrível. Eu vou te falar a verdade, eu acho péssimo isso tanto para a autoestima das mulheres, né? Eu odeio esse padrão de beleza que os homens instalam para as mulheres tanto os homens, a sociedade toda bota esses padrões de beleza, e a mulher acaba indo atrás da perfeição, perfeição, perfeição que pode prejudicar ela mais ainda, tanto a saúde mental dela quanto o corpo dela, a saúde dela mesmo, o bem-estar dela." (Mulan, 13 anos)	Critica os padrões de beleza impostos às mulheres, destacando seus efeitos negativos na autoestima e na saúde mental. Denuncia a pressão para alcançar um ideal inatingível, o que reforça a desigualdade de gênero e compromete o bem-estar feminino.
"Tanto homens quanto mulheres são cobrados demais para ter o corpo perfeito. Mulher, barriga chapada, seios, nádegas maiores, cintura fina; homens, músculos, musculoso, com pelos. Também em questão de 'ah, agir desse jeito que nem mulherzinha não é legal [...] Não tem pra quê a gente se submeter a coisas que elas fazem, a gente tem que ser maior', no caso, menosprezando, diminuindo o ser mulher." (Bela, 17 anos)	Critica os padrões de beleza que, ao impor ideais corporais rígidos, definem a masculinidade em oposição à feminilidade, desvalorizando características tradicionalmente associadas ao feminino. Ressalta a pressão social para que mulheres busquem um corpo perfeito, enquanto reforça a hierarquia de gênero que favorece atributos masculinos.
"A minha mãe normalmente deixa meus irmãos mais velhos fazerem coisas que eu não posso. Eu sempre pergunto para ela o porquê, aí ela fala que o mundo é perigoso, mas se é perigoso para mim, também é pros meus irmãos e eu nunca entendi isso ou o porquê disso, ser perigoso para mim e não para eles." (Merida, 14 anos)	Questiona a proteção excessiva dirigida às meninas em relação aos meninos, evidenciando uma disparidade de liberdade e autonomia. Ilustra como as normas de proteção, baseadas em estereótipos de gênero, restringem as oportunidades das jovens sob o pretexto de segurança.

Tabela 6 – *Citações ilustrativas do subtema Crueldades do reino: disparidades e violência*

(Continuação)

Trechos retirados das transcrições das entrevistas	Análise Sucinta
"[...] todo mundo pode tudo [...], a distinção de gênero é mais pelo que a sociedade impõe porque tipo, uma mulher tem as mesmas capacidades de um homem." (Merida, 14 anos)	Desafia a ideia de que as diferenças de capacidade entre homens e mulheres são inatas, argumentando que tais distinções são impostas socialmente. Reflete uma visão crítica que defende a igualdade de oportunidades e a desconstrução dos papéis de gênero tradicionais.
"[...] [além disso, quando eu tinha] 14, 15 anos, ele [pai] falava 'ah, você tava até tarde da noite numa festa, isso não é coisa que menina tem que fazer', [ou] 'ah, eu vou deixar o seu irmão ou teu primo ir porque eles são meninos e não tem nenhum problema nisso'. [...] aí eu me questionava 'é porque eu sou uma menina ou que eu sou nova ainda?'. Ele não respondia, mas eu sei [que é porque sou menina], tenho quase certeza [...]." (Bela, 17 anos)	Descreve a discriminação de gênero nas regras impostas pelo pai, que restringem sua liberdade com base no fato de ser menina. Evidencia ainda a aplicação de normas diferentes para meninos e meninas, perpetuando a desigualdade e limitando a autonomia feminina.
"Justificar, justificar [usar o argumento de 'ah porque você é menina'], acho que não. Mas assim, por um lado, dependendo das pessoas, eu consigo compreender um pouco. Porque assim, eu tenho um melhor amigo e ele não pensa do mesmo jeito que meu pai. Quando meu pai falava 'não porque você não pode, você é menina', meu amigo falava 'cuidado que tá tarde e não é que eu concorde com teu pai de que você é a menina e não pode, mas eu fico preocupado porque normalmente os alvos de maldade no mundo é para meninas'." (Bela, 17 anos)	Reflete sobre a justificação da proteção baseada no gênero, reconhecendo a preocupação com a segurança, mas criticando a aplicação desigual das regras. Mostra como essas justificativas perpetuam a ideia de que as meninas são mais vulneráveis, reforçando padrões que limitam as oportunidades das mulheres.

Tabela 6 – *Citações ilustrativas do subtema Crueldades do reino: disparidades e violência*

(Conclusão)

Trechos retirados das transcrições das entrevistas	Análise Sucinta
"Teve uma situação que aconteceu comigo [...] ele ficava o tempo todo tocando no meu cabelo, eu tirava a mão dele do meu cabelo, ele ficava tentando puxar assunto aí eu colocava um fone fingindo que não estava ouvindo. [...] tava todo mundo olhando no ônibus com a cara 'você quer ajuda?'. E tinha um homem que tava do meu lado, né? Fazendo essa cara para mim só que eu não conseguia mesmo virar a cara para falar para ele 'eu quero ajuda'." (Bela, 17 anos)	Descreve um episódio de assédio, ilustrando a pressão social que para tolerar comportamentos abusivos de maneira passiva. Ilustra a vulnerabilidade das mulheres em espaços públicos e aponta para a necessidade de intervenções mais eficazes que protejam suas integridades e promovam ambientes seguros.

Fonte: elaboração própria

O tema *Era uma vez...: concepções de gênero* revela a complexidade das visões sobre gênero entre adolescentes, demonstrando como a interação entre fatores sociais, culturais e familiares molda a percepção e a vivência dessa identidade. As participantes contestam ativamente os papéis e estereótipos impostos, evidenciando um movimento em direção à equidade e à diversidade de gênero.

A discussão dos subtema *Pergaminhos malditos: papéis de gênero*, *Rótulo amaldiçoado: estereótipos de gênero* e *Crueldades do reino: disparidades e violência* ilustra como esses elementos se inter-relacionam e impactam a vida das adolescentes. Esse entendimento abre caminho para uma análise mais aprofundada dos contextos de socialização, abordados no tema *Em um reino não tão distante...: contextos de socialização*, que examina como diferentes ambientes e interações sociais continuam a influenciar a formação das concepções de gênero e identidade.

Tema 2 – Em um reino não tão distante...: contextos de socialização

Este tema explora a complexidade da socialização de gênero, evidenciando a influência de diversos ambientes e sistemas – como a família, a religião, a sociedade, a escola e os amigos – na transmissão e internalização das normas e expectativas de gênero. A partir das experiências relatadas pelas participantes, fica claro que essas influências moldam não apenas a compreensão e a formação de opiniões sobre gênero, mas também reforçam a ideia de que o gênero é uma construção social, histórica e cultural, e não algo determinado exclusivamente pela biologia. As falas revelam um consenso de que as normas de gênero são ensinadas e assimiladas em múltiplos contextos, o que é crucial para desvendar a complexidade desse processo.

O tema se desdobra em três subtemas interconectados que serão explorados em detalhes: *Castelo mágico: microssistema*, *Reino encantado: exossistema* e *Além da floresta: macrossistema*. A apresentação desses subtemas, ilustrada na Figura 4, permitirá uma compreensão mais aprofundada das diversas formas de socialização de gênero, destacando a interação entre os diferentes níveis de influência no desenvolvimento e na formação da identidade de gênero das adolescentes.

Figura 4 – *Ilustração das conexões entre o tema Em um reino não tão distante....: contextos de socialização e seus subtemas*

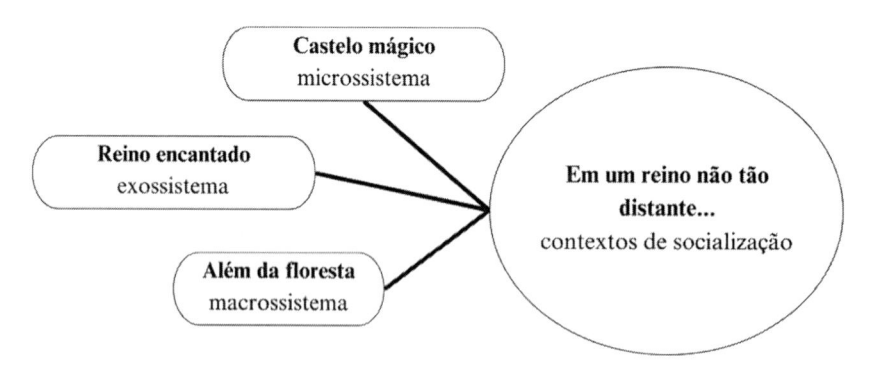

Fonte: elaboração própria

Subtema 2.1 – *Castelo mágico: microssistema*

O subtema *Castelo mágico: microssistema* explora a influência dos ambientes imediatos – família, sala de aula e círculo de amigos – na formação das perspectivas de gênero das adolescentes. Esses espaços desempenham um papel fundamental na socialização, uma vez que é neles que os modelos de comportamento e as interações cotidianas se manifestam, contribuindo diretamente para a construção da identidade de gênero e a internalização dos estereótipos.

Dessa forma, as experiências relatadas pelas participantes revelam a complexidade desse processo de socialização. Por exemplo, Merida (14 anos) ilustra claramente como as expectativas familiares influenciam as percepções e os comportamentos relacionados ao gênero. Ela destaca a forte influência de sua mãe, que impõe normas sobre como ela deve agir e se apresentar:

> *Talvez a família influencie, tipo, nos papéis de gênero, tipo, a minha mãe quer que eu aja mais como uma menina, tipo, que eu me arrume mais, que eu vista roupas que a sociedade considera pro meu gênero. Então eu acho que a família influencia muito nisso, na questão de ser de um jeito.*

Essa fala demonstra que sua mãe espera que se comporte de maneira mais feminina, seguindo padrões de vestimenta e comportamento associados ao seu gênero. Nesse sentido, a influência observada corrobora o referencial teórico da TBDH[375], que ressalta o papel decisivo do microssistema familiar na socialização de gênero. Ademais, as expectativas diferenciadas para ela e seus irmãos indicam que as normas familiares podem variar entre os membros, refletindo particularidades individuais e perpetuando disparidades.

Complementando essa análise, de acordo com a TBDH, o desenvolvimento é moldado por três tipos de características fundamentais: atributos pessoais (como idade, sexo e estado fisiológico), história pessoal (experiências vividas) e configuração do sistema de crenças (convicções e valores). Esses elementos são essenciais para compreender como cada indivíduo interage com os diversos contextos e sistemas em que está inserido, especialmente no microssistema familiar.

Dentro desse contexto, o microssistema familiar revela a imposição de normas de gênero, como demonstra a experiência de Merida (14 anos). Ela relata que sua mãe estabelece regras mais rígidas para ela, em comparação com seus irmãos, baseando-se em crenças tradicionais sobre o comportamento feminino. A adolescente afirma:

> *Minha mãe [...] acha que mulheres devem se comportar bem, bem vestidinha, não deve sair com tantos caras, essas coisas, porque*

---

[375] BRONFENBRENNER, 1996, 2011.

> *até a sociedade condena mulher [...] ela já fala para mim, me comportar melhor, já com meus irmãos não é assim, ela já deixa os meus irmãos mais soltos para agirem do jeito que eles querem.*

Essa disparidade de tratamento evidencia como as normas específicas para meninas contribuem para a internalização de papéis de gênero desde cedo, além de sugerir que os pais são influenciados por uma mentalidade patriarcal, a qual se perpetua de geração em geração[376]. Além disso, Merida (14 anos) observa que os pais parecem ser moldados por uma mentalidade patriarcal, refletindo normas culturais enraizadas que se perpetuam de geração em geração. Esse contexto não só influencia a formação da identidade de gênero das adolescentes, mas também afeta sua compreensão e expressão da sexualidade[377].

Em contraste com o relato de Merida (14 anos), Mulan (13 anos) apresenta uma perspectiva familiar mais flexível em relação aos papéis de gênero, enfatizando a liberdade de escolha em seu ambiente doméstico. Ela comenta: *"Na minha família mesmo [...] não tem esse negócio de 'ah, você vai fazer isso, você tem que ser aquilo'. Não, é o que você quiser, o que você for feliz"*. Essa fala evidencia que, no seu microssistema, as normas de gênero não são impostas rigidamente, permitindo uma construção da identidade que varia conforme o ambiente familiar.

Além disso, Mulan (13 anos) ressalta a importância do diálogo familiar na formação das opiniões sobre questões de gênero, afirmando que as conversas em família são essenciais para a discussão e reflexão sobre esses temas. Ela comenta: *"Conversa um pouco de tudo, sabe? A gente sempre tem assunto eu vou deitar conversando e isso às vezes é um dos assuntos por ser uma agressão à pessoa, a gente acha isso totalmente ridículo, péssimo... Infelizmente acontece muito hoje essas coisas"*.

Paralelamente, as experiências de Mulan (13 anos) também evidenciam a influência do macrossistema. Ela menciona a postura de sua bisa, que adota valores tradicionais e restritivos:

> *A gente às vezes até conversa aqui em casa muito porque minha bisa é uma pessoa um pouco restrita a certas coisas, sabe? Em relação a essas coisas de antigamente, tipo, para ela mulher tem que fazer seu papel de mulher, entendeu? Tem que cozinhar, ter*

---

[376] BERENBAUM *et al.*, 2008.
[377] CERQUEIRA-SANTOS, 2021.

> *o seu marido, seus filhos, ficar em casa cuidando dos seus filhos, tá lá para servir o seu marido.*

Esse comentário remete ao conceito de cronossistema, o qual ressalta as mudanças e transições ao longo do tempo e como valores culturais enraizados podem persistir mesmo diante de novas realidades[378]. Compreender esse conceito é fundamental para analisar como as transformações sociais afetam a construção das identidades de gênero e as expectativas a elas associadas. Sua bisa expressa uma visão que remete a tempos passados, ilustrando como atitudes em relação aos papéis de gênero podem persistir ao longo do tempo, refletindo valores culturais enraizados.

Prosseguindo com a análise do cronossistema, outra fala de Mulan (13 anos) evidencia o impacto dessas transformações em seu microssistema familiar ao longo das gerações, sugerindo também mudanças no macrossistema. Segundo ela:

> *Sempre que bisa fala isso, minha avó sempre acaba falando "mãe, hoje em dia as coisas são diferentes, as coisas são mais atualizadas, ninguém mais quer um homem pra ficar... Um homem que banque você. Todo mundo que ser independente. Hoje em dia as coisas são diferente". Minha avó já é bem atualizada, minha tia também, minha mãe também, tudo atualizado.*

Essa declaração ilustra como, mesmo dentro de tradições familiares, há espaço para a atualização dos valores, evidenciando a complexidade do processo de socialização de gênero ao longo do tempo.

Voltando à importância das relações familiares, o papel do microssistema é também destacado por Bela (17 anos), que enfatiza a influência das figuras femininas fortes – como sua mãe e sua tia, que também é psicóloga – na formação de suas opiniões e escolhas. Bela afirma: *"Umas das pessoas que eu me inspirei nisso foi a minha mãe e a minha tia, que é psicóloga também. [...] Então, através dos ensinamentos que eu tive, da minha tia e da minha mãe, fui procurar as pessoas que pensassem do mesmo jeito"*. Esse relato evidencia a relevância das interações face a face no

---

[378] BRONFENBRENNER; MORRIS, 1998.
Idem. The Bioecological Model of Human Development. In: LERNER, R. M.; DAMON, W. (ed.). Handbook of child psychology: Theoretical models of human development. Hoboken: John Wiley & Sons Inc., 2006. p. 793-828. https://doi.org/10.1002/9780470147658.chpsy0114.

ambiente familiar, o qual exerce um impacto profundo no desenvolvimento humano[379].

Além disso, a influência familiar se torna ainda mais evidente quando Bela (17 anos) contrasta as normas de gênero entre sua família materna e paterna. Ela relata que, durante a infância, ao ouvir comentários na família paterna – "[...] *quando eu escutei, quando eu tinha uns 10, 9 anos, né, eu ficava assim 'não faz nenhum sentido...'. Na minha cabeça, achei totalmente errado, não sei o porquê, mas eu achei*" – percebeu uma discrepância entre as restrições impostas a ela e a liberdade concedida aos meninos. Esse relato ilustra o conceito de mesossistema, que abrange as interações entre diferentes contextos, revelando como essas conexões (ou desconexões) influenciam a socialização e a formação das concepções de gênero[380].

No que diz respeito ao ambiente escolar, ao discutir a persistência dos papéis de gênero desde a infância, Cinderela (14 anos) sugere que a limitada exposição a experiências diversas contribui para a manutenção desses papéis. Ela observa que, quando criança, os pais tendem a direcionar as atividades, afirmando: "*A pessoa vai ficando mais velha, acho que ali pelos 10, assim, que ela começa ver que ela poderia fazer outras coisas* [...]". Esse entendimento reforça o comentário de Bela (17 anos) sobre o momento em que passou a questionar as normas, evidenciando como as transformações em diversos níveis – biológicas, cognitivas, emocionais e sociais – são influenciadas pelos fatores ambientais[381].

Da mesma forma, Cinderela (14 anos) aborda a influência dos amigos na conformidade com padrões de gênero, destacando a importância dos microssistemas na formação das identidades. Ela evidencia que os grupos de pares oferecem um espaço para que os jovens experimentem e desafiem as expectativas sociais, permitindo-lhes explorar e expressar livremente suas identidades e construir alternativas às normas impostas. Esse processo é essencial para desenvolver uma compreensão que valo-

---

[379] BRONFENBRENNER, 2011.
BRONFENBRENNER; MORRIS, 2006.
[380] BRONFENBRENNER, 1996, 2011.
[381] *Confer* BRONFENBRENNER, 1996, 2011.
GALAMBOS, 2004.
SUSMAN; ROGOL, 2004.
CERQUEIRA-SANTOS, *et al.*, 2014.
PAPALIA; MARTORELL, 2024.

rize a diversidade, já que o suporte emocional e social dos pares ajuda os adolescentes a enfrentarem a discriminação e a pressão social[382].

No âmbito escolar, a sala de aula e o convívio com os colegas se configuram como ambientes cruciais para o desenvolvimento dos adolescentes, atuando tanto como fatores de risco quanto de proteção na experimentação de gênero e sexualidade. Por exemplo, Bela (17 anos) relata que, entre os comentários dos colegas, ela ouviu:

> [...] meninas lá de cabelo curtinho, sabe? Estilo Joãozinho, como chamam, e sempre falavam [...] 'ah, isso deveria ser só coisa de menino', como uma opinião também querendo definir a sexualidade dessa pessoa por ser de um jeito mais "masculino", com certeza, ela também gosta de outras meninas. Então, era sempre assim, aquela forma ditada, sabe? (aspas incluídas manualmente pela participante)

Essa fala evidencia como as normas de gênero são reproduzidas no ambiente escolar, contribuindo para a estigmatização e a limitação da liberdade de expressão das jovens.

Mulan (13 anos) complementa essa discussão ao relatar desafios enfrentados por colegas LGBTQIAPN+ na escola, destacando a resistência dos educadores em reconhecer identidades diversas e apontando que a violência de gênero também pode ser perpetrada pelos adultos. Ela comenta:

> Inclusive, até hoje tem muita coisa, tipo, na minha escola, tipo, tem um monte de meninos e meninas hoje da comunidade LGBT e que, tipo, a pessoa lá na escola corta o cabelo super curtinho, diz que tá igual de homem. A pessoa na escola, tipo, não se identifica com o nome e acaba tendo essa questão de pedir pro professor pedir para poder chamar de outro tipo de nome e acabar até sendo desrespeitado porque o professor acaba não querendo chamar ou a diretora acaba não aceitando e é isso que acontece bastante.

---

[382] BRONFENBRENNER, 1996, 2021.
BROWN, 2004.
GALAMBOS, 2004.
ABADI; LOBO, 2018.
BRUNS; ZERBINATI, 2018.
BLASCO; GRAU-ALBEROLA, 2019.

Essa narrativa ilustra a rigidez das normas de gênero no ambiente escolar e como elas influenciam a formação da identidade dos alunos, ao mesmo tempo em que dificultam o reconhecimento e o respeito à diversidade.

Além disso, Mulan (13 anos) ressalta que as experiências em sala de aula – inclusive em disciplinas como filosofia e história – contribuem para a percepção da evolução das questões de gênero. As contribuições de Bela (17 anos) e Mulan (13 anos) evidenciam que as interações no ambiente escolar desempenham um papel fundamental na discussão sobre sexualidade e na construção da identidade de gênero, revelando a complexa relação entre normas sociais e expressão individual[383].

Em síntese, as falas das participantes indicam que, no microssistema, as adolescentes participam ativamente de processos de aprendizagem e interpretação de gênero, onde as normas são não apenas impostas, mas também questionadas e negociadas. Esse espaço de interação direta permite que as jovens construam suas identidades por meio de um engajamento ativo com os valores e expectativas presentes em seu ambiente imediato.

Por fim, a análise do subtema *Castelo mágico: microssistema* é enriquecida pelo referencial teórico de Bronfenbrenner[384], que enfatiza a importância dos ambientes imediatos na formação do desenvolvimento humano. Com base nas experiências relatadas pelas participantes – detalhadas na Tabela 7 – observa-se a marcante influência da socialização de gênero nesse microssistema, elemento crucial na construção das identidades de gênero.

---

[383] BRONFENBRENNER, 1996, 2011.
COLLINS; LAURSEN, 2004.
CERQUEIRA-SANTOS, 2021.
WOOD, 2021.
[384] BRONFENBRENNER, 1996, 2011.

Tabela 7 – *Citações ilustrativas do subtema Castelo mágico: microssistema*

(Continua)

Trechos retirados das transcrições das entrevistas	Análise Sucinta
"*Talvez a família influencie, tipo, nos papéis de gênero, tipo, a minha mãe quer que eu aja mais como uma menina, tipo, que eu me arrume mais, que eu vista roupas que a sociedade considera pro meu gênero, então eu acho que a família influencia muito nisso, na questão de ser de um jeito.*" (Merida, 14 anos)	Evidencia que a família impõe normas de gênero, com a mãe exigindo comportamentos e escolhas de vestimenta tipicamente femininas, reforçando expectativas sociais e limitando a autonomia das menina.
"*Minha mãe pensa de uma forma bem única dela mesma. Tipo, ela já acha que mulheres devem se comportar bem, bem vestidinha, não deve sair com tantos caras, essas coisas, porque até a sociedade condena mulher, porque a sociedade condena mulheres que curtem a vida e saem ficando com um e outro, já vai ficar aquela fama de mulher da noite, de mulher que não é direita e tal. Então, por causa disso, a minha mãe, ela já pensa de uma forma bastante diferente. Então ela já fala para mim, me comportar melhor, já com meus irmãos não é assim, ela já deixa os meus irmãos mais soltos para agirem do jeito que eles querem.*" (Merida, 14 anos)	Destaca a disparidade de tratamento entre meninas e meninos no ambiente familiar, evidenciando que, enquanto a mãe impõe padrões rigorosos às meninas, os meninos recebem mais liberdade. Isso ilustra a internalização precoce de estereótipos de gênero que associam a feminilidade a comportamentos limitantes.
"*Como eu disse, normalmente os nossos pais, como eles vêm de uma criação antiga dos nossos avós, eles já pensam de acordo com a sociedade antiga que era uma sociedade patriarcal e machista. Então eu acho que ela influencia bastante [na manutenção dos papéis de gênero] desse jeito.*" (Merida, 14 anos)	Ressalta a influência das gerações anteriores e das normas culturais na perpetuação dos papéis de gênero, destacando como essas tradições moldam as percepções atuais.

Tabela 7 – *Citações ilustrativas do subtema Castelo mágico: microssistema*

(Continuação)

Trechos retirados das transcrições das entrevistas	Análise Sucinta
"[...] E tipo assim, na minha família mesmo, tipo assim, não tem esse negócio de 'ah, você vai fazer isso, você tem que ser aquilo'. Não, é o que você quiser, o que você for feliz, entendeu? Tipo, acho que isso também acontece muita coisa. Ah, em relação é que eu falei mesmo, eu acho que é só isso mesmo que acaba influenciando, que acaba dizendo que vai ser um orgulho se a pessoa for assim e acaba muita gente tendo medo de acabar não... desapontando a família, entendeu?" (Mulan, 13 anos)	Evidencia que, em seu ambiente familiar, há uma valorização da liberdade de escolha, permitindo que ela determine seu próprio comportamento sem imposições rígidas, contrastando com modelos familiares que incentivam a conformidade.
"Sim, um pouco, né? Porque realmente homem e mulher tem uma diferença muito grande, de homem não se emperiquitar todo, sabe? Não faz aquele negócio... Eu vejo muitas diferenças, porque assim, nós mulheres daqui de casa, demoramos super pra poder se arrumar. Já meu tio, ele tá de boa, ele não liga muito para as coisas, ele faz tudo. Mulher gosta de se emperiquitar toda, gosta de fazer aquele charme, gosta de se ajeitar, um perfume ali, um perfume aqui. Mas eu acho que o meu tio tem bastante comum com a gente é que ele bastante vaidoso. Assim com as coisinhas dele, é bastante vaidoso." (Mulan, 13 anos)	Destaca as diferenças de comportamento esperadas para homens e mulheres em sua família, especialmente no que se refere à vaidade e à aparência, observando que certos traços, como a vaidade, não são exclusivos do feminino, revelando uma complexidade nas normas de gênero que pode variar em intensidade dentro do mesmo ambiente familiar.
"Assim, a gente [família] conversa um pouco de tudo, sabe? A gente sempre tem assunto eu vou deitar conversando e isso às vezes é um dos assuntos por ser uma agressão à pessoa, a gente acha isso totalmente ridículo, péssimo... Infelizmente acontece muito hoje essas coisas." (Mulan, 13 anos)	Enfatiza a importância do diálogo familiar na discussão de questões de agressão e desigualdades de gênero, evidenciando como as conversas cotidianas contribuem para a formação de opiniões e valores sobre o gênero.

Tabela 7 – *Citações ilustrativas do subtema Castelo mágico: microssistema*

(Continuação)

Trechos retirados das transcrições das entrevistas	Análise Sucinta
"A gente às vezes até conversa aqui em casa muito porque minha bisa é uma pessoa um pouco restrita a certas coisas, sabe? Em relação a essas coisas de antigamente, tipo, para ela mulher tem que fazer seu papel de mulher, entendeu? Tem que cozinhar, ter o seu marido, seus filhos, ficar em casa cuidando dos seus filhos, tá lá para servir o seu marido." (Mulan, 13 anos)	Reconhece a influência das gerações mais velhas na manutenção de papéis de gênero tradicionais, evidenciando como normas patriarcais persistem ao longo do tempo dentro do microssistema familiar.
"Sempre que bisa fala isso, minha avó sempre acaba falando 'mãe, hoje em dia as coisas são diferentes, as coisas são mais atualizadas, ninguém mais quer um homem pra ficar... Um homem que banque você. Todo mundo que ser independente. Hoje em dia as coisas são diferentes'. Minha avó já é bem atualizada, minha tia também, minha mãe também, tudo atualizado." (Mulan, 13 anos)	Ilustra o contraste geracional dentro de sua família, em que figuras maternas mais jovens adotam visões modernas sobre independência feminina, evidenciando a evolução das percepções de gênero no microssistema familiar.
"Umas das pessoas que eu me inspirei nisso foi a minha mãe e a minha tia, que é psicóloga também. [...] Isso vai aflorando bastante. Então, através dos ensinamentos que eu tive, da minha tia e da minha mãe, fui procurar as pessoas que pensassem o mesmo jeito. Aí encontrei tu, encontrei outras pessoas, tem a psicóloga de minha amiga também e foi através dessas pessoas. Eu fui caçando assim, e sempre lia sobre opiniões das pessoas, tanto como eu pensava tanto como eu não pensava, para tentar entender porque pensavam desse jeito. Então, sempre que alguém fala de algum assunto que fica assim, mais fechado, eu sempre falo 'ah, pode falar à vontade porque eu sou uma pessoa que, assim, eu gosto de escutar de tudo, diversas opiniões, diversas formas de pensar', mas é através disso, de várias opiniões diferentes que eu vou e faço a minha opinião, crio a minha opinião." (Bela, 17 anos)	Destaca o impacto de figuras femininas fortes em sua família na construção de sua visão sobre gênero. Ressalta a importância das interações no microssistema familiar na formação de uma postura crítica e aberta ao diálogo sobre questões de gênero.

Tabela 7 – *Citações ilustrativas do subtema Castelo mágico: microssistema*

(Continuação)

Trechos retirados das transcrições das entrevistas	Análise Sucinta
"Quando eu tinha, no ápice dos 13 anos, eu era muito afoita, falava muito, era assim, não tinha filtro comigo, quando eu escutava alguma coisa, eu já debatia sobre isso, mesmo sem ter muitas fontes e sem ter muito conhecimento das coisas, eu já falava, já abria a boca para falar e não queria nem saber. E eu escutava muito de tipo 'ah, você só pensa assim porque a sua mãe também pensa, porque a sua avó também pensa, porque a sua tia também pensa', só que eu também tive o outro lado da família que eu convivia também. E assim, a primeira coisa que eu escutei assim, não foi nem de minha família de parte de mãe, foi de minha família paterna que, quando eu escutei, quando eu tinha uns 10, 9 anos, né, eu ficava assim 'não faz nenhum sentido na minha cabeça, achei totalmente errado, não sei o porquê, mas eu achei'. E quando eu comentei isso com a minha família materna, elas falaram que tinham essa mesma opinião, me explicaram e fez muito mais sentido do que o que minha família paterna falava. Então, assim, lógico que pode ser, ter um pouco da influência da minha família materna, dos meus, minhas opiniões, meus pensamentos, serem assim, só que, eles me ensinaram e aí eu só concordei, eu achei que esse era o correto." (Bela, 17 anos)	Reflete sobre a influência contrastante das famílias materna e paterna na construção de suas opiniões sobre gênero. Destaca a interação entre diferentes microssistemas e como essas experiências moldam sua visão e identidade.

Tabela 7 – *Citações ilustrativas do subtema Castelo mágico: microssistema*

(Continuação)

Trechos retirados das transcrições das entrevistas	Análise Sucinta
"Minha mãe tinha muito essa questão de o que a gente tem que passar para outras pessoas, que a gente tem que se manter respeito e esse tipo de comentário. De que a gente não podia fazer as coisas sem pensar no que as outras pessoas vão falar, porque ser princesa, né? Como em Valente, uma princesa não usa armas, uma princesa não dá risada, gargalhadas de qualquer jeito. Foi uma coisa que eu me identifiquei porque assim, eu compreendo minha mãe, ela foi criada assim, então, eu tenho para mim, que a mãe da Merida, ela foi criada de um jeito e acabou se transformando desse jeito porque talvez ela não tinha nenhum outro espelho do que era ser princesa, sabe? Então acho que ela passa isso de mãe pra filha e ela vai querer que siga a diante, mas, como a gente sabe, não é bem assim, não é bem desse jeito, são diversas gerações." (Bela, 17 anos)	Reconhece a transmissão intergeracional de normas de gênero, comparando sua vivência à relação entre Merida e sua mãe em *Valente*. Evidencia como as normas familiares e culturais são perpetuadas ao longo das gerações.
"Teve uma amiga minha que postou uma frase assim 'somos espelhos dos nossos pais'. Inconscientemente, algumas coisas sim, mas os pais querem que a gente viva aquilo que eles não viveram ou fazem a gente viver a mesma coisa. No caso de Merida, ter um pretendente, casar [...] não foi para a vida dela, foi pra vida da mãe, que a mãe queria isso. Só que não é bem desse jeito que as coisas funcionam mais." (Bela, 17 anos)	Discute como as expectativas dos pais podem refletir seus próprios desejos e experiências, destacando a pressão intergeracional para a conformidade com papéis de gênero. Aponta para a mudança gradual dessas normas ao longo do tempo.
"Eu acho que como se a pessoa quando ela é pequena, mais pequena, né, quando ela é maior aí ela já acaba desistindo, mas quando é pequena, os pais querem isso, ela vai fazer isso, aí ela acaba que faz isso e continua fazendo isso sempre porque nunca teve aquela outra experiência. [...] Quando a pessoa vai ficando mais velha, acho que ali pelos 10, assim, que ela começa ver que ela poderia fazer outras coisas, mas que os pais às vezes não apresentam, não deixam, enfim." (Cinderela, 14 anos)	Sugere que a repetição de padrões desde a infância influencia a internalização dos papéis de gênero, especialmente quando a criança não é exposta a outras experiências. Destaca a influência do microssistema familiar na formação da identidade e na socialização de gênero.

Tabela 7 – *Citações ilustrativas do subtema Castelo mágico: microssistema*

(Conclusão)

Trechos retirados das transcrições das entrevistas	Análise Sucinta
"*Ou porque amigos também, né? 'Ah, meus amigos fazem isso'.*" (Cinderela, 14 anos)	Ressalta a influência dos amigos na adesão a normas de gênero, evidenciando o papel do grupo de pares na construção da identidade na adolescência.
"*[...] sobre esses papéis que a gente tá conversando, eu já vi bastante coisa [na escola], [...] eu já vi bastante alguns comentários, tinha bastante meninas lá de cabelo curtinho, sabe? Estilo Joãozinho, como chamam, e sempre falavam 'ah...', juntavam também não só opinião deles, como 'ah, isso deveria ser só coisa de menino', como uma opinião também querendo definir a sexualidade dessa pessoa por ser de um jeito mais "masculino", com certeza, ela também gosta de outras meninas. Então, era sempre assim, aquela forma ditada, sabe?*" (Bela, 17 anos)	Relata a imposição de normas de gênero e sexualidade no ambiente escolar, no qual a aparência e o comportamento são usados para rotular as pessoas. Demonstra como a escola, como parte do microssistema, reforça estereótipos e molda percepções sobre identidade de gênero.
"*Inclusive, até hoje tem muita coisa, tipo, na minha escola, tipo, tem um monte de meninos e meninas hoje da comunidade LGBT e que, tipo, a pessoa lá na escola corta o cabelo super curtinho, diz que tá igual de homem. A pessoa na escola, tipo, não se identifica com o nome e acaba tendo essa questão de pedir pro professor pedir para poder chamar de outro tipo de nome e acabar até sendo desrespeitado porque o professor acaba não querendo chamar ou a diretora acaba não aceitando e é isso que acontece bastante.*" (Mulan, 13 anos)	Evidencia os desafios que alunos LGBTQIAPN+ enfrentam no ambiente escolar, especialmente a resistência dos educadores em reconhecer identidades diversas. A citação ilustra como o ambiente escolar pode funcionar tanto como um fator de risco quanto como proteção na socialização de gênero.
"*[...] também tem na escola que a gente vê muito em relação a isso. Em filosofia vê muito, em história também, a gente já viu muito em relação a evolução [das questões de gênero]*". (Mulan, 13 anos)	Destaca a contribuição das disciplinas escolares, como filosofia e história, para a discussão e compreensão da evolução das questões de gênero, evidenciando a importância do ambiente educacional na formação da identidade de gênero.

Fonte: elaboração própria

Subtema 2.2 – Reino encantado: exossistema

Este subtema analisa os ambientes que, embora não envolvam as participantes de forma direta, exercem influência significativa na socialização de gênero. Em especial, contextos como a escola[385], os meios de comunicação e as políticas públicas moldam as normas e expectativas de gênero, afetando as experiências das adolescentes em seus microssistemas. Dessa forma, a análise passa a considerar como esses espaços externos configuram a base sobre a qual se constroem as percepções de gênero.

No ambiente escolar, as normas de gênero se manifestam de forma particularmente evidente. Por exemplo, Mulan (13 anos) relata restrições relativas à vestimenta, afirmando:

> *Na minha escola mesmo, menina não pode ir de short, tem que, todo dia ir de calça ou com short da escola e não poder tipo ir com um short comportado, sabe? Não pode porque 'ah, sei lá o quê, vai atiçar os meninos'. Uma coisa que, tipo, eles deveriam brigar com os meninos por ter feito tal coisa e não com as meninas por estarem vestindo uma roupa, entendeu? Uma coisa que acontece muito, que me deixa com muita raiva, é quando em vários filmes e séries, acontece da diretora tipo defender, não as meninas, mas os meninos por estarem olhando a menina de forma errada, isso me deixava com muita raiva porque tipo, eu não tenho culpa da roupa que eu uso, é uma roupa normal como a dos os meninos, tipo, os meninos podem andar sem camisa, agora menina não pode usar roupa mostrando a barriga, entendeu?"*

Assim, essa narrativa evidencia que o ambiente escolar, enquanto parte do exossistema, reforça estereótipos de gênero ao impor regras de vestimenta que culpabilizam as meninas e isentam os meninos de responsabilidade.[386].

Em contraste, Cinderela (14 anos) destaca que o ambiente escolar também reforça a segregação de gênero ao promover atividades divididas entre meninos e meninas, o que limita as oportunidades de interação mista e de escolha individual. Dessa forma, essa percepção evidencia a

---

[385] A escola aqui mencionada refere-se à instituição escolar que se distingue da sala de aula referenciada anteriormente como microssistema.
[386] BRONFENBRENNER, 1996, 2011.
ECCLES, 2004.
LEAPER; BROWN, 2014.
BLASCO; GRAU-ALBEROLA, 2019.
BUTLER, 2022.

complexa interseção entre as normas sociais e a segregação de gênero no contexto escolar, ressaltando a necessidade de questionar tais práticas para a criação de espaços mais inclusivos e equitativos.[387]

De maneira complementar, Bela (17 anos) enfatiza a importância de incentivar a participação feminina em atividades esportivas. Ela relata que, em sua escola, "*se as meninas queriam jogar futebol, era tranquilo [...] todo mundo misturava [...] era difícil achar algumas meninas para completar o time, porque eram pouquíssimas meninas que jogavam*". Isso demonstra que políticas escolares focadas na igualdade de oportunidades podem desafiar normas de gênero e contribuir para a construção de identidades que valorizem a diversidade, promovendo o desenvolvimento saudável e a autoestima das jovens[388].

Além disso, tanto Merida (14 anos) quanto Bela (17 anos) destacam a importância da internet na formação de suas perspectivas sobre questões de gênero, evidenciando a influência significativa das mídias de massa no exossistema. Por exemplo, Merida afirma: "*Hoje em dia tudo se vê na internet, então eu pego mais na internet, mas eu também debato muito com a minha mãe ou então com os meus colegas*". Assim, a exposição a uma variedade de conteúdos *online* não só amplia sua visão crítica, mas também corrobora os achados da literatura acadêmica quanto à construção e perpetuação de estereótipos de gênero[389].

Paralelamente, Bela (17 anos) utiliza a internet para formar suas opiniões sobre questões de gênero, mas destaca a necessidade de cautela diante da circulação de notícias falsas. Dessa forma, além de ser uma importante fonte de informação, a internet também atua como meio de difusão de estereótipos[390], o que torna o letramento midiático[391] crucial

---

[387] BRONFENBRENNER, 1996, 2011.
COLLINS; LAURSEN, 2004.
ECCLES, 2004.
BERENBAUM *et al.*, 2008.
LEAPER; BROWN, 2014.
[388] *Ibidem*.
[389] BRONFENBRENNER, 1996, 2011.
WARD; GROWER, 2020.
[390] *Ibidem*.
[391] De acordo com a *National Association for Media Literacy Education* (NAMLE) ([1997?]), uma organização estadunidense dedicada à promoção da educação em mídia, o letramento midiático é a habilidade de acessar, analisar, avaliar e produzir conteúdos em diversos formatos. Essa competência é essencial para que os indivíduos possam interpretar e questionar criticamente as mensagens dos meios de comunicação na sociedade digital contemporânea, contribuindo para o desenvolvimento de uma cidadania ativa e informada.

na era digital. Sua preocupação em verificar a veracidade das informações reforça a importância de capacitar os usuários para que possam analisar criticamente os conteúdos que consomem.

De forma complementar, outras experiências compartilhadas por Bela (17 anos) enriquecem a compreensão das vivências interseccionais, ao evidenciar a relação entre socialização de gênero e discriminação racial. Em um de seus relatos, ela descreve uma situação na escola em que policiais abordaram seus amigos com atitudes discriminatórias:

> *Eu tenho bastante amigos e [...] onde a gente anda tem muitos policiais e eles sempre ficam doidos pra enquadrar alguém e [...] são sempre meus amigos que têm a cor mais escura [...] chegou alguns policiais e mandaram as pessoas ficarem na parede com a mão na cabeça [...] eu fui fazer a própria policial falou 'ah, você não precisa' e falou assim 'só essas três aqui' e eram meninas que tinham a cor de pele mais escura que a minha, eram minhas amigas [...] só tinha uns dois meninos da minha cor [...] o resto era tudo de cor escura, eram negros, pretos, e os policiais botaram pra lascar neles [...] mesmo sem encontrar nada [...].*

Dessa maneira, esse fala demonstra como as instituições sociais – especialmente o sistema policial – reproduzem estereótipos e práticas discriminatórias, evidenciando a interseção entre raça e gênero[392].

Adicionalmente, Bela (17 anos) descreve uma experiência indireta de discriminação vivenciada por sua tia, a qual ilustra o impacto da deficiência nas oportunidades profissionais e nas interações sociais:

> *Eu tenho uma tia que ela é deficiente e ela é psicóloga também. Teve uma vez que ela ia dar uma palestra. Tavam escolhendo algumas pessoas para dar palestra numa escola, que era uma escola bem assim de gente que tem um nível alto de dinheiro. E quando tavam fazendo as escolhas de quem iria apresentar em tal escola, teve uma moça que falou assim "ah, eu quero essa psicóloga aqui para falar lá na escola". E a minha tia falou assim "ah, eu sou parceira dela, a gente conversa, a gente sempre faz junto, se quiser, também posso fazer junto, sem problema". Aí ela "eu acho melhor não, acho melhor deixar só ela mesmo".*

---

[392] CRENSHAW, 1986, 2016.
COLLINS, P. H.; BILGE, S. *Interseccionalidade*. São Paulo: Boitempo, 2021.

> *Aí minha tia ficou meio que sem entender, né, ela falou "é por conta das pessoas que frequentam a escola, dos pais, eu acho melhor levar ela mesmo, só". Aí minha tia "eu não entendi direito o que a senhora tá querendo falar, a senhora tá dizendo que é por conta da minha deficiência?" Aí ela, a mulher, falou diretamente: "Também é isso". Aí eu fiquei "meu Deus..."*

Em síntese, esses relatos ilustram a complexidade das interseções entre raça, gênero e deficiência, ressaltando a importância de considerar fatores estruturais e sociais na análise das experiências dos jovens[393].

Por fim, a análise integrativa dessa perspectiva oferece uma visão abrangente das interseções entre gênero, raça, deficiência e oportunidades profissionais, ressaltando a importância de uma abordagem interseccional no estudo do desenvolvimento humano. Esse enfoque revela como identidades e sistemas sociais se entrelaçam para moldar trajetórias de vida, mostrando que produções culturais – como os contos de fadas – frequentemente reproduzem estereótipos que intensificam essas interseções[394].

Dessa maneira, a análise das experiências compartilhadas, detalhadas na Tabela 8, evidencia a complexidade das influências externas na socialização de gênero das adolescentes. Ao examinar os múltiplos sistemas que permeiam suas vidas – desde o ambiente escolar até a comunidade religiosa e as mídias de massa – fica evidente a necessidade urgente de uma abordagem interseccional para compreender como as interseções entre gênero, raça, deficiência e oportunidades profissionais estão intrinsecamente ligadas à construção das identidades individuais.

Todavia, é importante reconhecer que, apesar do interesse em aprofundar essas questões a partir da perspectiva das participantes, limitações metodológicas na concepção e condução das entrevistas impediram uma investigação mais abrangente desses temas.

---

[393] BRONFENBRENNER, 1996, 2011.
CRENSHAW, 1986, 2016.
LEDUC, 2020.
COLLINS; BILGE, 2021.
[394] CRENSHAW, 1986, 2016.
LEDUC, 2020.
COLLINS; BILGE, 2021.

Tabela 8 – *Citações ilustrativas do subtema Reino encantado: exossistema*

(Continua)

Trechos retirados das transcrições das entrevistas	Análise Sucinta
"Na minha escola mesmo, menina não pode ir de short, tem que todo dia ir de calça ou com short da escola e não poder tipo ir com um short comportado, sabe? Não pode porque 'ah, sei lá o quê, vai atiçar os meninos'. Uma coisa que, tipo, eles deveriam brigar com os meninos por ter feito tal coisa e não com as meninas por estarem *vestindo uma roupa, entendeu? Uma coisa que acontece muito, que me deixa com muita raiva, é quando em vários filmes e séries, acontece da diretora tipo defender, não as meninas, mas os meninos por estarem olhando a menina de forma errada, isso me deixava com muita raiva porque tipo, eu não tenho culpa da roupa que eu uso, é uma roupa normal como a dos os meninos, tipo, os meninos podem andar sem camisa, agora menina não pode usar roupa mostrando a barriga, entendeu?*" (Mulan, 13 anos)	Expõe a desigualdade na aplicação das normas escolares, que impõem restrições às meninas e as responsabilizam pelo comportamento dos meninos. Evidencia a perpetuação de estereótipos de gênero e reforça a necessidade de uma abordagem educativa que promova a igualdade e responsabilize todos os envolvidos.
"*Ah, eu acho que na escola, tipo, a questão da educação física, às vezes, né, que tem duas atividades, daí uma só pros meninos e uma só pras meninas ou atividades extracurriculares que às vezes, tipo, na [nome da escola] pra qualquer um, mas às vezes, muitas é tipo, ah, esses são os pros meninos, esses são pras meninas.*" (Cinderela, 14 anos)	Aponta a segregação de gênero em atividades escolares, demonstrando como certas práticas reforçam normas sociais tradicionais e limitam a liberdade de escolha dos estudantes. A separação das atividades contribui para a manutenção de estereótipos, dificultando a criação de um ambiente mais equitativo.

Tabela 8 – *Citações ilustrativas do subtema Reino encantado: exossistema*

(Continuação)

Trechos retirados das transcrições das entrevistas	Análise Sucinta
"Nessa escola que eu terminei o ensino médio, não, não teve nada dessas coisas, sempre misturavam. Se as meninas queriam jogar futebol, era tranquilo, na educação física também, e vários outros jogos também, todo mundo misturava, assim, brincava. Era até um pouco difícil, o próprio diretor deixava as meninas jogarem futebol, mas era difícil achar algumas meninas para completar o time, porque eram pouquíssimas meninas que jogavam. Inclusive, as meninas que jogavam, elas jogam até hoje, né? Elas levam bem a sério, é uma coisa que elas querem bastante, e a gente dava apoio, só que para jogar futebol feminino tinha que ter aquela quantidade de pessoas, e não tinha, que tinha um pouquíssimos, e acabava tendo que misturar. Aí, tinham algumas regrinhas assim, pros meninos tomarem cuidado, mas nada de que não podia porque é uma coisa de menino ou é uma coisa de menina." (Bela, 17 anos)	Relata uma experiência escolar que valorizou a diversidade, em que a participação feminina em esportes era incentivada. Demonstra que políticas escolares que garantem igualdade de oportunidades ajudam a desafiar normas de gênero, promovendo um ambiente mais diverso e equitativo para os adolescentes.
"Hoje em dia tudo se vê na internet, então eu pego mais na internet, mas eu também debato muito com a minha mãe ou então com os meus colegas aqueles que estão por dentro dos assuntos, então a gente sempre tá antenado para saber o que que se passa e como que o mundo tá melhorando a partir de todas as questões. Então a internet e a minha mãe e debater com os meus colegas, amigos é a minha principal fonte. Então eu sempre procuro saber mais alguma coisa. Eu normalmente leio artigos, eu leio artigos ou então vejo notícias e de acordo com essas notícias eu conto para alguém e vou falando a respeito, ou então eu procuro a saber mais e a ler mais, a estudar mais sobre o assunto, é mais isso que eu faço." (Merida, 14 anos)	Demonstra como a internet, aliada ao diálogo com familiares e amigos, desempenha um papel central na formação de opiniões sobre gênero e outros temas, reforçando a influência das mídias de massa e das interações sociais no exossistema, ampliando o acesso à informação e incentivando um pensamento mais crítico.

Tabela 8 – *Citações ilustrativas do subtema Reino encantado: exossistema*

(Continuação)

Trechos retirados das transcrições das entrevistas	Análise Sucinta
"Tem a internet, a TV eu raramente assisto, mas quando eu assisto, eu vejo bastante notícias também. Assim, tem minha avó, ela não é formada em nada assim, mas ela sempre conversa comigo sobre as coisas que eram, como eram antigamente, no tempo dela, e como é agora. Mas é mais pela internet. Mas eu sempre tomo cuidado, obviamente, né, porque a internet tá cheia de notícias falsas, até quando leio uma notícia que eu queria muito ler ou ouvir, né, eu fico primeiro, eu vou ver se isso é verdade ou não, e saio catando pra ver se é verdade se não é, porque mesmo que eu queira muito, eu tenho que saber se realmente é verdade ou não. Eu quero que seja verdade mesmo." (Bela, 17 anos)	Demonstra como a internet, aliada ao diálogo com familiares e amigos, desempenha um papel central na formação de suas opiniões sobre gênero e outros temas. Isso reforça a influência das mídias de massa e das interações sociais no exossistema, ampliando o acesso à informação e incentivando um pensamento mais crítico.
"Eu tenho bastante amigos e a gente sempre sai juntos e assim, onde a gente anda tem muitos policiais e eles sempre ficam doidos pra enquadrar alguém e sempre que enquadram alguém, são sempre meus amigos que têm a cor mais escura, nunca é eu ou os meus amigos que têm a mesma cor de pele que eu, e realmente isso é uma coisa muito, muito real, muito, bastante. [...] Eu lembro até que teve uma vez que tava todo o meu grupo de amigos, nem estávamos fazendo nada chamando atenção nem nada, mas chegou alguns policiais e mandaram as pessoas ficarem na parede com a mão na cabeça, né, e assim, quando eu fui fazer a própria policial falou 'ah, você não precisa' e falou assim 'só essas três aqui' e eram meninas que tinham a cor de pele mais escura que a minha, eram minhas amigas, e os meninos só tinha uns dois meninos da minha cor de pele também e o resto era tudo de cor escura, eram negros, pretos, e os policiais botaram pra lascar neles, até bateram neles mesmo sem encontrar nada, sem ter nada e a gente só ficou lá olhando e eu desesperada, porque até o meu namorado tava nesse meio." (Bela, 17 anos)	Relata a discriminação racial nas abordagens policiais, evidenciando como fatores estruturais e institucionais impactam a vivência dos adolescentes, reforçando a necessidade de uma análise interseccional que considere as relações entre raça, gênero e a desigualdade no tratamento dado por instituições como a polícia.

Tabela 8 – *Citações ilustrativas do subtema Reino encantado: exossistema*

(Conclusão)

Trechos retirados das transcrições das entrevistas	Análise Sucinta
"Eu tenho uma tia que ela é deficiente e ela é psicóloga também. Teve uma vez que ela ia dar uma palestra. Tavam escolhendo algumas pessoas para dar palestra numa escola, que era uma escola bem assim de gente que tem um nível alto de dinheiro. E quando tavam fazendo as escolhas de quem iria apresentar em tal escola, teve uma moça que falou assim 'ah, eu quero essa psicóloga aqui para falar lá na escola'. E a minha tia falou assim 'ah, eu sou parceira dela, a gente conversa, a gente sempre faz junto, se quiser, também posso fazer junto, sem problema.' Aí ela 'eu acho melhor não, acho melhor deixar só ela mesmo'. Aí minha tia ficou meio que sem entender, né, ela falou 'é por conta das pessoas que frequentam a escola, dos pais, eu acho melhor levar ela mesmo, só.' Aí minha tia 'eu não entendi direito o que a senhora tá querendo falar, a senhora tá dizendo que é por conta da minha deficiência?' Aí ela, a mulher, falou diretamente: 'Também é isso'. Aí eu fiquei 'meu Deus...'" (Bela, 17 anos)	Relata um episódio de discriminação contra sua tia devido à deficiência, demonstrando como barreiras sociais limitam oportunidades profissionais e reforçam desigualdades, destacando a necessidade de uma abordagem interseccional que considere as múltiplas identidades e os desafios enfrentados por diferentes grupos sociais.

Fonte: elaboração própria

Subtema 2.3 – Além da floresta: macrossistema

Este subtema investiga como o contexto cultural e social mais amplo influencia a construção das expectativas de gênero, impactando diretamente os microssistemas e exossistemas nos quais as adolescentes estão inseridas. Dessa forma, as reflexões das participantes evidenciam que os papéis de gênero não derivam de fatores biológicos, mas são moldados por uma complexa teia de influências sociais, históricas e culturais. Assim, esse consenso serve de base para explorar como as políticas governamentais, os valores culturais, as condições sociais e os padrões econômicos – elementos do macrossistema – impactam a formação das identidades e a internalização dos papéis de gênero.

Por exemplo, Mulan (13 anos) compartilha sua percepção sobre a evolução das expectativas sociais relacionadas à maternidade e ao casamento, afirmando:

> [...] antigamente, tipo assim, se a mulher não casava e engravidava era puta, solteira não podia, tinha que ser casada, se tivesse esse filho pior ainda. Hoje, eu acho que isso diminuiu, sabe? Mas, mesmo assim, tem aquela cobrança, sabe? Para mãe solo e também para quem não quer casar.

Dessa forma, seu relato revela como o machismo e a misoginia – elementos integrantes do macrossistema – impõem normas que restringem as escolhas das mulheres e estigmatizam aquelas que não se conformam ao padrão tradicional de casamento e maternidade. Esses valores não apenas perpetuam desigualdades, mas também mantêm a estrutura patriarcal, afetando profundamente a autonomia e as trajetórias de vida das mulheres. Consequentemente, essa análise reforça a importância de considerar os valores culturais e sociais na compreensão do desenvolvimento humano, demonstrando como as normas de gênero são internalizadas e reproduzidas em diversos contextos[395].

Embora haja uma redução na pressão em comparação com o passado, ainda persiste uma cobrança sobre os papéis das mulheres na maternidade e no casamento. Ao afirmar, por exemplo, *"vou querer uma mulher para poder me dar comida, limpar a minha casa, ficar me esperando de braços abertos"*, Mulan (13 anos) evidencia uma expectativa masculina que corrobora estudos que apontam para uma evolução diferencial dos estereótipos de gênero – os quais tendem a se atenuar para mulheres e se intensificar para homens[396].

Ademais, a influência do macrossistema cultural também se manifesta por meio das representações midiáticas. Nesse sentido, Bela (17 anos) observa:

> *Tem até novela que eu assisto [...], tem uns personagens que estão mais conservadores e tem alguns que já são mais atualizados, vamos dizer assim. E tem muito disso, de "ah, uma mulher tem de casar com um homem", não só nessa novela, mas em várias outras, em situações reais também principalmente de que a mulher tem que casar com um homem, ter filhos com ele.*

Dessa forma, essa fala ilustra como a mídia perpetua normas tradicionais, contribuindo para a internalização de expectativas restritivas em

---

[395] BRONFENBRENNER, 1996, 2011.
[396] BLASCO; GRAU-ALBEROLA, 2019.

relação aos papéis de gênero e moldando as percepções das adolescentes sobre as relações entre os sexos[397].

De forma complementar, Mulan (13 anos) evidencia a mudança de perspectiva intergeracional e a evolução das concepções de gênero ao relatar que, quando sua avó expressa visões antiquadas, ela diz:

> [...] *"mãe, hoje em dia as coisas são diferentes, as coisas são mais atualizadas, ninguém mais quer um homem que banque você. Todo mundo quer ser independente. Hoje em dia as coisas são diferentes", minha mãe até fala "vó, não existe isso mais, não existe um homem tá bancando sua casa sozinho, entendeu? Não existe". Minha avó já é bem atualizada, minha tia também, minha mãe também, tudo atualizado.*

Assim, essa troca evidencia a dinâmica intergeracional na transmissão de normas culturais e como as mudanças sociais influenciam as percepções de gênero[398].

Bela (17 anos) também aborda a transmissão de normas de gênero entre gerações ao comparar sua mãe com a Rainha Elinor, observando:

> [...] *eu compreendo minha mãe, ela foi criada assim, então, eu tenho para mim, que a mãe da Merida, ela foi criada de um jeito e acabou se transformando desse jeito porque talvez ela não tinha nenhum outro espelho do que era ser princesa, sabe? Então acho que ela passa isso de mãe pra filha e ela vai querer que siga adiante, mas, como a gente sabe, não é bem assim, não é bem desse jeito, são diversas gerações.*

Essa fala ressalta a influência das normas familiares na formação de expectativas de gênero, apoiada pelo conceito de cronossistema, que evidencia as mudanças e persistências ao longo do tempo[399].

Além disso, Bela (17 anos) menciona a influência do macrossistema cultural sobre as normas de vestimenta, afirmando: "[...] *as pessoas não podem usar roupas curtas ou transparentes ou que mostrem o corpo porque é uma forma de 'denegrir' a imagem*" (aspas incluídas manualmente pela participante). Essa observação confirma que as expectativas relacionadas à aparência são internalizadas durante a adolescência, reforçando estereótipos de gênero em diversos contextos sociais[400].

---

[397] WARD; GROWER, 2020.
[398] BRONFENBRENNER, 1996, 2011.
[399] *Ibidem.*
[400] BERENBAUM, 2008.

De maneira semelhante, Mulan (13 anos) discute o estigma ligado à expressão emocional masculina ao dizer: *"Porque assim, eu acho que isso tem muito a ver com 'ah, para de fazer isso, tá parecendo mulher, mulherzinha' ou 'ah, um homem fez isso, humm, tá com cara de que é alguma coisa'"*. Essa fala evidencia como as normas de gênero desencorajam a vulnerabilidade masculina, limitando a construção de identidades a partir de expectativas rígidas[401].

Por outro lado, Bela (17 anos) reflete sobre a evolução das normas culturais, afirmando: *"Eu acho que [se eu tiver uma criança] vai ser bem diferente [a forma como ela verá os filmes das Princesas]"*. Essa declaração sugere que as mudanças sociais, ao influenciar o macrossistema, podem transformar as perspectivas individuais ao longo do tempo, corroborando análises sobre a evolução das expectativas de gênero durante o desenvolvimento[402].

Em adição, Cinderela (14 anos) ressalta que a evolução tecnológica – principalmente a crescente conectividade à internet – poderá transformar a percepção das futuras gerações sobre animações e normas de gênero. Ela afirma:

> *[Se um(a) filho(a) quiser assistir essas animações] acho que eles vão ver muito diferente do que eu via, por eles não vão ser da mesma geração, eles não vão ter os mesmos brinquedos, as mesmas coisas que eu. [...] Eles vão ser muito mais conectados à internet, então eles vão saber muito mais coisas antes, às vezes não ter aquele olhar que a gente tinha.*

Dessa forma, essa fala evidencia que a forma como as crianças interagem com a mídia e absorvem informações é moldada por um ambiente em constante mudança.

Contudo, embora Cinderela (14 anos) apresente uma visão otimista sobre o potencial transformador da tecnologia, é fundamental reconhecer que o acesso facilitado à internet também pode promover a disseminação de conteúdos prejudiciais, como discursos de ódio, ideologias extremistas e misoginia. A circulação de notícias falsas, em particular, é uma preocupação crescente, uma vez que a rede digital oferece espaço para a propagação de desinformação[403].

---

[401] BUTLER, 2022.
[402] BRONFENBRENNER, 1996, 2011.
BERENBAUM, 2008.
BLASCO; GRAU-ALBEROLA, 2019.
[403] BRITO, R. F.; VIEIRA, C. E. C. (org.). *Leitura(s), de fake news* [recurso eletrônico]. Catu: Editora Bordô--Grená, 2023.

Além disso, o crescimento da extrema-direita e dos grupos misóginos radicais é uma realidade preocupante. Pesquisas identificam fatores de risco para a radicalização, como a exposição a ideologias extremistas, evidenciando a complexidade e a gravidade do discurso de ódio *online*. Muitos jovens são influenciados por essas ideologias por meio das redes sociais, comunidades virtuais e influenciadores digitais[404]. Uma revisão sistemática sobre a relação entre internet, mídias sociais e discurso de ódio ressalta a forte influência desses canais na disseminação de mensagens intolerantes e prejudiciais[405].

A facilidade de acesso a conteúdos polarizados, combinada com a falta de discernimento crítico, pode levar os jovens a adotar posturas conservadoras e intolerantes. Esse cenário intensifica a polarização política – impulsionada pela disseminação seletiva de informações por meio das mídias sociais – e contribui para a fragmentação da sociedade, fortalecendo visões extremistas[406]. Assim, embora a internet proporcione acesso a uma vasta gama de informações, é fundamental reconhecer os riscos associados ao seu uso, especialmente entre os jovens, e promover uma cultura digital mais responsável e crítica.

Merida (14 anos) critica a visão tradicional que confina as mulheres a papéis de fragilidade e limitações em atividades consideradas mais pesadas, enquanto os homens são automaticamente associados ao papel de provedores. Ela declara: *"a sociedade normalmente espera que nós, mulheres, sejamos o papel mais frágil... esse é o papel que a sociedade meio que vem nos empurrando até hoje"*. Essa fala reflete o desejo de transformação social e ilustra como o macrossistema molda as normas e valores culturais em uma sociedade patriarcal, que historicamente restringe as mulheres a funções domésticas[407].

Além disso, Merida (14 anos) também comenta sobre disparidades concretas na segurança e na remuneração, afirmando:

---

[404] ROLIM, M. Fatores de risco para a radicalização. Estudo de revisão sobre as evidências internacionais. *Revista Sociedade e Estado*, v. 38, n. 2, 2023. https://doi.org/10.1590/s0102-6992-e47232.
WEBER, I. *et al.* The ecology of online hate speech: Mapping expert perspectives on the drivers for online hate perpetration with the Delphi method. *Aggressive Behavior*, v. 50, n. 2, 2024. https://doi.org/10.1002/ab.22136.
[405] CASTAÑO-PULGARÍN, S. A. *et al.* Internet, social media and online hate speech. Systematic review. *Aggression and Violent Behavior*, v. 58, 2021. https://doi.org/10.1016/j.avb.2021.101608.
[406] KUBIN, E.; VON SIKORSKI, C. The role of (social) media in political polarization: a systematic review. *Annals of the International Communication Association*, v. 45, n. 3, p. 188-206, 2021. https://doi.org/10.1080/23808985.2021.1976070.
[407] BRONFENBRENNER, 2011.
BLASCO; GRAU-ALBEROLA, 2019.

> *O homem consegue sair na rua sem perigo nenhum já a mulher não. A sociedade já vem dando esse medo na gente, né? Tipo também, quando uma mulher vai trabalhar, ela tá no mesmo cargo que um homem, normalmente ela não recebe o mesmo que o homem. Tem essa distinção de importância entre os gêneros que a sociedade coloca.*

Essa observação destaca como as experiências cotidianas refletem estruturas sociais que perpetuam a desigualdade de gênero, ressaltando a necessidade de políticas e intervenções que combatam essas disparidades e promovam a equidade[408].

A pressão para se conformar aos padrões estéticos é fortemente criticada por Mulan (13 anos), que condena a busca incessante pela perfeição, sobretudo porque essa pressão recai desproporcionalmente sobre as mulheres, sujeitas a preconceitos. Em suas próprias palavras, ela observa:

> *Tipo, "ah, mulher não pode ser peluda, nem gorda", acontece muito. Agora homem pode ter pelo em tudo quanto é lugar, mulher não pode, homem pode ter barriga, mulher também não pode, tem que ser chapada, do peito duro, das bundonas e das pernonas. [...] Eu acho horrível. Eu vou te falar a verdade, eu acho péssimo isso tanto para a autoestima das mulheres, né? Eu odeio esse padrão de beleza que os homens instalam para as mulheres tanto os homens, a sociedade toda bota esses padrões de beleza, e a mulher acaba indo atrás da perfeição, perfeição, perfeição que pode prejudicar ela mais ainda, tanto a saúde mental dela quanto o corpo dela, a saúde dela mesmo, o bem-estar dela.*

Essa declaração evidencia como a busca pela perfeição, ditada por normas sociais e midiáticas, reflete a influência do macrossistema na definição de padrões de beleza e afeta negativamente a saúde das mulheres. A moda e a publicidade funcionam como tecnologias de gênero, moldando percepções e escolhas pessoais, enquanto os dispositivos de gênero impactam diretamente a saúde mental[409].

Apesar dos relatos das participantes evidenciarem a forte influência do contexto cultural e social na formação de expectativas e normas de gênero, as adolescentes também identificam transformações que reduzem desigualdades não apenas de gênero, mas também relacionadas à raça/etnia, sexualidade, classe social e outros marcadores. Nesse sentido, Mulan

---

[408] CERQUEIRA-SANTOS, 2021.
[409] MARTINEZ, 2015.
ZANELLO, 2018, 2022.

(13 anos) destaca que filmes e séries contemporâneos estão se afastando dos estereótipos tradicionais, demonstrando como o macrossistema cultural influencia a criação de novas narrativas de gênero[410]. Assim, sua percepção confirma que a evolução cultural pode transformar a representação de gênero na mídia, contribuindo para a desconstrução de papéis tradicionais e promovendo maior diversidade nas expectativas sociais.

A fala de Merida (14 anos) acrescenta uma dimensão importante à discussão ao evidenciar como o macrossistema influencia a inclusão de pessoas com deficiência no ambiente de trabalho, demonstrando a interseccionalidade entre gênero, deficiência e classe social. Ela comenta:

> *O Brasil hoje é um país que tá lutando por muitas coisas, por questão da comunidade LGBT, questão racial, de classe social. Esses tempos de pandemia mesmo o pessoal discutiu e debateu muito esses temas. Então eu acho que deficiência é um negócio que mais pesa porque empresas, elas não escolhem aquelas pessoas que podem dificultar [faz aspas com as mãos] de alguma forma o rendimento da empresa.*

Esse relato ilustra as dificuldades enfrentadas por pessoas com deficiência no mercado de trabalho, ressaltando como as normas e expectativas do macrossistema afetam as oportunidades desses indivíduos. A interseccionalidade, ao reconhecer a sobreposição de identidades e sistemas de opressão, evidencia que as experiências de discriminação são moldadas por uma complexa interação de fatores[411].

Merida (14 anos) também ressalta que, embora os debates sobre discriminação e preconceito tenham evoluído, ainda há muito a ser discutido, afirmando: "*Evoluíram, mas ainda tem muita coisa a evoluir ainda porque a gente ainda tá debatendo, ainda tá criando discussões sobre esses casos*". Essa observação destaca a natureza dinâmica das mudanças sociais e evidencia que a evolução das normas de gênero, raça e outras formas de discriminação é um processo contínuo[412]. O reconhecimento de que os debates ainda estão em curso enfatiza a necessidade constante de reflexão e engajamento para promover uma sociedade verdadeiramente inclusiva.

Em síntese, as falas das adolescentes, apresentadas na Tabela 9, ilustram a complexa interação entre o macrossistema e a formação das expectativas e normas de gênero. Dessa forma, as transformações cul-

---

[410] WARD; GROWER, 2020.
[411] CRENSHAW, 1989, 2016.
COLLINS; BILGE, 2021.
[412] MISTRY; DUTTA, 2015.

turais e sociais – manifestadas por meio de diversos canais e interações – influenciam diretamente tanto os microssistemas quanto os exossistemas, moldando as experiências e as percepções de gênero das jovens. Portanto, a análise do subtema *Além da floresta: macrossistema* evidencia a necessidade de abordagens inclusivas e equitativas para compreender a construção da identidade de gênero, ressaltando a importância de considerar a interseccionalidade e as evoluções culturais na formação dessas expectativas.

Tabela 9 – *Citações ilustrativas do subtema Além da floresta: macrossistema*

(Continua)

Trechos retirados das transcrições das entrevistas	Análise Sucinta
"[...] antigamente, tipo assim, se a mulher não casava e engravidava era puta, solteira não podia, tinha que ser casada, se tivesse esse filho pior ainda. Hoje, eu acho que isso diminuiu, sabe? Mas, mesmo assim, tem aquela cobrança, sabe? Para mãe solo e também para quem não quer casar." (Mulan, 13 anos)	Destaca a persistência de estigmas sociais sobre mulheres que não seguem os padrões tradicionais de casamento e maternidade. Embora reconheça uma redução desses estereótipos, destaca que a cobrança e a pressão sobre mães solteiras e mulheres que optam por não se casar permanecem, demonstrando a influência duradoura do macrossistema na manutenção de normas restritivas de gênero.
"Antigamente, como você viu em Mulan, né? Mulher não tinha muita voz para poder falar. Infelizmente até hoje tem 'vou querer uma mulher para poder me dar comida, limpar a minha casa, ficar me esperando de braços abertos." (Mulan, 13 anos)	Evidencia que, historicamente, as mulheres foram condicionadas a aceitar papéis subalternos, sendo vistas como responsáveis pelo cuidado doméstico. Evidencia como essas expectativas continuam a afetar a percepção e a posição das mulheres na sociedade, refletindo um legado persistente do patriarcado no macrossistema.

Tabela 9 – *Citações ilustrativas do subtema Além da floresta: macrossistema*

(Continuação)

Trechos retirados das transcrições das entrevistas	Análise Sucinta
"Tem até novela que eu assisto [...], tem uns personagens que estão mais conservadores e tem alguns que já são mais atualizados, vamos dizer assim. E tem muito disso, de 'ah, uma mulher tem de casar com um homem', não só nessa novela, mas em várias outras, em situações reais também principalmente de que a mulher tem que casar com um homem, ter filhos com ele." (Bela, 17 anos)	Destaca como a mídia, especialmente as novelas, reforça estereótipos de gênero ao perpetuar a ideia de que o papel fundamental da mulher é casar e ter filhos. Essa crítica evidencia a influência do macrossistema cultural na formação de expectativas sociais rígidas e na perpetuação de normas tradicionais de gênero.
"Sempre que bisa fala isso, minha avó sempre acaba falando 'mãe, hoje em dia as coisas são diferentes, as coisas são mais atualizadas, ninguém mais quer um homem que banque você. Todo mundo quer ser independente. Hoje em dia as coisas são diferentes', minha mãe até fala 'vó, não existe isso mais, não existe um homem tá bancando sua casa sozinho, entendeu? Não existe'. Minha avó já é bem atualizada, minha tia também, minha mãe também, tudo atualizado." (Mulan, 13 anos)	Evidencia a evolução das percepções de gênero entre gerações, com sua avó, mãe e tia adotando visões mais progressistas. Reflete como o macrossistema pode mudar ao longo do tempo, influenciando as normas de gênero e promovendo maior independência e igualdade.
"Minha mãe tinha muito essa questão de o que a gente tem que passar para outras pessoas, que a gente tem que se manter respeito e esse tipo de comentário. De que a gente não podia fazer as coisas sem pensar no que as outras pessoas vão falar, porque ser princesa, né? Como em Valente, uma princesa não usa armas, uma princesa não dá risada, gargalhadas de qualquer jeito. Foi uma coisa que eu me identifiquei porque assim, eu compreendo minha mãe, ela foi criada assim, então, eu tenho para mim, que a mãe da Merida, ela foi criada de um jeito e acabou se transformando desse jeito porque talvez ela não tinha nenhum outro espelho do que era ser princesa, sabe? Então acho que ela passa isso de mãe pra filha e ela vai querer que siga adiante, mas, como a gente sabe, não é bem assim, não é bem desse jeito, são diversas gerações." (Bela, 17 anos)	Reconhece a transmissão intergeracional de normas de gênero, em que valores e comportamentos são perpetuados de mãe para filha. Demonstra como o macrossistema cultural influencia os microssistemas familiares, moldando as expectativas de gênero entre gerações.

Tabela 9 – *Citações ilustrativas do subtema Além da floresta: macrossistema*

(Continuação)

Trechos retirados das transcrições das entrevistas	Análise Sucinta
"[...] no nosso dia a dia a gente aprende muito [como a mãe de Merida fala] 'ah, uma princesa não se veste desse jeito, se comporta desse jeito' e [...] as pessoas não podem usar roupas curtas ou transparentes ou que mostrem o corpo porque é uma forma de denegrir [faz aspas com as mãos] a imagem." (Bela, 17 anos)	Critica as normas de vestimenta impostas às mulheres, que controlam e limitam sua liberdade com base em expectativas culturais. Destaca como o macrossistema influencia as percepções de imagem corporal e comportamento feminino, reforçando padrões restritivos.
"[Alguns homens têm maior dificuldade para expressar os sentimentos] Porque assim, eu acho que isso tem muito a ver com 'ah, para de fazer isso, tá parecendo mulher, mulherzinha' ou 'ah, um homem fez isso, humm, tá com cara de que é alguma coisa'. Mas na verdade não, ele é uma pessoa normal. Eu acho que é mais ou menos isso porque o preconceito está aí em todo lugar, entendeu? Acho que tem bastante isso no mundo." (Mulan, 13 anos)	Destaca como os estereótipos de gênero restringem a expressão emocional dos homens, reforçando a ideia de que vulnerabilidade é algo inadequado à masculinidade. Reflete o impacto do macrossistema cultural na construção de identidades masculinas rígidas e pouco abertas à diversidade emocional.
"Eu acho que [se eu tiver uma criança] vai ser bem diferente [a forma como ela verá os filmes das Princesas]. Eu acho que ela vai olhar as produções de, assim, não de hoje exatamente, mas de quando eu era pequenininha, eu acho que vão olhar, assim, pensar 'caramba, era totalmente diferente'. Eu acho que sim, porque apesar de, como eu falei, ter muita coisa pra evoluir ainda, a gente acaba evoluindo sempre um pouquinho mais, então acho que daqui uns 10, 20 anos, eu acho que vai ter evoluído alguma coisa, não é possível que não teria, então eu tenho certeza sim, espero muito que meus filhos daqui para frente eles vejam que o que eles estão vivendo é totalmente diferente e melhor do que o que tô vivendo agora ou de quando vivi quando era pequena." (Bela, 17 anos)	Evidencia otimismo quanto à evolução das normas de gênero, acreditando que as futuras gerações terão uma visão mais crítica e progressista sobre produções culturais e estereótipos de gênero. Reflete a expectativa de que o macrossistema continuará a se transformar, promovendo maior equidade e diversidade na sociedade.

Tabela 9 – *Citações ilustrativas do subtema Além da floresta: macrossistema*

(Continuação)

Trechos retirados das transcrições das entrevistas	Análise Sucinta
"[Se um(a) filho(a) quiser assistir essas animações] acho que eles vão ver muito diferente do que eu via, por eles não vão ser da mesma geração, eles não vão ter os mesmos brinquedos, as mesmas coisas que eu. [...] Eles vão ser muito mais conectados à internet, então eles vão saber muito mais coisas antes, às vezes não ter aquele olhar que a gente tinha." (Cinderela, 14 anos)	Reflete sobre como a evolução tecnológica e o acesso à internet impactarão a percepção das futuras gerações em relação às normas de gênero nas animações. Ilustra a influência do macrossistema, destacando a forma como mudanças tecnológicas moldam a construção de valores e expectativas sociais.
"Eu acho que a maioria [dos filmes das princesas Disney podem contribuir para reforçar essas ideias dos papéis de gênero na sociedade] sim. Tem muito que eles lutam pelo reino assim, a menina só fica lá ou que a menina vai cozinhar e eles ficam lá." (Cinderela, 14 anos)	Critica a perpetuação de estereótipos de gênero nos filmes das princesas Disney, nos quais os homens são retratados como ativos e as mulheres como passivas. Destaca o impacto do macrossistema cultural na reprodução de normas de gênero por meio da mídia.
"Bom, pelo que eu vejo, né, na internet e na convivência, a sociedade normalmente espera que nós, nós mulheres, meninas sejamos o papel mais frágil, tipo, a gente não consegue pegar peso, nem fazer essas coisas mais pesadas e elas esperam que o homem seja aquele homem forte, que manda na casa, entre aspas. E esse é o papel que a sociedade meio que vem nos empurrando até hoje. Porque hoje já, a gente já tá tentando ter uma sociedade mais igualitária, né, de homem e mulher mais igual. Antigamente não, onde a mulher era submetida ao casamento, ela só ficava dentro de casa, essas coisas. Então eu acho que a sociedade influencia muito nisso, principalmente as mulheres porque hoje as mulheres querem ser mais livres, são mais livres, e a sociedade patriarcal e machista, quer que as mulheres se rebaixem a eles." (Merida, 14 anos)	Questiona as expectativas sociais que associam as mulheres à fragilidade e submissão, enquanto os homens são vistos como fortes e dominantes. Reconhece os avanços na luta por equidade de gênero, mas também a resistência imposta pelo patriarcado, demonstrando como o macrossistema influencia as normas e dinâmicas sociais.

Tabela 9 – *Citações ilustrativas do subtema Além da floresta: macrossistema*

(Continuação)

Trechos retirados das transcrições das entrevistas	Análise Sucinta
"Na questão de sair na rua. O homem consegue sair na rua sem perigo nenhum já a mulher não. A sociedade já vem dando esse medo na gente, né? Tipo também, quando uma mulher vai trabalhar, ela tá no mesmo cargo que um homem, normalmente ela não recebe o mesmo que o homem. Tem essa distinção de importância entre os gêneros que a sociedade coloca." (Merida, 14 anos)	Aponta as desigualdades de gênero em segurança e no mercado de trabalho, evidenciando como as mulheres enfrentam maior vulnerabilidade nas ruas e disparidades salariais. Destaca a influência do macrossistema na manutenção dessas desigualdades estruturais.
"Acho que é uma coisa que preocupa bastante as mulheres isso 'ah, isso tá me deixando mais gordo do que eu tô? Isso tá me deixando muito gorda? Esse vestido me engorda?' eu acho que é uma das frases mais usadas pelas mulheres é essa. [...] Pelo preconceito. Tipo, 'ah, mulher não pode ser peluda, nem gorda', acontece muito. Agora homem pode ter pelo em tudo quanto é lugar, mulher não pode, homem pode ter barriga, mulher também não pode, tem que ser chapada, do peito duro, das bundonas e das pernonas. [...] Eu acho horrível. Eu vou te falar a verdade, eu acho péssimo isso tanto para a autoestima das mulheres, né? Eu odeio esse padrão de beleza que os homens instalam para as mulheres tanto os homens, a sociedade toda bota esses padrões de beleza, e a mulher acaba indo atrás da perfeição, perfeição, perfeição que pode prejudicar ela mais ainda, tanto a saúde mental dela quanto o corpo dela, a saúde dela mesmo, o bem-estar dela. Acaba atrapalhando muito. [...] Eu vejo muito pessoas da internet. Acho que a maioria das pessoas que fazem isso são blogueiras, artistas, são mais assim, eles fazem mais por conta dos haters, eles querem ficar mais bonitinho, mais magrinho e acaba prejudicando muito eles." (Mulan, 13 anos)	Critica os padrões de beleza impostos pela sociedade e pela mídia, evidenciando como a pressão por uma perfeição física inatingível afeta negativamente a autoestima e o bem-estar das mulheres. Demonstra como o macrossistema cultural contribui para a internalização desses estereótipos.

Tabela 9 – *Citações ilustrativas do subtema Além da floresta: macrossistema*

(Conclusão)

Trechos retirados das transcrições das entrevistas	Análise Sucinta
"Muita gente hoje já não segue muitos papéis. Inclusive, em filmes e séries não tem muito mais esses papéis, sabe? Já tem coisas mais avançadas, sabe?" (Mulan, 13 anos)	Aponta para uma mudança nas representações de gênero na mídia, indicando que os papéis tradicionais estão sendo gradualmente desafiados. Ressalta a evolução cultural em direção a narrativas mais inclusivas e equitativas.
"O Brasil hoje é um país que tá lutando por muitas coisas, por questão da comunidade LGBT, questão racial, de classe social. Esses tempos de pandemia mesmo o pessoal discutiu e debateu muito esses temas. Então eu acho que deficiência é um negócio que mais pesa porque empresas, elas não escolhem aquelas pessoas que podem dificultar [faz aspas com as mãos] de alguma forma o rendimento da empresa. Então é muito raro você ver uma pessoa deficiente trabalhando como uma pessoa que não tem deficiência." (Merida, 14 anos)	Aborda as barreiras enfrentadas por pessoas com deficiência no mercado de trabalho, evidenciando como o macrossistema influencia oportunidades e perpetua preconceitos. Destaca a importância de uma abordagem interseccional para compreender essas dinâmicas.
"Evoluíram, mas ainda tem muita coisa a evoluir ainda porque a gente ainda tá debatendo, ainda tá criando discussões sobre esses casos. Se a gente tivesse evoluído muito nem discutir a gente discutiria mais, a gente já estaria todo mundo vivendo sua vida tranquila. Mas hoje é muito difícil você não ver um caso de injúria racial, um caso de homofobia, um caso de alguém com preconceito com deficiente, até a questão religiosa é uma questão que apega muito até hoje. Evoluiu e tá bem melhor do que antes, bem, o povo já tá garantindo e conseguindo seus direitos, mas bem pouquinho, bem no processo, bem devagar." (Merida, 14 anos)	Reconhece os avanços nas discussões sobre discriminação e preconceito, mas ressalta que ainda há desafios significativos. Reflete a complexidade dos sistemas sociais na evolução das normas de gênero e destaca a necessidade de um engajamento contínuo para promover uma sociedade que valorize a diversidade.

Fonte: elaboração própria

O tema *Em um reino não tão distante...: contextos de socialização* revela a complexidade do processo pelo qual as adolescentes constroem suas identidades de gênero, evidenciando a influência de diversos ambientes e sistemas – família, escola, amigos e sociedade – na internalização de normas e expectativas. As participantes demonstram como essas interações não apenas moldam a percepção de gênero, mas também influenciam diretamente atitudes e comportamentos.

Em continuidade, o próximo tema investiga o universo das narrativas e personagens presentes na infância e adolescência de muitas meninas, propondo analisar como as representações de gênero nas animações das princesas Disney influenciam os sonhos, as expectativas e a autoimagem das jovens. Dessa forma, essa abordagem funciona como uma ponte para uma compreensão mais profunda da interação entre as produções culturais de massa e o processo de socialização de gênero.

Tema 3 – *E viveram felizes para sempre?*: sobre as princesas Disney

Este tema explora a complexa relação entre as narrativas das princesas Disney e a construção da identidade de gênero, bem como as percepções sobre relacionamentos e a própria identidade das participantes ao longo do tempo. Nesse contexto, as jovens reconhecem que as representações das princesas desempenham um papel crucial na formação das identidades femininas, influenciando profundamente as visões sociais sobre gênero.

Adicionalmente, a análise dos achados revela uma evolução nas percepções das participantes: inicialmente, suas ideias eram moldadas por imagens idealizadas e estereotipadas; porém, com o tempo, essas percepções se transformam em uma perspectiva mais crítica e reflexiva, impulsionada pelo diálogo intergeracional e pela análise das mensagens transmitidas pelos filmes. Dessa maneira, as histórias das princesas funcionam como espelhos que refletem valores, identidades e até os *feitiços* dessas narrativas encantadas.

O tema se desdobra em cinco subtemas que examinam diferentes dimensões dessa relação: *Heranças encantadas: legado geracional*; *Vórtice do tempo: opiniões transformadas*; *Espelho, espelho meu: identificação pessoal*; *Poções de sabedoria: interpretações possíveis* e *Revelando o feitiço: críticas às narrativas*. Conforme ilustrado na Figura 5, esses subtemas oferecem perspectivas únicas sobre como as animações das princesas Disney são interpretadas e internalizadas.

Por fim, esses subtemas evidenciam como as interações entre diferentes contextos – desde a influência cultural de massa até os ambientes mais íntimos – contribuem para a construção das expectativas e normas de gênero. As participantes, ao se depararem com essas histórias, passam por um processo de reconhecimento e crítica que transcende a infância, resultando em uma visão mais madura e consciente na adolescência e, possivelmente, na vida adulta.

Figura 5 – *Ilustração das conexões entre o tema E viveram felizes para sempre?: sobre as princesas Disney e seus subtemas*

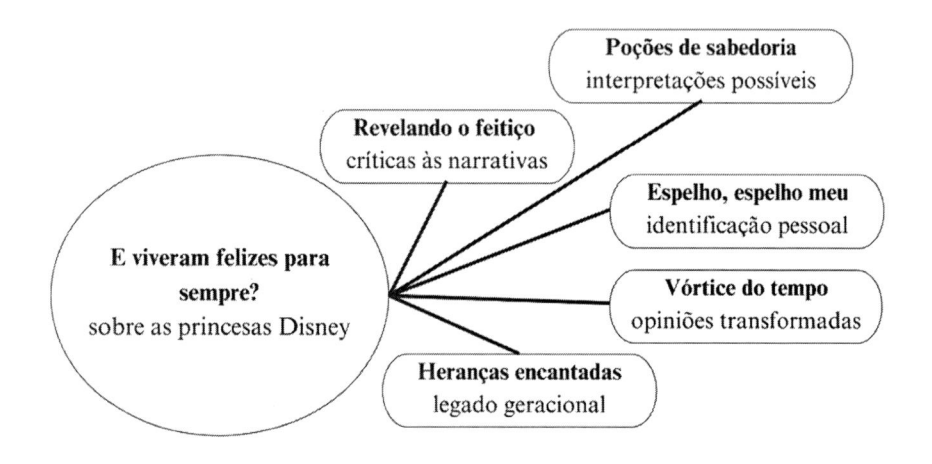

```
                                    Poções de sabedoria
                                    interpretações possíveis

                    Revelando o feitiço
                    críticas às narrativas
                                          Espelho, espelho meu
                                          identificação pessoal
    E viveram felizes para
         sempre?
    sobre as princesas Disney         Vórtice do tempo
                                      opiniões transformadas

                        Heranças encantadas
                        legado geracional
```

Fonte: elaboração própria

Subtema 3.1 – Heranças encantadas: legado geracional

Este subtema explora a transmissão de valores e percepções sobre as histórias das princesas Disney entre diferentes gerações familiares, utilizando o conceito de cronossistema de Bronfenbrenner para conectar passado, presente e futuro. Nesse sentido, a análise das experiências das participantes revela percepções intergeracionais ricas, ilustrando as nuances do passado, a dinâmica do presente e as expectativas para o futuro.

Por exemplo, Mulan (13 anos) compartilha sua experiência de assistir ao filme *Moana* com sua avó, destacando o profundo impacto emocional das animações: "[...] *eu chorei com minha avó na parte que a vó dela morria e que ela virava aquela arraia. Foi perfeito assistir, então a gente gosta muito de filme das princesas, eu assisto muito com as duas*". Dessa forma, esse relato demonstra como as narrativas da Disney funcionam como instrumentos de continuidade da identidade, conectando as memórias evocadas na tela com as experiências emocionais atuais das espectadoras. Assim, as animações não apenas despertam recordações pessoais, mas também desempenham um papel fundamental na construção e reinvenção da identidade ao longo do tempo[413].

Ademais, outra reflexão de Bela (17 anos) expressa sua esperança de que futuras gerações tenham acesso a modelos de gênero mais diversificados e empoderados, evidenciando a influência do macrotempo no cronossistema[414]. Ela afirma:

> [...] *apesar de, como eu falei, ter muita coisa pra evoluir ainda, a gente acaba evoluindo sempre um pouquinho mais, então acho que daqui uns 10, 20 anos, eu acho que vai ter evoluído alguma coisa [...] espero muito que meus filhos [...] vejam que o que eles estão vivendo é totalmente diferente e melhor do que o que estou vivendo agora ou de quando vivi quando era pequena.*

Assim, essa perspectiva alinha-se a estudos que apontam uma evolução gradual nas representações das princesas Disney, indicando uma tendência para personagens femininas cada vez mais autônomas e complexas[415].

Paralelamente, Cinderela (14 anos) destaca o papel da conectividade à internet nas futuras interpretações dessas narrativas, ressaltando que, embora a rede amplie o alcance das representações idealizadas, ela também oferece um espaço para o questionamento e a análise crítica dessas mesmas narrativas[416]. Dessa maneira, crianças e adolescentes podem se engajar de forma mais informada e reflexiva, contribuindo para o desenvolvimento do senso crítico em relação às construções culturais de gênero.

De forma complementar, Merida (14 anos) discute a necessidade de equilibrar a inspiração proporcionada pelas narrativas Disney com uma visão realista da vida, oferecendo uma perspectiva pragmática para as futuras gerações. Ela afirma:

> *Se eles forem criancinha, eu vou deixar meus filhos, tipo, sonhar e ter aqueles sonhos de princesa que nem eu tive, mas eu espero que eles pensem de uma forma melhor do que eu pensava e*

---

[413] ZITTOUN; GROSSEN, 2013.
[414] BRONFENBRENNER; MORRIS, 1998.
[415] ANINDITA, N. P. A Comparison Between Disney Earlier and Recent Princess of The Third Generation of Disney Animated Films as Seen in Rapunzel in Tangled and Moana in Moana. *Kata Kita*, v. 10, n. 1, p. 51-57, 2022. https://doi.org/10.9744/katakita.10.1.51-57.
[416] BRYMAN, 2004.

também não esperem que a vida seja como nos filmes. Quero que eles assistam, mas que não achem que vai ser daquele jeito.

Assim, essa fala indica que, embora seja importante incentivar o sonho e a imaginação, também é essencial que as crianças aprendam que a realidade não segue a mesma lógica encantada dos filmes. A abordagem de Merida (14 anos) revela uma compreensão crítica das representações idealizadas das histórias de princesas, ressaltando a necessidade de combinar a fantasia com uma perspectiva mais realista, em consonância com estudos que questionam os estereótipos de gênero e as expectativas irreais[417].

Por fim, a análise geral das falas, apresentadas integralmente na Tabela 10, mostra que as narrativas da Disney transcendem o mero entretenimento, funcionando como um campo de reflexão sobre identidade, valores familiares e evolução cultural. Desse modo, esse entendimento reforça a importância de interpretar as histórias da Disney não apenas como produtos de consumo, mas como elementos significativos na formação da cultura familiar e na construção da identidade ao longo das gerações.

Tabela 10 – *Citações ilustrativas do subtema Heranças encantadas: legado geracional*

(Continua)

Trechos retirados das transcrições das entrevistas	Análise Sucinta
"Eu já assisti com minha avó, já assisti com minha mãe. Inclusive, a gente já foi no cinema. Assim, que eu lembro, a gente já assistiu no cinema Moana e Frozen 2, que a gente é muito apaixonado, Moana também foi maravilhoso, assistimos, amamos. Inclusive, eu chorei com minha avó na parte que a vó dela morria e que ela virava aquela arraia. Foi perfeito assistir, então a gente gosta muito de filme das princesas, eu assisto muito com as duas." (Mulan, 13 anos)	Destaca a conexão emocional e intergeracional proporcionada pelas animações da Disney. Assistir a esses filmes com sua avó e mãe fortalece os laços familiares e cria memórias afetivas que atravessam gerações, evidenciando o impacto dessas narrativas na construção de vínculos e significados compartilhados.

---

[417] *Confer* ENGLAND, 2011.
COYNE *et al.*, 2016.
WARD; GROWER, 2020.
COYNE *et al.*, 2021.

Tabela 10 – *Citações ilustrativas do subtema Heranças encantadas: legado geracional*

(Continuação)

Trechos retirados das transcrições das entrevistas	Análise Sucinta
"Minha mãe tinha muito essa questão de o que a gente tem que passar para outras pessoas, que a gente tem que se manter respeito e esse tipo de comentário. De que a gente não podia fazer as coisas sem pensar no que as outras pessoas vão falar, porque ser princesa, né? Como em Valente, uma princesa não usa armas, uma princesa não dá risada, gargalhadas de qualquer jeito. Foi uma coisa que eu me identifiquei porque assim, eu compreendo minha mãe, ela foi criada assim, então, eu tenho para mim, que a mãe da Merida, ela foi criada de um jeito e acabou se transformando desse jeito porque talvez ela não tinha nenhum outro espelho do que era ser princesa, sabe? Então acho que ela passa isso de mãe pra filha e ela vai querer que siga adiante, mas, como a gente sabe, não é bem assim, não é bem desse jeito, são diversas gerações." (Bela, 17 anos)	Reflete sobre a transmissão intergeracional de normas de comportamento e expectativas de gênero. A comparação com a Rainha Elinor, de *Valente*, sugere como essas normas são reforçadas de mãe para filha, mas também como podem ser questionadas ao longo do tempo. Sua fala evidencia uma crescente conscientização sobre a necessidade de desafiar padrões tradicionais e construir novas referências para as futuras gerações.
"Eu acho que [se eu tiver uma criança] vai ser bem diferente [a forma como ela verá os filmes das Princesas]. Eu acho que ela vai olhar as produções de, assim, não de hoje exatamente, mas de quando eu era pequenininha, eu acho que vão olhar, assim, pensar 'caramba, era totalmente diferente'. Eu acho que sim, porque apesar de, como eu falei, ter muita coisa pra evoluir ainda, a gente acaba evoluindo sempre um pouquinho mais, então acho que daqui uns 10, 20 anos, eu acho que vai ter evoluído alguma coisa [...] espero muito que meus filhos [...] vejam que o que eles estão vivendo é totalmente diferente e melhor do que o que estou vivendo agora ou de quando vivi quando era pequena." (Bela, 17 anos)	Expressa otimismo ao acreditar que as futuras gerações terão uma visão mais crítica das narrativas das princesas Disney, reconhecendo uma evolução positiva nas percepções sociais ao longo do tempo.
"[Se um(a) filho(a) ou uma filha quiser assistir essas animações] acho que eles vão ver muito diferente do que eu via, por eles não vão ser da mesma geração, eles não vão ter os mesmos brinquedos, as mesmas coisas que eu. [...] Eles vão ser muito mais conectados à internet, então eles vão saber muito mais coisas antes, às vezes não ter aquele olhar que a gente tinha." (Cinderela, 14 anos)	Destaca que a conectividade e o acesso à informação proporcionarão às futuras gerações uma experiência distinta na visualização dessas animações, possibilitando uma compreensão mais crítica e diferenciada das narrativas das princesas Disney

Tabela 10 – *Citações ilustrativas do subtema Heranças encantadas: legado geracional*

(Conclusão)

Trechos retirados das transcrições das entrevistas	Análise Sucinta
"Se eles forem criancinha, eu vou deixar meus filhos, tipo, sonhar e ter aqueles sonhos de princesa que nem eu tive, mas eu espero que eles pensem de uma forma melhor do que eu pensava e também não esperem que a vida seja como nos filmes. Quero que eles assistam, mas que não achem que vai ser daquele jeito." (Merida, 14 anos)	Enfatiza a importância de permitir que as crianças sonhem com as histórias das princesas, mas também de desenvolver uma perspectiva crítica que as ajude a diferenciar fantasia e realidade, promovendo expectativas de vida mais realistas e saudáveis.

Fonte: elaboração própria

Subtema 3.2 – **Vórtice do tempo: opiniões transformadas**

Este subtema investiga a evolução das percepções das participantes sobre as narrativas, valores e representações de gênero nos filmes das princesas Disney. As falas revelam uma mudança que acompanha o amadurecimento, passando de uma visão infantil e acrítica para uma compreensão mais complexa e questionadora das mensagens dessas narrativas.

Por exemplo, o relato de Bela (17 anos) ilustra essa transição, evidenciando o aumento da curiosidade e do senso crítico ao longo do tempo:

> *Quando eu era pequena, pequena, eu não via maldade nenhuma [nos filmes de princesas], nem nada, não tinha nem opinião, não sabia nem o que era certo, o que era errado [...] Mas hoje em dia, desde o começo da adolescência, é bem diferente. [...] quando a gente é pequena a gente não reflete sobre isso, né? Por talvez não ter tanta maturidade para começar a pensar nesse tipo de coisa.*

Dessa forma, essa declaração demonstra como as experiências vividas e a reflexão pessoal se aprofundam com a idade.

Ademais, Merida (14 anos) e Cinderela (14 anos) compartilham reflexões sobre como suas percepções poderão continuar a evoluir, evidenciando uma consciência emergente acerca das mensagens subjacentes e dos valores transmitidos por essas narrativas. Por exemplo, Merida (14 anos) expressa uma mudança de aspirações, afirmando:

> *[quando era mais nova] pensava bastante diferente. Antes eu queria viver em um dos filmes da Disney, hoje já não quero mais porque eu sei que não é daquele jeito [...] [No futuro] Eu acho que vou pensar bastante diferente [...] não ver um filme apenas como animação e tal, mas ver como se fosse algum tipo de lição e mensagem e tirar alguma coisa dali para debater, observar, aprender, essas coisas.*

Da mesma forma, Cinderela (14 anos) comenta: *"Acho que quando eu for ficar adulta, eu vou ver com outros olhos [as animações], outras coisas, pensar em outras coisas que eu não penso agora, por já ter também vivido mais e saber mais coisas"*.

Essas observações indicam que o amadurecimento permite às jovens desenvolver uma visão crítica e reflexiva das narrativas das princesas Disney, indo além do mero entretenimento para incorporar lições de vida e questionar valores preestabelecidos. Tal postura crítica alinha-se às teorias, que ressaltam a influência do contexto e das interações sociais na formação da identidade durante a infância e adolescência. Essa dinâmica interativa – em que os indivíduos não apenas absorvem, mas também interpretam e respondem às influências do ambiente – é fundamental para a compreensão do desenvolvimento humano[418].

Além disso, a análise da linguagem sexista presente em filmes como *A Pequena Sereia* e *Mulan* revela como essas narrativas reproduzem estereótipos de gênero e contribuem para a subjugação feminina[419]. Essa crítica se reflete nas preocupações das participantes quanto aos aspectos negativos dessas histórias, que antes eram admiradas de forma ingênua. Por exemplo, a curiosidade de Bela (17 anos) não se limita a um traço individual, mas é uma expressão de sua capacidade de questionar e explorar as narrativas das princesas, buscando compreender ativamente o mundo ao seu redor e, assim, promovendo seu crescimento pessoal e cognitivo.

Adicionalmente, essa evolução na interpretação das mensagens dos filmes sugere que as futuras gerações poderão adotar uma visão mais crítica e informada. Uma questão central a ser investigada é se essa mudança resulta de alterações nas próprias animações – em resposta às pressões

---

[418] BRONFENBRENNER, 1996, 2011.
[419] BEGUM, 2022.

sociais sobre a indústria do entretenimento – ou de uma transformação na percepção do público. De qualquer forma, as representações das princesas Disney têm acompanhado o movimento feminista, evidenciando uma progressiva desconstrução dos estereótipos de gênero e a promoção de modelos femininos mais diversos e empoderados[420].

Por fim, pesquisas que investigam o impacto das narrativas das princesas Disney no desenvolvimento de estereótipos, na autoestima corporal e no comportamento infantil fornecem um contexto empírico para compreender essas reflexões. Embora a identificação com as princesas possa reforçar noções tradicionais de feminilidade, as participantes começam a questionar e reavaliar essas representações à medida que amadurecem[421]. A interseção entre a teoria feminista e a crítica cultural oferece, assim, uma perspectiva adicional para compreender essa evolução: a desconstrução das representações de gênero nos filmes da Disney é vista como um ato de resistência contra normas restritivas, impulsionando a busca por identidades mais fluidas e empoderadas[422].

Em resumo, a mudança nas percepções das jovens sobre as narrativas das princesas reflete um amadurecimento intelectual e crítico, influenciado por fatores culturais, sociais e individuais. As participantes demonstram que reconhecem e questionam os estereótipos de gênero e as representações tradicionais de feminilidade presentes nessas animações. A transformação das personagens – de figuras passivas para protagonistas ativas e complexas – evidencia uma mudança cultural mais ampla quanto ao papel da mulher na sociedade[423]. A síntese das análises das citações, disponíveis na Tabela 11, revela que as percepções das participantes são dinâmicas e moldadas pela curiosidade, pelas experiências vividas e pelo diálogo com diversas perspectivas críticas, integrando teorias do desenvolvimento humano, crítica feminista e análises culturais para oferecer um quadro abrangente de como as jovens reavaliam e reinterpretam as mensagens de gênero presentes nessas narrativas icônicas.

---

[420] APPOLINÁRIO; GONÇALVES, 2020.
LEMOS; BARTH, 2020.
[421] COYNE *et al.*, 2016, 2021.
[422] BUTLER, 2022.
DE LAURETIS, 1987.
[423] FERREIRA; GONÇALVES, 2018.
WILKE, 2020.
BENHAMOU, 2023.

Tabela 11 – *Citações ilustrativas do subtema Vórtice do tempo: opiniões transformadas*

(Continua)

Trechos retirados das transcrições das entrevistas	Análise Sucinta
"Quando eu era pequena, pequena, eu não via maldade nenhuma [nos filmes de princesas], nem nada, não tinha nem opinião, não sabia nem o que era certo, o que era errado [...] Mas hoje em dia, desde o começo da adolescência, é bem diferente. [...] quando a gente é pequena a gente não reflete sobre isso, né? Por talvez não ter tanta maturidade para começar a pensar nesse tipo de coisa. Daí, como eu sou muito curiosa, quando eu gosto muito, começo a me aprofundar muito nas histórias, começo a ver visões de pessoas, a ler teorias sobre o filme ou desenho ou a série, eu comecei a ver os lados obscuros, entre aspas, dos desenhos e de teorias de onde se basearam a história." (Bela, 17 anos)	Ilustra a transição de uma visão infantil, desprovida de críticas, para uma postura mais analítica na adolescência. Demonstra que, conforme amadureceu, passou a questionar e aprofundar-se nas narrativas dos contos de fadas, evidenciando como as vivências e o ambiente contribuem para o desenvolvimento de uma visão crítica sobre os ideais anteriormente aceitos sem reflexão.
"[Quando era mais nova] pensava bastante diferente. Antes eu queria viver em um dos filmes da Disney, hoje já não quero mais porque eu sei que não é daquele jeito." (Merida, 14 anos)	Evidencia a transformação significativa de sua percepção ao longo do tempo. Inicialmente, idealizava viver nos contos de fadas, mas, com o amadurecimento, passou a reconhecer que essas narrativas não refletem a realidade, demonstrando como a maturidade possibilita uma compreensão mais realista das histórias.
"Eu acho que vou pensar bastante diferente do que eu penso hoje, talvez eu até mude um pouco de opinião com o que eu penso hoje, mas, no futuro, espero que eu possa tipo, aprender e ver mais as mensagens que esses filmes da Disney quer passar. Tipo, não ver um filme apenas como animação e tal, mas ver como se fosse algum tipo de lição e mensagem e tirar alguma coisa dali para debater, observar, aprender, essas coisas. Então eu acho que, no futuro, eu vou pensar de um jeito bastante diferente, mas eu não vou mudar essa opinião de não querer ser mais princesa." (Merida, 14 anos)	Antecipa que sua perspectiva continuará a evoluir à medida que acumular mais vivências. Embora mantenha a convicção de não almejar o papel tradicional de princesa, expressa o desejo de extrair lições e refletir criticamente sobre as mensagens dos filmes, evidenciando abertura para o crescimento contínuo e a reavaliação de seus conceitos ao longo do tempo.

Tabela 11 – *Citações ilustrativas do subtema Vórtice do tempo: opiniões transformadas*

(Conclusão)

Trechos retirados das transcrições das entrevistas	Análise Sucinta
"Acho que quando eu for ficar adulta, eu vou ver com outros olhos [as animações], outras coisas, pensar em outras coisas que eu não penso agora, por já ter também vivido mais e saber mais coisas." (Cinderela, 14 anos)	Reflete a consciência de que suas interpretações dos filmes mudarão com o passar dos anos. Reconhece que, com as vivências e o amadurecimento, sua compreensão das narrativas culturais se transformará, evidenciando o impacto do desenvolvimento pessoal na forma como os conteúdos midiáticos são percebidos e integrados às suas visões de mundo.

Fonte: elaboração própria

Subtema 3.3 – Espelho, espelho meu: identificação pessoal

Este subtema destaca a forte identificação das participantes com as personagens das princesas Disney, revelando uma conexão profunda entre essas narrativas e as experiências pessoais das adolescentes. Essa relação se manifesta em diversos níveis, abrangendo aspectos físicos, dinâmicas familiares, valores individuais e desafios sociais. Dessa forma, as citações das participantes evidenciam que as histórias das princesas funcionam como espelhos, permitindo que elas reconheçam suas próprias lutas, aspirações e relações familiares.

Por exemplo, Bela (17 anos) identifica-se com Merida, de *Valente*, em razão de sua posição como filha mais velha, evidenciando como o microssistema familiar influencia a construção da identidade. Ela relata a semelhança entre a relação de Merida com sua mãe no filme e a dinâmica existente em sua própria família:

> *Quando a gente assistiu, a gente ficou tipo, "mãe, caramba, [...] ele é muito parecido com a história da gente". [...] ela sempre fala "tu é igualzinha Merida", aí eu falei "a senhora é igualzinha a mãe dela". [...] a gente se identificou muito [...] porque a minha mãe ela tem uma forma de pensar, de como eu deveria agir, como eu não deveria agir. E depois de ter acontecido um monte de coisa ruim assim, foi que a gente olhou uma para outra*

> e falou "é, não é assim... Acho que não é desse jeito que tem que ser. Vamos sentar, conversar e ver como que eu vou entender a senhora e a senhora vai me entender".

Assim, essa fala ressalta tanto a transmissão intergeracional de normas quanto a busca por compreensão mútua, ilustrando como as dinâmicas familiares reais influenciam as percepções de gênero[424]. Além disso, a adolescente evidencia que as narrativas das princesas podem inspirar transformações nas relações familiares ao provocar uma reflexão crítica sobre as expectativas tradicionais.

De forma complementar, a resistência às normas de gênero também se reflete na crítica às regras de vestimenta. Bela (17 anos) comenta:

> [...] no nosso dia a dia a gente aprende muito [como a mãe de Merida fala] "ah, uma princesa não se veste desse jeito, se comporta desse jeito" e [...] as pessoas não podem usar roupas curtas ou transparentes ou que mostrem o corpo porque é uma forma de de 'denegrir' a imagem. (Bela, 17 anos, aspas incluídas manualmente pela participante)

Dessa maneira, essa observação demonstra a busca das jovens por autenticidade e liberdade de expressão, desafiando normas de gênero restritivas impostas tanto pela sociedade quanto pela família[425].

Ainda, a relação intrínseca entre as jovens e as princesas Disney emerge a partir de suas próprias experiências, moldando suas identidades desde a infância. A fala de Mulan (13 anos) evidencia essa conexão precoce:

> Eu adoro as princesas, eu amo. E minha história começou desde quando eu nasci. Eu nasci super branquinha, com os cabelos, tipo assim, escuro, diziam que eu parecia muito com a Branca de Neve, eu acho que foi por aí que começou esse relacionamento meu com as princesas.

Esse relato ilustra como as características físicas das princesas influenciam a formação da autoimagem desde os primeiros anos, ressignificando o papel social da mulher e moldando as percepções de beleza

---

[424] AGUIAR; BARROS, 2015.
SOUZA; MELLO, 2021.
[425] ANJIRBAG, 2018.
TASMIN, 2020.
BEGUM, 2022.

e aceitação. Ademais, as narrativas das princesas fortalecem os laços familiares, funcionando como instrumentos educativos e de compartilhamento de valores. Como reforça Mulan (13 anos): "*Eu já assisti com minha avó, já assisti com minha mãe. Inclusive, a gente já foi no cinema. Assim, que eu lembro, a gente já assistiu no cinema Moana e Frozen 2, que a gente é muito apaixonado, Moana também foi maravilhoso, assistimos, amamos*". Dessa forma, a conexão com as histórias das princesas vai além do âmbito individual, influenciando também as dinâmicas familiares e contribuindo para a construção de identidades e relações interpessoais[426].

Além disso, a busca por modelos femininos fortes e independentes surge na fala de Mulan (13 anos):

> *Eu adoro filmes das princesas. Tem muitas princesas que, como a Mulan, que mostra que não precisa ter um príncipe encantado do lado para você poder ser forte. O que eu achei bem legal esse filme e eu adoro filmes das princesas tanto que foi superdifícil eu decidir qual foi o meu filme favorito, sabe? Eu escolhi Mulan por conta disso, sabe? Dela ser muito forte, dela ser uma guerreira, eu gostei bastante disso no filme dela.*

Essa declaração evidencia como as narrativas das princesas Disney servem de inspiração para a construção de uma identidade feminina autônoma, demonstrando a influência dessas histórias na formação dos valores e aspirações das jovens[427].

Por sua vez, Bela (17 anos) reforça a relevância de modelos femininos que incentivam a independência intelectual e questiona normas tradicionais, relatando:

> *Nessa Vila, [Bela] é considerada a estranha, né? Por todo mundo ser igual e ela ser diferente do igual. E, umas das coisas, que hoje em dia até acontece, eu sei que já aconteceu*

---

[426] CECHIN, 2014.
ANINDITA, 2022.
[427] *Confer* FERREIRA; GONÇALVES, 2018.
APPOLINÁRIO; GONÇALVES, 2015.
LEMOS; BARTH, 2020.
WILKE, 2020.
MACHIDA; MENDONÇA, 2020.
SOUZA; MELLO, 2021.
BEGUM, 2022.
MERDEKA, 2023.

> comigo algumas vezes, que é essa questão de gostar de leitura, que nesse tempo, né? Nesse desenho, do tempo dela, mulher não deveria ler livros, ter ideias... E isso já aconteceu comigo, não diretamente de falarem que mulheres não podem, né? Ler livros, ter ideias e pensar. [...] *Eu já ouvi um pessoal falando que eu era diferente assim do normal das pessoas daqui.* [...] *E eu me identifiquei muito com isso, por conta disso, dela ser mais diferente, né?*

Esse relato ilustra como a transgressão das normas de gênero, como o incentivo à leitura e ao pensamento crítico, é percebida como uma forma de resistência à homogeneização dos papéis femininos, contribuindo para a valorização da singularidade de cada pessoa[428].

Ainda, Bela (17 anos) destaca a importância do apoio familiar para a formação de uma identidade robusta, mencionando uma cena em que ela se identifica com o suporte do pai:

> *Eu me identifico muito com essa cena do pai da Bela, que ela apoia muito ele,* [...] *porque a minha avó paterna é assim comigo* [...] *Pode tá todo mundo falando que eu não vou conseguir tal coisa e eu quero conseguir, minha avó tá lá "não, você vai conseguir sim, você é melhor nisso."*

Essa conexão evidencia como o apoio familiar é crucial na resistência a estereótipos e na promoção da autonomia, reforçando que modelos de amor e suporte são fundamentais para o empoderamento feminino. Em síntese, as falas das participantes demonstram que as narrativas das princesas Disney funcionam como espelhos, refletindo experiências individuais e coletivas que moldam identidades e desafiam padrões tradicionais[429].

Por fim, a fala de Merida (14 anos) ressalta o impacto da representatividade e a quebra de estereótipos de gênero, evidenciando como

---

[428] *Confer* AGUIAR; BARROS, 2015.
APPOLINÁRIO; GONÇALVES, 2020.
[429] *Confer* BRONFENBRENNER, 1996, 2011.
BERENBAUM, 2008.
AGUIAR; BARROS, 2015.
MISTRY; DUTTA, 2015.
MOREIRA; PORTELA, 2018.
BEZERRA *et al.*, 2020.
WILKE, 2020.
SEYBOLD, 2021.
MACHADO; ZIMMERMANN, 2022.

a identificação com personagens da Disney pode promover modelos alternativos de feminilidade:

> *Todos são filmes legais, bons de assistir, mas acho que A Princesa e o Sapo eu gostei bastante também por causa do vilão, ele me cativou assim, não pelo fato dele ser mal, mas o jeito dele. Gostei de Tiana por causa que ela é independente, ela, tipo assim, ela tenta reverter a situação dela virar uma princesa de novo, eu gostei disso. Ela busca. Também pelo fato, eu acho que é uma das únicas princesas negras da Disney.*

Essa fala evidencia que Tiana é valorizada por sua independência e pela luta para transformar sua realidade, representando um desvio dos papéis tradicionais frequentemente associados às princesas. Ao mesmo tempo, a menção à representatividade étnica ressalta a importância de modelos femininos diversos para a formação da identidade das jovens[430].

A identificação pessoal com personagens como Tiana reflete a busca por empoderamento e ressalta a relevância da diversidade na mídia para a formação da identidade das adolescentes. A interseccionalidade é fundamental para compreender como gênero e raça se entrelaçam nas experiências dessas jovens[431]. Assim, a fala de Merida (14 anos) impulsiona uma discussão abrangente sobre representatividade racial, a desconstrução de estereótipos de gênero e seus efeitos na construção da identidade feminina.

Em síntese, a identificação com as princesas Disney, conforme ilustrado nas citações da Tabela 12, revela a complexidade das influências dessas narrativas na formação da identidade de gênero das jovens. Enquanto as histórias oferecem pontos de identificação e inspiram comportamentos, elas também reproduzem normas de gênero. A evolução dos personagens ao longo do tempo indica um movimento em direção a representações mais diversificadas e empoderadoras, embora ainda haja espaço para maior diversidade e complexidade nas narrativas.

---

[430] AGUIAR; BARROS, 2015.
BALISCEI, 2017.
BEZERRA *et al.*, 2020.
[431] CRENSHAW, 1989, 2016.
COLLINS; BILGE, 2021.

Tabela 12 – *Citações ilustrativas do subtema Espelho, espelho meu: identificação pessoal*

(Continua)

Trechos retirados das transcrições das entrevistas	Análise Sucinta
"Quando eu assisti esse filme [Valente] pela primeira vez, desde o começo assim, que eu vi o trailer, eu já me identifiquei de primeira porque eu soube que ela era filha mais velha e depois ela tinha mais 3 irmãos e é o que acontece comigo também, eu tive três irmãos e eu sou a mais velha. Aí já comecei a identificação com ela por aí." (Bela, 17 anos)	Destaca como a posição de filha mais velha facilita a identificação com a protagonista, evidenciando o impacto das experiências familiares na conexão com personagens da mídia e na construção da identidade pessoal.
"Lembro [de como foi assistir Valente pela primeira vez] por ele ser mais recente. A gente assistiu em casa mesmo [...]. Quando a gente assistiu, a gente ficou tipo, 'mãe, caramba, [...] ele é muito parecido com a história da gente'. [...] ela sempre fala 'tu é igualzinha Merida', aí eu falei 'a senhora é igualzinha a mãe dela'. [...] a gente se identificou muito [...] porque a minha mãe ela tem uma forma de pensar, de como eu deveria agir, como eu não deveria agir. E depois de ter acontecido um monte de coisa ruim assim, foi que a gente olhou uma para outra e falou 'é, não é assim... Acho que não é desse jeito que tem que ser. Vamos sentar, conversar e ver como que eu vou entender a senhora e a senhora vai me entender'." (Bela, 17 anos)	Ressalta a identificação com a relação mãe-filha em *Valente*, mostrando como o filme funcionou como um gatilho para reflexão e transformação na dinâmica familiar, reforçando a importância do diálogo e da empatia.
"[...] é uma coisa que eu fico bem assim emocionada nessa parte [de Valente] porque elas começam a viver juntas e a mãe dela começa ver que é uma coisa até divertida, que é legal e que ela começou a entender o porquê a filha dela gostava de viver esses momentos assim. [...] às vezes a gente nem precisa só se colocar no lugar da filha ou da mãe, mas a gente pode até viver isso, esse momento juntas, essa experiência, sabe?" (Bela, 17 anos)	Ilustra como as narrativas das princesas Disney podem influenciar e inspirar mudanças nas relações familiares, promovendo maior compreensão, empatia e conexão entre mães e filhas.

Tabela 12 – *Citações ilustrativas do subtema Espelho, espelho meu: identificação pessoal*

(Continuação)

Trechos retirados das transcrições das entrevistas	Análise Sucinta
"[...] no nosso dia a dia a gente aprende muito [como a mãe de Merida fala] 'ah, uma princesa não se veste desse jeito, se comporta desse jeito' e [...] as pessoas não podem usar roupas curtas ou transparentes ou que mostrem o corpo porque é uma forma de denegrir [faz aspas com as mãos] a imagem." (Bela, 17 anos)	Evidencia a resistência às normas de gênero impostas pela sociedade, refletindo uma crítica às expectativas tradicionais sobre o comportamento feminino e destacando a busca por autenticidade e liberdade de expressão.
"Eu adoro as princesas, eu amo. E minha história começou desde quando eu nasci. Eu nasci super branquinha, com os cabelos, tipo assim, escuro, diziam que eu parecia muito com a Branca de Neve, eu acho que foi por aí que começou esse relacionamento meu com as princesas." (Mulan, 13 anos)	Demonstra como as características físicas das princesas podem influenciar a autoimagem desde a infância, evidenciando o impacto duradouro das representações de beleza e identidade promovidas pelas narrativas Disney.
"Eu já assisti com minha avó, já assisti com minha mãe. Inclusive, a gente já foi no cinema. Assim, que eu lembro, a gente já assistiu no cinema Moana e Frozen 2, que a gente é muito apaixonado, Moana também foi maravilhoso, assistimos, amamos. Inclusive, eu chorei com minha avó na parte que a vó dela morria e que ela virava aquela arraia. Foi perfeito assistir, então a gente gosta muito de filme das princesas, eu assisto muito com as duas." (Mulan, 13 anos)	Destaca o papel das narrativas das princesas Disney na criação de laços familiares e memórias compartilhadas, evidenciando a importância desses filmes na vivência coletiva.
"Eu adoro filmes das princesas. Tem muitas princesas que, como a Mulan, que mostra que não precisa ter um príncipe encantado do lado para você poder ser forte. O que eu achei bem legal esse filme e eu adoro filmes das princesas tanto que foi superdifícil eu decidir qual foi o meu filme favorito, sabe? Eu escolhi Mulan por conta disso, sabe? Dela ser muito forte, dela ser uma guerreira, eu gostei bastante disso no filme dela." (Mulan, 13 anos)	Evidencia o desejo por modelos femininos empoderados, destacando a importância de representações que desafiem os papéis tradicionais de gênero e promovam identidades que valorizem a autonomia e a força independentemente de validação masculina.

Tabela 12 – *Citações ilustrativas do subtema Espelho, espelho meu: identificação pessoal*

(Continuação)

Trechos retirados das transcrições das entrevistas	Análise Sucinta
"Nessa Vila, [Bela] é considerada a estranha, né? Por todo mundo ser igual e ela ser diferente do igual. E, umas das coisas, que hoje em dia até acontece, eu sei que já aconteceu comigo algumas vezes, que é essa questão de gostar de leitura, que nesse tempo, né? Nesse desenho, do tempo dela, mulher não deveria ler livros, ter ideias... E isso já aconteceu comigo, não diretamente de falarem que mulheres não podem, né? Ler livros, ter ideias e pensar. [...] *Eu já ouvi um pessoal falando que eu era diferente assim do normal das pessoas daqui.* [...] *E eu me identifiquei muito com isso, por conta disso, dela ser mais diferente, né?*" (Bela, 17 anos)	Enfatiza o valor da individualidade e do conhecimento como formas de resistência aos estereótipos de gênero, ilustrando como ser considerada diferente por buscar o saber desafia as expectativas tradicionais e promove uma identidade mais autêntica.
"*Eu me identifico muito com essa cena do pai da Bela, que ela apoia muito ele, né? Fala que confia muito nele e daí ela pergunta se o pai dela acha que ela é estranha, diferente das outras pessoas. Aí eu me identifiquei porque a minha avó paterna é assim comigo, minha mãe fala que ela é bem bobona de mim, mas eu me identifico muito porque a minha avó é assim. Pode tá todo mundo falando que eu não vou conseguir tal coisa e eu quero conseguir, minha avó tá lá 'não, você vai conseguir sim, você é melhor nisso'. Posso até nem ser, mas ela fala.* [...] *Então eu me identifiquei muito com essa parte do pai da Bela, falar que ela não é estranha, que gosta dela.*" (Bela, 17 anos)	Destaca a importância do incentivo e da validação no ambiente familiar para o fortalecimento da autoestima, demonstrando como o suporte de familiares próximos pode ajudar a superar rótulos e promover o desenvolvimento de uma identidade confiante.

Tabela 12 – *Citações ilustrativas do subtema Espelho, espelho meu: identificação pessoal*

(Conclusão)

Trechos retirados das transcrições das entrevistas	Análise Sucinta
"Todos são filmes legais, bons de assistir, mas acho que A Princesa e o Sapo eu gostei bastante também por causa do vilão, ele me cativou assim, não pelo fato dele ser mal, mas o jeito dele. Gostei de Tiana por causa que ela é independente, ela, tipo assim, ela tenta reverter a situação dela virar uma princesa de novo, eu gostei disso. Ela busca. Também pelo fato, eu acho que é uma das únicas princesas negras da Disney." (Merida, 14 anos)	Evidencia a importância da representatividade étnica e da autonomia feminina. A identificação com Tiana reflete a demanda por narrativas que promovam a diversidade e ofereçam modelos de empoderamento, inspirando uma autoimagem positiva em jovens de diferentes etnias.

Fonte: elaboração própria

Subtema 3.4 – *Poções de sabedoria: interpretações possíveis*

Este subtema investiga os comentários críticos das participantes sobre as histórias das princesas Disney, oferecendo uma discussão abrangente sobre como essas narrativas influenciam a percepção de gênero entre as adolescentes e podem, simultaneamente, desafiar e reforçar estereótipos tradicionais. Nesse sentido, a análise revela interpretações diversas que abordam temas como independência, representatividade racial, evolução de perspectivas e o reconhecimento de aspectos problemáticos nas narrativas.

Por exemplo, destaca-se a reflexão de Bela (17 anos), que questiona a interpretação convencional do relacionamento em *A Bela e a Fera*. Ela sugere que a situação não representa um simples sequestro, mas sim uma escolha consciente da protagonista ao decidir substituir seu pai, afirmando:

> Apesar que tem muitas teorias sobre, né? O filme da Bela e a Fera de que era um relacionamento um pouco abusivo porque ele sequestrou ela, mas, na minha visão, é meio que... não foi que ele sequestrou ela, ele sequestrou o pai dela e ela pediu para Fera que ele colocasse ela no lugar do pai.

Dessa forma, essa observação traz uma interpretação complexa do enredo, sugerindo que a decisão da protagonista pode ser vista como um ato de altruísmo e consentimento, evidenciando sua proatividade. Essa perspectiva reflete uma resistência à narrativa tradicional, que frequentemente retrata as mulheres como vítimas passivas, demonstrando como as adolescentes estão reavaliando criticamente as mensagens transmitidas por essas histórias[432].

Além disso, a interpretação de Bela (17 anos) pode ser contrastada com abordagens que discutem a construção de gênero e a subversão de identidades[433]. Sua visão sugere uma releitura da personagem que enfatiza sua agência e decisão dentro da narrativa, mostrando como as jovens reinterpretam histórias clássicas de maneira mais ativa e questionadora.

De forma correlata, a conexão com a teoria feminista é evidente na fala de Bela (17 anos) sobre a personagem principal: "*Eu acho que a mensagem dela [Bela] foi de mostrar o empoderamento porque, desde o começo, ela falava pro Gaston 'não, não quero' e continuou com essa ideia desde o começo até o final*". Nesta citação, a adolescente ressalta que a personagem não apenas rejeita os avanços de Gaston, mas demonstra ativamente seu desejo de autonomia, evidenciando a importância de moldar a própria narrativa e resistir às expectativas impostas[434].

Contudo, por outro lado, mesmo que os filmes das princesas Disney apresentem protagonistas femininas empoderadas, o uso de linguagem sexista transmite mensagens contraditórias e reforça estereótipos de gênero[435]. Essa contradição pode gerar uma falsa sensação de empoderamento, pois, mesmo com atitudes assertivas, os discursos limitados sobre o papel das mulheres permanecem. Essa incongruência ressalta a necessidade de uma análise crítica que reconheça tanto os aspectos positivos quanto as falhas dessas narrativas.

Ademais, outra reflexão interessante surge a partir do comentário de Merida (14 anos) sobre *A Princesa e o Sapo*, que evidencia uma compreensão aprofundada das narrativas contemporâneas da Disney, ultrapassando o clássico conflito entre o bem e o mal. A jovem destaca que, embora todos os filmes sejam agradáveis, ela se encantou particularmente com o vilão – não por suas ações maléficas, mas pelo seu caráter intrigante: "*Todos são filmes legais, bons de assistir, mas acho que A Princesa e o Sapo eu gostei bastante também por causa do vilão, ele me cativou assim, não pelo fato dele ser mal, mas o jeito dele*". Dessa maneira, essa observação ressalta a

---

[432] SALGADO; DE CARVALHO, 2021.
[433] BUTLER, 2022.
[434] APPOLINÁRIO; GONÇALVES, 2020.
[435] BEGUM, 2022.

valorização da complexidade dos personagens, desafiando a percepção binária de moralidade presente em narrativas mais antigas[436].

Além disso, Merida (14 anos) enfatiza a independência de Tiana, destacando sua agência e determinação ao *"tentar reverter a situação dela virar uma princesa de novo"*. Essa admiração reflete uma evolução nas representações das princesas Disney, que vêm se tornando mais autônomas e multifacetadas, acompanhando as transformações nas concepções de gênero na sociedade[437]. Por fim, a menção de Tiana como *"uma das únicas princesas negras da Disney"* evidencia a importância da diversidade racial nas mídias, crucial para construir identidades positivas e promover a inclusão de diferentes grupos étnicos nas narrativas culturais[438].

Ainda, outra citação de Merida (14 anos) evidencia uma perspectiva crítica sobre a narrativa de *Cinderela*:

> *Eu entendo que a Cinderela é gentil e bondosa, mas não tem ser humano que aguente não. A situação que ela tá, é tipo, ela tava fazendo trabalho escravo, ela não tá sendo paga por pessoas que ela não pode nem considerar da família. Então eu imporia a minha presença tipo, não deixaria que a madrasta me mandasse.*

Com isso, ao reconhecer a gentileza da personagem, a adolescente questiona a situação de Cinderela, comparando-a a um trabalho escravo em que ela não é remunerada e é injustamente tratada pela madrasta. Essa reflexão propõe uma interpretação contemporânea das narrativas, destacando questões como trabalho não remunerado, exploração e a necessidade de resistência contra abusos de poder[439]. Tal análise converge com pesquisas recentes sobre representações de gênero, poder e identidade nas narrativas das princesas Disney[440].

---

[436] SANTOS, 2015.
[437] SEYBOLD, 2021.
SAKAGUCHI, H. Changing Gender Roles and Disney Princess Movies. *Chukyo Literatura Chinesa*, v. 43, p. 76-93, 2023.
[438] ROBERTS, D. F. *et al*. Adolescents and Media. *In*: LERNER, R. M.; STEINBERG, L. (ed.). *Handbook of adolescent psychology*. 2. ed. Hoboken: John Wiley & Sons, Inc., 2004. p. 487-521.
AGUIAR; BARROS, 2015.
BALISCEI, 2017.
[439] FERGUSON, 2016.
ZANELLO, 2018.
FEDERICI, 2019.
[440] AGUIAR; BARROS, 2015.
ANJIRBAG, 2018.
MIDKIFF; AUSTIN, 2021.

Por fim, a citação de Mulan (13 anos) evidencia sua admiração pela força e independência da personagem, que ela enxerga como um modelo capaz de desafiar os estereótipos tradicionais de gênero e relacionamentos: "*O que eu achei bem legal nesse filme* [...] [é o fato] dela ser muito forte, dela ser uma guerreira, eu gostei bastante disso no filme dela". Essa valorização reflete a celebração de uma protagonista que rompe com normas preestabelecidas – uma representação revolucionária em comparação com as princesas clássicas[441].

Contudo, é essencial analisar essa narrativa em um contexto mais amplo, explorando não apenas os aspectos visíveis da história, mas também os significados subjacentes e as mensagens que ela transmite, especialmente no que tange a questões sociais, culturais e políticas[442]. Por exemplo, ao se disfarçar de homem para lutar no exército em lugar de seu pai, a personagem demonstra não só coragem individual, mas também lança luz sobre temas profundos como a equidade de gênero, o empoderamento feminino e a resistência a normas sociais restritivas. Dessa forma, a narrativa de *Mulan* oferece importantes percepções sobre identidade, autenticidade e liberdade, contribuindo para uma compreensão mais abrangente das experiências e conquistas das mulheres em diferentes contextos culturais e históricos.

Por fim, o subtema *Poções de sabedoria: interpretações possíveis* revela, por meio das citações apresentadas na Tabela 13, como as histórias das princesas Disney são reinterpretadas pelas participantes de forma crítica. Essas reflexões abrangem desde o reconhecimento do empoderamento e da independência das personagens até a problematização de questões como consentimento, representatividade racial e justiça social. Ao desafiar estereótipos e questionar valores arraigados, as participantes ampliam o debate sobre gênero, poder e identidade nas produções culturais de massa promovendo uma análise mais reflexiva das narrativas das princesas Disney e seu impacto na construção da identidade das jovens.

---

[441] FERREIRA; GONÇALVES, 2018.
[442] BEGUM, 2022.

Tabela 13 – *Citações ilustrativas do subtema Poções de sabedoria: interpretações possíveis*

(Continua)

Trechos retirados das transcrições das entrevistas	Análise Sucinta
"Apesar que tem muitas teorias sobre, né? O filme da Bela e a Fera de que era um relacionamento um pouco abusivo porque ele sequestrou ela, mas, na minha visão, é meio que... não foi que ele sequestrou ela, ele sequestrou o pai dela e ela pediu para Fera que ele colocasse ela no lugar do pai." (Bela, 17 anos)	Evidencia a importância de modelos femininos que desafiam os estereótipos tradicionais de gênero, valorizando a autonomia e a capacidade de luta das personagens. Reflete também a busca por representações de mulheres fortes e guerreiras, que servem como inspiração para desafiar as normas sociais restritivas
"Eu acho que a mensagem dela [Bela] foi de mostrar o empoderamento porque, desde o começo, ela falava pro Gaston 'não, não quero' e continuou com essa ideia desde o começo até o final. E ela falava isso, ela colocava isso em prática, demonstrava para ele, mostrava para ele." (Bela, 17 anos)	Destaca a firmeza e a autonomia da personagem Bela ao recusar os avanços de Gaston, interpretando essa postura como um exemplo de empoderamento. A resistência da personagem às pressões sociais reflete a importância de figuras femininas que afirmam seus desejos e limites de maneira clara, alinhando-se a discussões sobre protagonismo feminino e autonomia.
"Todos são filmes legais, bons de assistir, mas acho que A Princesa e o Sapo eu gostei bastante também por causa do vilão, ele me cativou assim, não pelo fato dele ser mal, mas o jeito dele. Gostei de Tiana por causa que ela é independente, ela, tipo assim, ela tenta reverter a situação dela virar uma princesa de novo, eu gostei disso. Ela busca. Também pelo fato, eu acho que é uma das únicas princesas negras da Disney." (Merida, 14 anos)	Expressa admiração pela independência de Tiana e pela complexidade do vilão, evidenciando a agência da protagonista em buscar seus próprios objetivos. Além disso, destaca a importância da representatividade racial na mídia, evidenciando como a presença de personagens negras nas animações Disney pode impactar positivamente a identificação e o reconhecimento de diversidade nas narrativas.
"Eu entendo que a Cinderela é gentil e bondosa, mas não tem ser humano que aguente não. A situação que ela tá, é tipo, ela tava fazendo trabalho escravo, ela não tá sendo paga por pessoas que ela não pode nem considerar da família. Então eu imporia a minha presença tipo, não deixaria que a madrasta me mandasse." (Merida, 14 anos)	Propõe uma leitura contemporânea e crítica da narrativa de *Cinderela*, interpretando sua situação sob a ótica da justiça social e da equidade de gênero. Sua visão enfatiza a necessidade de resistência e autoafirmação, sugerindo que as histórias das princesas podem ser ressignificadas a partir de novas perspectivas.

Tabela 13 – *Citações ilustrativas do subtema Poções de sabedoria: interpretações possíveis*

(Conclusão)

Trechos retirados das transcrições das entrevistas	Análise Sucinta
"Eu adoro filmes das princesas. Tem muitas princesas que, como a Mulan, que mostra que não precisa ter um príncipe encantado do lado para você poder ser forte. O que eu achei bem legal nesse filme e eu adoro filmes das princesas tanto que foi superdifícil eu decidir qual foi o meu filme favorito, sabe? Eu escolhi Mulan por conta disso, sabe? Dela ser muito forte, dela ser uma guerreira, eu gostei bastante disso no filme dela." (Mulan, 13 anos)	Evidencia a valorização de modelos femininos que rompem com os estereótipos tradicionais de gênero. A independência e a força da personagem são vistas como inspiração para desafiar normas sociais restritivas, refletindo uma busca por representações mais diversas e empoderadas de mulheres nas narrativas midiáticas

Fonte: elaboração própria

Subtema 3.5 – Revelando o feitiço: críticas às narrativas

Este subtema investiga como as interações das participantes com as narrativas das princesas Disney moldam suas concepções de gênero. As falas revelam uma visão crítica das mensagens subjacentes a essas histórias e seu potencial para influenciar expectativas e comportamentos relacionados ao gênero.

Por exemplo, ao expor os *feitiços* presentes nas narrativas, emergem críticas como a de Merida (14 anos), que questiona a trama de Cinderela, destacando uma problemática subjacente:

> [...] eu não gosto da animação de Cinderela por causa que ela traz a sensação de que os problemas de Cinderela só melhoraram por causa de um príncipe. Por causa que uma fada madrinha que chegou e entregou para ela a chance conhecer um príncipe, como se ela não pudesse reverter a situação sozinha. Precisaria de uma segunda pessoa, um príncipe encantado para poder ajudar.

Dessa forma, essa reflexão amplia o debate sobre o impacto dessas narrativas na percepção das adolescentes quanto aos seus papéis e capacidades em relação aos homens. Embora tais histórias possam fomentar comportamentos pró-sociais, elas também reforçam estereótipos de gênero prejudiciais, afetando a autoestima e as expectativas comportamentais[443].

Ademais, alguns estudos oferecem uma perspectiva valiosa sobre os efeitos das narrativas das princesas Disney nos processos de subjetivação e nas relações de gênero, enfatizando a necessidade de uma abordagem crítica para avaliar seus impactos no bem-estar das adolescentes[444]. Enquanto análises apontam que as animações mais antigas reforçavam a ideia de dependência feminina, outras evidenciam uma transformação nas representações ao longo do tempo, sugerindo uma redefinição dos papéis femininos e masculinos nas narrativas da Disney. Essa tendência reflete um esforço consciente para desafiar os papéis tradicionalmente atribuídos às mulheres[445].

Nesse contexto, torna-se fundamental destacar a influência significativa da mídia no desenvolvimento dos estereótipos de gênero, o que ressalta a importância de questionar criticamente o conteúdo das histórias das princesas Disney, já que a mídia exerce um papel crucial na transmissão de mensagens para as jovens audiências[446].

A crítica de Merida (14 anos) à narrativa de *Cinderela* amplia a discussão sobre o papel das histórias das princesas Disney na construção de gênero. Embora estudos apontem para uma evolução que busca retratar personagens femininas mais autônomas e promover relações mais equitativas, persiste a necessidade de refletir criticamente sobre o impacto dessas narrativas nas concepções de gênero das jovens, enfatizando a importância de representações que valorizem a equidade e a diversidade.

De forma complementar, Merida (14 anos) compartilha uma percepção sensível das dinâmicas familiares em *Valente*, afirmando:

> *Acho que essa distinção [de tratamento dado pela mãe a Merida e aos irmãos] é tipo, como se ela achasse que ela é desfavorecida por causa que os irmãos dela podem fazer tudo e ela não. Acho que causa um sentimento de que você não é amada e você não tem aquela liberdade que você quer, do jeito que ela quer.*

Assim, essa fala evidencia como as narrativas das princesas podem estimular reflexões sobre desigualdades de gênero e inspirar as jovens a

---

[443] COYNE *et al.*, 2016, 2021.
[444] ZANELLO, 2018, 2022.
[445] AGUIAR; BARROS, 2015
[446] WARD; GROWER, 2020.

buscar maior autonomia. A identificação com Merida ressalta a relevância de modelos femininos fortes na mídia, capazes de desafiar as normas tradicionais e incentivar a redefinição dos papéis de gênero[447].

Além disso, a perspectiva crítica de Bela (17 anos) amplia a discussão sobre consentimento e autonomia ao desmistificar os contos de fadas. Ela questiona a romantização de gestos problemáticos, exemplificada pelo beijo em *A Bela Adormecida*, afirmando:

> *A Bela Adormecida foi umas das que eu mais fiquei assim... Tem umas coisas que acontecem, principalmente atualmente, infelizmente, mas acontece muito que é o assédio, né? O abuso de uma pessoa vulnerável ou inconsciente. O príncipe foi lá beijar uma princesa dormindo, ele não teve uma resposta dela falando que não queria ou se queria, ou seja, não dando opção para ela escolher se queriam ou não aquilo.*

Essa fala ressalta a preocupação com a naturalização de comportamentos inadequados nas narrativas, evidenciando como tais representações podem comprometer a compreensão do consentimento e da autonomia feminina[448].

Igualmente, outra fala de Bela (17 anos) evidencia a complexidade das relações entre gênero e as narrativas Disney. Ela afirma:

> [...] *apesar da Fera ser bem tóxico,* [...] *ele percebia que ela era doce, que ela não gostava desse tipo de coisa e ela até ensinava para ele algumas coisas, né? Tanto sentimentalmente, emocionalmente, quanto as coisas da casa também.* [...] *eu acho que foi aí que eu comecei a gostar muito dA Bela e a Fera porque, além de tudo, tem uma categoria ali que eu gosto, que é o romance, que a Fera percebeu que ela era uma pessoa muito boa já que ela gostava tanto do pai que pediu para ficar no lugar dele.*

Essa citação revela como as representações midiáticas podem, simultaneamente, expor comportamentos tóxicos e valorizar elementos românticos, criando mensagens ambíguas sobre o que é aceitável em um relacionamento. Em outras palavras, enquanto a crítica de Bela (17 anos) ressalta o comportamento problemático da Fera, ela também reconhece

---

[447] SILVA; MARTINI, 2015.
VITORELO; PELEGRINI, 2018.
SOUZA; MELLO, 2021.
MERDEKA, 2023.
[448] APPOLINÁRIO; GONÇALVES, 2020.
BEZERRA *et al.*, 2020.
BEGUM, 2022.

um aspecto redentor que, de certo modo, suaviza a visão negativa. Essa ambivalência nas narrativas pode levar jovens a internalizar padrões conflituosos, contribuindo para a normalização de relações abusivas em vez de promover vínculos saudáveis e baseados no respeito mútuo[449].

Em contrapartida, Cinderela (14 anos) e Merida (14 anos) oferecem contribuições sobre o impacto dos filmes das princesas Disney na formação das concepções de gênero. Cinderela (14 anos) ressalta que essas produções reforçam estereótipos tradicionais, perpetuando a ideia de que as mulheres devem ocupar papéis passivos e domésticos. Ela afirma: "[...] *a maioria [dos filmes das princesas Disney podem contribuir para reforçar essas ideias dos papéis de gênero na sociedade] sim. Tem muito que eles lutam pelo reino assim, a menina só fica lá ou que a menina vai cozinhar e eles ficam lá*". Essa fala evidencia a manutenção de padrões que valorizam a dependência feminina, associando o valor da mulher à sua aparência e à sua capacidade de atrair um parceiro[450].

Por outro lado, Merida (14 anos) destaca como essas narrativas influenciam expectativas irreais sobre relacionamentos e o papel dos príncipes encantados, especialmente entre crianças mais novas. Ela comenta:

> *Sim [os filmes das princesas Disney podem contribuir para reforçar essas ideias dos papéis de gênero], principalmente crianças de 8, 7 anos que têm esses sonhos de querer um príncipe e tal. Eu acho muito possível pessoas da minha idade também, se você tem esse sonho irreal de querer um príncipe, de que vai ser tudo lindo e belo e vai vir uma fada madrinha e dar um vestido.*

Essa reflexão demonstra que as narrativas das princesas Disney contribuem para a criação de ideais românticos distorcidos, os quais podem impactar negativamente as percepções das jovens sobre relações afetivas[451]. Em suma, as análises das falas das participantes revelam que, embora haja sinais de evolução na representação das personagens ao longo do tempo, as narrativas ainda tendem a transmitir imagens estereotipadas que reforçam papéis tradicionais de gênero. Essa crítica evidencia a

---

[449] LEMOS; BARTH, 2020.
BENHAMOU, 2023.
[450] CECHIN, 2014.
APPOLINÁRIO; GONÇALVES, 2020.
[451] BELOSO; FULLANA, 2019.
BEZERRA *et al.*, 2020.

necessidade de repensar essas histórias para promover representações que valorizem a autonomia, a diversidade e a equidade[452].

Adicionalmente, ao analisar as reflexões de Cinderela (14 anos) e Merida (14 anos), percebe-se que as princesas Disney desempenham um papel crucial na formação das concepções de gênero das jovens. Enquanto Cinderela (14 anos) destaca a falta de diversidade nos papéis femininos, Merida (14 anos) aponta que as narrativas podem alimentar sonhos irrealistas, limitando o empoderamento ao perpetuar ideais inatingíveis de romance e relacionamentos. Essa perspectiva está alinhada com pesquisas que demonstram como as narrativas midiáticas influenciam as expectativas das crianças sobre papéis de gênero e relações afetivas[453].

A convergência entre as observações das participantes e os referenciais teóricos mostra que essas histórias exercem uma influência poderosa na construção da identidade de gênero. As narrativas das princesas funcionam como espelhos que, ao mesmo tempo em que entretêm, transmitem valores e normas sociais, moldando a forma como as jovens se percebem e se relacionam com o mundo. Essa constatação reforça a necessidade de uma abordagem crítica à mídia infantil, que promova representações mais diversas e capazes de transformar as normas de gênero estabelecidas.

Por fim, a fala da participante mais jovem destaca que os filmes das princesas Disney desafiam estereótipos tradicionais de gênero ao apresentar personagens femininas ativas e independentes. Em sua visão, Mulan (13 anos) afirma:

> *Eu acho que tipo Mulan e Tiana e Merida também [...] mostra que não é porque você é uma mulher que você é fraca, que você não pode conseguir tudo que você quer, entendeu? Merida mesmo mostra que ela não precisa de homem nenhum para enfrentar um urso, sabe? E tipo, Tiana, mostra que ela não precisou dele para poder estar comprando e lutando, trabalhando dia e noite para poder ter o restaurante dela. Mulan mostra que ela pode seguir para guerra e tipo, são filmes que mostram que você é uma mulher e você pode ser o que você quiser, entendeu? Você pode ser forte, um monte de coisa. [...] Cinderela, sem precisar estar um homem do lado, enfrentou a madrasta dela. [...] Branca de Neve eu não sei. Deixa eu ver o que mais... Quais são os outros filmes? Moana também nem teve príncipe. [...] Enrolados também achei*

---

[452] BENHAMOU, 2023.
[453] LEMOS; BARTH, 2020.
WARD; GROWER, 2020.

> muito massa ela ser forte e tipo ela enfrentar, sabe? Aqueles caras lá com a frigideira, cara, achei muito massa. Quando eles vão para aquele barzinho lá, é tipo um bar sabe do quê lá. E tipo ela entrar lá super forte, sem ter medo de ninguém, com a frigideira dela, sendo que com um peteleco ela voaria deles. Eu achei muito massa. [...] Pocahontas é uma princesa muito forte, né? Pocahontas é muito forte, eu não tenho nem o que falar dela. Bela Adormecida, eu acho, teve o live-action dela, eu acho muito massa porque, no live-action, né, tipo, o beijo de amor dela não foi o príncipe, foi a madrinha dela, Malévola, tipo, perfeito. [...] Ariel enfrentou o pai dela para realizar seus sonhos, cara, tipo, não tem nem o que falar. [...] Ela também enfrentou a Úrsula, teve um monte de coisa além de enfrentar a família, ela foi forte, enfrentou a Úrsula, um monte de coisa.

Essa citação evidencia como as animações oferecem modelos de empoderamento feminino, ampliando a visão de mundo das jovens e desafiando papéis pré-estabelecidos[454]. Ao mesmo tempo, ela contrapõe essa perspectiva a análises que ressaltam a persistência de elementos patriarcais, como a centralidade do romance em algumas narrativas, indicando que a evolução das representações ainda apresenta contradições. Tal dualidade sugere que, embora haja um avanço na construção de personagens mais autônomas, certas mensagens tradicionais continuam a permear as histórias, gerando interpretações ambíguas sobre a desconstrução dos estereótipos de gênero[455].

Por fim, uma análise alinhada à literatura feminista sobre a representação do papel da mulher nas princesas Disney revela nuances importantes. Embora haja avanços na construção de personagens mais independentes, elementos patriarcais persistem e limitam a desconstrução total dos estereótipos. Mesmo quando se enfatiza a autonomia – como na fala de Mulan (13 anos) –, frequentemente as histórias priorizam a relação romântica, gerando uma dicotomia que pode levar a interpretações conflitantes quanto à capacidade das narrativas de subverter os papéis tradicionais[456].

---

[454] Confer AGUIAR, BARROS, 2015. LEMOS; BARTH, 2020. ANINDITA, 2022. BEGUM, 2022.

[455] Confer LEDUC, 2020. MÉNDEZ; SEVILLA-VALLEJO, 2022. AUN; RODRIGUES, 2023.

[456] BELOSO; FULLANA, 2019. APPOLINÁRIO; GONÇALVES, 2020.

Ademais, análises da animação contemporânea questionam se as atualizações na representação de gênero são substanciais ou meramente cosméticas, enfatizando a importância de estudos longitudinais que examinem a relação entre o engajamento com a cultura das princesas e os comportamentos estereotipados[457]. Embora a fala de Mulan (13 anos) ressalte a força das personagens, é fundamental considerar como as mensagens específicas influenciam percepções mais amplas sobre gênero. Afinal, enquanto há indícios de um movimento em direção ao empoderamento feminino e a representações mais diversas, a persistência de estereótipos nas narrativas Disney indica que ainda há espaço para uma crítica contínua e uma reflexão aprofundada sobre como essas histórias moldam as concepções de gênero das jovens[458].

Por fim, a fala de Mulan (13 anos) evidencia a forte conexão emocional que ela estabeleceu com os personagens masculinos Naveen, de *A Princesa e o Sapo*, e Flynn, de *Enrolados*. Ela afirma:

> *Eu vou falar de dois que tipo assim foram os melhores para mim, perfeitos. Acho que também foi o mais que teve nos filmes todos esses filmes foi esses dois para mim que eu mais me apaixonei, que é o Naveen e o Flynn, né, de Enrolados? Cara, esses dois são perfeitos, velho, tipo, ele [Naveen] ficou com ela mesmo ela não sendo uma princesa, mesmo sem saber o rosto dela e ela estando como se fosse... não, ele sabe, é mesmo, tipo assim, ele soube. Mas tipo assim, mesmo ela sendo um sapo, ele se apaixonou por ela e tipo já o Flynn, ele enfrentou muita coisa por ela, cara, tipo até se arriscar de morrer, ele enfrentou. E são dois tipo assim personagens da Disney que tem o meu coração, tem muito meu coração, que eu amo de paixão, são esses dois, são os meus favoritos. [...] Eu espero que a mensagem para eles [meninos] seja que tipo, não importa como a mulher seja, não importa o jeito que ela é, o importante é ser cavalheiro com elas. O importante é, tipo, gostar de verdade, não usar a mulher como se fosse brinquedo.*

Essa citação demonstra como ela valoriza a forma como esses personagens enxergam as protagonistas além da aparência ou status social, destacando suas qualidades internas e suas relações baseadas no respeito

---

[457] COYNE *et al.*, 2016, 2021.
BENHAMOU, 2023.
[458] *Confer* VITORELO; PELEGRINI, 2018.
SOUZA; MELLO, 2021.
ZIMMERMANN; MACHADO, 2021.

e na admiração mútua. Em sua visão, essas representações podem servir como modelos positivos para meninos, incentivando-os a valorizar relacionamentos genuínos e a tratar as mulheres com respeito[459].

Essa perspectiva sugere que as narrativas Disney também possuem o potencial de transmitir mensagens positivas sobre masculinidade, destacando personagens que demonstram coragem, sacrifício e respeito por suas parceiras[460]. No entanto, o entusiasmo de Mulan (13 anos) por personagens que realizam atos de gentileza e proteção também reflete uma tendência de elogiar homens por comportamentos que deveriam ser normais, uma dinâmica frequentemente observada na sociedade.

O comentário de Mulan (13 anos) dialoga com a discussão sobre a evolução das representações de gênero nos filmes da Disney, sugerindo que, apesar de persistirem críticas às representações femininas, há também uma mudança na construção dos personagens masculinos[461]. A presença de personagens como Flynn e Naveen desafia a visão tradicional de que a masculinidade nos filmes Disney está intrinsecamente ligada a traços negativos, como os observados em vilões[462]. Em contraste com análises que apontam a cultura das princesas como reforçadora de comportamentos estereotipados e da hegemonia masculina[463], sua fala sugere que há espaço para representações masculinas mais equilibradas e respeitosas na mídia infantil.

Por fim, a partir das citações apresentadas na Tabela 14, a discussão revela uma diversidade de perspectivas sobre como as princesas Disney influenciam a formação das ideias de gênero. As participantes oferecem críticas e elogios: questionam os estereótipos de gênero, analisam temas como consentimento e autonomia, e, ao mesmo tempo, reconhecem aspectos positivos das narrativas. Esse diálogo permite uma compreensão abrangente de como essas histórias moldam suas concepções de gênero. Em síntese, as reflexões demonstram uma consciência crítica das narrativas e uma valorização de representações que promovam igualdade, autonomia feminina e relações saudáveis, ressaltando a importância de uma análise aprofundada e a necessidade de modelos mais diversos nos filmes.

---

[459] MACHADO; ZIMMERMANN, 2022.
[460] SOUZA; MELLO, 2021.
BENHAMOU, 2023.
[461] LUCAS, A. R.; PUHL, P. R. A Representação Masculina nos Filmes de Princesas das Disney. XXXIX Congresso Brasileiro de Ciências da Comunicação. *InterCom*, 2016.
[462] BALISCEI, 2020a, 2020b.
[463] COYNE *et al.*, 2016, 2021.

Tabela 14 – *Citações ilustrativas do subtema Revelando o feitiço: críticas às narrativas*

(Continua)

Trechos retirados das transcrições das entrevistas	Análise Sucinta
"[...] eu não gosto da animação de Cinderela por causa que ela traz a sensação de que os problemas de Cinderela só melhoraram por causa de um príncipe. Por causa que uma fada madrinha que chegou e entregou para ela a chance conhecer um príncipe, como se ela não pudesse reverter a situação sozinha. Precisaria de uma segunda pessoa, um príncipe encantado para poder ajudar." (Merida, 14 anos)	Critica a narrativa de *Cinderela* por sugerir que a solução dos problemas de uma mulher depende da intervenção de um príncipe encantado, evidenciando a ausência de agência feminina e a perpetuação de papéis tradicionais de dependência.
"Acho que essa distinção [de tratamento dado pela mãe a Merida e aos irmãos] é tipo, como se ela achasse que ela é desfavorecida por causa que os irmãos dela podem fazer tudo e ela não. Acho que causa um sentimento de que você não é amada e você não tem aquela liberdade que você quer, do jeito que ela quer." (Merida, 14 anos)	Evidencia o tratamento desigual entre irmãos, mostrando como a imposição de normas familiares restritivas gera sentimentos de inferioridade e limita a liberdade das meninas.
"Depois que eu comecei a ler o lado sombrio, entre aspas, de Cinderela, eu comecei a pensar 'ah, se de Cinderela tem, eu acho que de outras princesas também devem ter'. [...] A Bela Adormecida foi umas das que eu mais fiquei assim... Tem umas coisas que acontecem, principalmente atualmente, infelizmente, mas acontece muito que é o assédio, né? O abuso de uma pessoa vulnerável ou inconsciente. O príncipe foi lá beijar uma princesa dormindo, ele não teve uma resposta dela falando que não queria ou se queria, ou seja, não dando opção para ela escolher se queriam ou não aquilo." (Bela, 17 anos)	Critica a narrativa de *A Bela Adormecida*, evidenciando o problema do consentimento: o beijo do príncipe, realizado sem o consentimento da princesa, simboliza um abuso que reforça relações desequilibradas e normaliza práticas abusivas em contos de fadas.

Tabela 14 – *Citações ilustrativas do subtema Revelando o feitiço: críticas às narrativas*

(Continuação)

Trechos retirados das transcrições das entrevistas	Análise Sucinta
"[...] apesar da Fera ser bem tóxico, [...] ele percebia que ela era doce, que ela não gostava desse tipo de coisa e ela até ensinava para ele algumas coisas, né? Tanto sentimentalmente, emocionalmente, quanto as coisas da casa também. [...] eu acho que foi aí que eu comecei a gostar muito dA Bela e a Fera porque, além de tudo, tem uma categoria ali que eu gosto, que é o romance, que a Fera percebeu que ela era uma pessoa muito boa já que ela gostava tanto do pai que pediu para ficar no lugar dele." (Bela, 17 anos)	Ilustra a ambiguidade na narrativa de *A Bela e a Fera*, em que elementos tóxicos e românticos se misturam. Essa dualidade pode normalizar comportamentos abusivos ao justificar relações disfuncionais com base no amor, evidenciando uma mensagem problemática sobre relacionamentos.
"Eu acho que a maioria [dos filmes das princesas Disney podem contribuir para reforçar essas ideias dos papéis de gênero na sociedade] sim. Tem muito que eles lutam pelo reino assim, a menina só fica lá ou que a menina vai cozinhar e eles ficam lá." (Cinderela, 14 anos)	Observa que os filmes das princesas Disney reforçam estereótipos de gênero, nos quais as protagonistas são relegadas a papéis passivos e domésticos, enquanto os homens assumem posições ativas. Evidencia como as representações midiáticas perpetuam normas tradicionais e limitam a autonomia feminina.
"Sim [os filmes das princesas Disney podem contribuir para reforçar essas ideias dos papéis de gênero], principalmente crianças de 8, 7 anos que têm esses sonhos de querer um príncipe e tal. Eu acho muito possível pessoas da minha idade também, se você tem esse sonho irreal de querer um príncipe, de que vai ser tudo lindo e belo e vai vir uma fada madrinha e dar um vestido." (Merida, 14 anos)	Critica a influência dos filmes da Disney na criação de expectativas irreais sobre relacionamentos e papéis de gênero, especialmente entre crianças e adolescentes. Destaca como essas narrativas podem reforçar ideais românticos fantasiosos e inatingíveis, impactando a forma como as adolescentes percebem o amor e a independência.

Tabela 14 – *Citações ilustrativas do subtema Revelando o feitiço: críticas às narrativas*

(Continuação)

Trechos retirados das transcrições das entrevistas	Análise Sucinta
"Eu acho que tipo Mulan e Tiana e Merida também, agora o novo filme da Raya que já tem um tempinho, já. Eu acho que são filmes que, tipo assim, mostra que não é porque você é uma mulher que você é fraca, que você não pode conseguir tudo que você quer, entendeu? Merida mesmo mostra que ela não precisa de homem nenhum para enfrentar um urso, sabe? E tipo, Tiana, mostra que ela não precisou dele para poder estar comprando e lutando, trabalhando dia e noite para poder ter o restaurante dela. Mulan mostra que ela pode seguir para guerra e tipo, são filmes que mostram que você é uma mulher e você pode ser o que você quiser, entendeu? Você pode ser forte, um monte de coisa. [...] Cinderela, sem precisar estar um homem do lado, enfrentou a madrasta dela. [...] Branca de Neve eu não sei. Deixa eu ver o que mais... Quais são os outros filmes? Moana também nem teve príncipe. [...] Enrolados também achei muito massa ela ser forte e tipo ela enfrentar, sabe? Aqueles caras lá com a frigideira, cara, achei muito massa. Quando eles vão para aquele barzinho lá, é tipo um bar sabe do quê lá. E tipo ela entrar lá superforte, sem ter medo de ninguém, com a frigideira dela, sendo que com um peteleco ela voaria deles. Eu achei muito massa. [...] Pocahontas é uma princesa muito forte, né? Pocahontas é muito forte, eu não tenho nem o que falar dela. Bela Adormecida, eu acho, teve o live-action dela, eu acho muito massa porque, no live-action, né, tipo, o beijo de amor dela não foi o príncipe, foi a madrinha dela, Malévola, tipo, perfeito. [...] Ariel enfrentou o pai dela para realizar seus sonhos, cara, tipo, não tem nem o que falar. [...] Ela também enfrentou a Úrsula, teve um monte de coisa além de enfrentar a família, ela foi forte, enfrentou a Úrsula, um monte de coisa." (Mulan, 13 anos)	Aponta uma mudança positiva na representação das princesas Disney, evidenciando um avanço nas narrativas em direção ao empoderamento feminino e à diversidade de papéis de gênero. Evidencia personagens que desafiam padrões tradicionais e demonstram independência, coragem e determinação, sugerindo uma evolução cultural que reflete valores mais igualitários.

Tabela 14 – *Citações ilustrativas do subtema Revelando o feitiço: críticas às narrativas*

(Conclusão)

Trechos retirados das transcrições das entrevistas	Análise Sucinta
"Eu vou falar de dois que tipo assim foram os melhores para mim, perfeitos. Acho que também foi o mais que teve nos filmes todos esses filmes foi esses dois para mim que eu mais me apaixonei, que é o Naveen e o Flynn, né, de Enrolados? Cara, esses dois são perfeitos, velho, tipo, ele [Naveen] ficou com ela mesmo ela não sendo uma princesa, mesmo sem saber o rosto dela e ela estando como se fosse... não, ele sabe, é mesmo, tipo assim, ele soube. Mas tipo assim, mesmo ela sendo um sapo, ele se apaixonou por ela e tipo já o Flynn, ele enfrentou muita coisa por ela, cara, tipo até se arriscar de morrer, ele enfrentou. E são dois tipo assim personagens da Disney que tem o meu coração, tem muito meu coração, que eu amo de paixão, são esses dois, são os meus favoritos. [...] Eu espero que a mensagem para eles [meninos] seja que tipo, não importa como a mulher seja, não importa o jeito que ela é, o importante é ser cavalheiro com elas. O importante é, tipo, gostar de verdade, não usar a mulher como se fosse brinquedo." (Mulan, 13 anos)	Evidencia a influência positiva que alguns personagens masculinos da Disney podem ter na construção de modelos saudáveis de masculinidade. Aprecia personagens que demonstram respeito e valorização genuína das mulheres, sugerindo que as narrativas da Disney podem reforçar comportamentos mais respeitosos e igualitários nos relacionamentos.

Fonte: elaboração própria

Com base nos resultados e na discussão proposta, é possível afirmar que a AT dos dados produzidos revelou uma compreensão profunda e multifacetada das concepções de gênero, dos contextos de socialização e das representações das princesas Disney na construção da identidade de gênero das adolescentes. Os três temas principais e seus subtemas evidenciam a complexidade das interações entre as adolescentes e as influências sociais, culturais e familiares na construção de suas percepções de gênero.

Inicialmente, o primeiro tema destacou como as expectativas de gênero são impostas pela sociedade e como as adolescentes desafiam essas normas, reconhecendo a influência de fatores sociais, familiares e interpessoais em suas vivências. Em seguida, o segundo tema abordou os microssistemas, exossistemas e macrossistemas que moldam as experiências de socialização das adolescentes, evidenciando as interações complexas entre esses contextos. Por fim, o terceiro tema refletiu sobre a influência das narrativas das princesas Disney na identidade de gênero das adolescentes, ressaltando tanto as identificações pessoais quanto as críticas às mensagens transmitidas por essas histórias. Os subtemas revelam como a identificação pessoal com as personagens, as múltiplas interpretações das histórias e as críticas às narrativas apontam para a relevância dessas animações tanto na vida individual quanto no coletivo.

Além disso, a análise detalhada dos subtemas, enriquecida pelas contribuições das participantes, trouxe contribuições valiosas sobre os desafios associados aos papéis de gênero, às pressões sociais enfrentadas pelas adolescentes e às estratégias de resistência adotadas por elas. Em síntese, este capítulo oferece uma contribuição significativa para a compreensão das dinâmicas de gênero e de suas implicações na vida das adolescentes, evidenciando a necessidade de abordagens críticas e reflexivas que promovam representações de relacionamentos saudáveis, desafiem estereótipos prejudiciais e incentivem uma visão equitativa de gênero na sociedade.

Capítulo 5

REFLETINDO SOBRE A JORNADA EM DIREÇÃO AO REINO DA EQUIDADE

> *Deep waters hold reflections of times lost long ago*
> *I will hear their every story, take hold of my own dream*
> *Be as strong as the seas are stormy, and proud as an eagle's scream*
> *I will ride, i will fly, chase the wind and touch the sky*
> *I will fly, chase the wind and touch the sky*
> *And touch the sky, chase the wind*
> *Chase the wind, touch the sky*
> *(Brave – Touch The Sky)*[464]

Esta pesquisa, conduzida por meio de um estudo qualitativo, teve como objetivo investigar as concepções de gênero entre adolescentes que se identificam como mulheres cisgênero, utilizando os filmes das princesas Disney para mediar a análise. Os resultados indicam que as participantes não apenas reconhecem, mas também são impactadas negativamente por expectativas, estereótipos, violências e desigualdades de gênero presentes em seu cotidiano. Essas influências se manifestam por meio de experiências de discriminação e da pressão para a conformidade com papéis tradicionais, revelando as limitações impostas pela sociedade com base no gênero.

Ao mesmo tempo, observou-se uma dinâmica significativa de resistência e adaptação. As adolescentes não apenas identificam as normas de gênero, mas também desenvolvem estratégias para contestá-las, inspirando-se em modelos contemporâneos que promovem autonomia, coragem e determinação. Em contraponto às imposições sociais, elas veem nas princesas modernas uma fonte de empoderamento e um exemplo de como desafiar padrões tradicionais.

A família, a escola e a mídia desempenham um papel fundamental na manutenção dos papéis de gênero, reforçando estereótipos e expectativas que sustentam desigualdades e violências de gênero. No entanto,

---

[464] Águas profundas refletem tempos há muito perdidos | Vou ouvir todas as histórias, assumir meu próprio sonho | Ser tão forte como o mar revoltoso, e orgulhoso como grito de uma águia | Vou andar, vou voar, perseguir o vento e tocar o céu | Eu vou voar, perseguir o vento e tocar o céu | E tocar o céu, perseguir o vento | Perseguir o vento, tocar o céu – Valente – Tocar o Céu.

as adolescentes demonstraram uma compreensão crítica da socialização de gênero, evidenciando que diversos fatores externos moldam suas percepções sobre o tema.

Os filmes das princesas Disney foram identificados como veículos significativos na transmissão de normas de gênero, influenciando as concepções das participantes sobre feminilidade, masculinidade e relações de gênero. Essas animações funcionam como tecnologias de gênero, contribuindo tanto para a perpetuação de papéis e estereótipos quanto para a normalização de violências e desigualdades.

A pesquisa, no entanto, enfrentou algumas limitações metodológicas, incluindo a necessidade de ajustes no referencial teórico ao longo do estudo e a dificuldade de engajar adolescentes mais tímidas, o que pode ter restringido a diversidade de perspectivas. Além disso, o número reduzido de participantes diminuiu a possibilidade de uma abordagem interseccional mais ampla, ressaltando a necessidade de investigações futuras que contemplem uma amostra mais diversa.

No contexto educacional, os resultados podem fomentar debates sobre equidade de gênero e a desconstrução de estereótipos, contribuindo para uma formação mais críticas e conscientes. Além disso, a pesquisa oferece subsídios para a elaboração de políticas públicas voltadas para a equidade, ao evidenciar como as representações midiáticas e os contextos sociais influenciam a construção da identidade das adolescentes.

Por fim, este livro cumpre sua proposta de ir *Para além dos contos de fadas*, ao expandir a compreensão sobre como as representações de gênero nos filmes das princesas Disney moldam as concepções e identidades das adolescentes. Ao destacar tanto os aspectos problemáticos quanto as formas de resistência e empoderamento, a obra reforça a importância de uma mídia consciente e inclusiva, que promova a equidade de gênero e inspire adolescentes a desafiar normas e estereótipos limitantes.

REFERÊNCIAS

ABADI, A.; LOBO, N. Juventude, gênero e sexualidade: reflexões sobre a inserção da psicologia neste campo. *In:* SILVA, J. P. da *et al.* (org.). *Psicologia e Adolescência*: gênero, violência e saúde [recurso eletrônico]. Curitiba: CRV, 2018. https://doi.org/10.24824/978854442984.6.

ADICHIE, C. N. Palestra proferida no TEDGlobal, Oxford (UK), jul. 2009. Disponível em: https://www.ted.com/talks/chimamanda_ngozi_adichie_the_danger_of_a_single_story/transcript?language=pt-br. Acesso em: 10 maio 2023.

AGUIAR, E. L. de C.; BARROS, M. K. A Representação Feminina nos Contos de Fadas das Animações de Walt Disney: a Ressignificação do Papel Social da Mulher. XVII Congresso de Ciências da Comunicação na Região Nordeste. *InterCom*, 2015.

ALMEIDA, R. M. V. de. *O mito Pocahontas na Disney renaissance*: das narrativas de um mito fundador aos dilemas identitários dos Estados Unidos na década de 1990. 2020. 340 f. Tese (Doutorado em História) – Faculdade de Filosofia, Letras e Ciências Humanas, Universidade de São Paulo, São Paulo, 2020. https://doi.org/10.11606/T.8.2020.tde-07082020-195745.

ANDRADE, A. A. *et al.* De Princesa a Sultana: A reapresentação da personagem Jasmine da animação Aladdin (1992) para o live-action (2019) como instrumento de posicionamento de marca Disney. *Revista Intercom*, v. 11, n. 1, 2022.

ANDREWS, M.; CHAPMAN, B. (Diretores). *Valente*. Pixar Animation Studios. 2012.

ANINDITA, N. P. A Comparison Between Disney Earlier and Recent Princess of The Third Generation of Disney Animated Films as Seen in Rapunzel in Tangled and Moana in Moana. *Kata Kita*, v. 10, n. 1, p. 51-57, 2022. https://doi.org/10.9744/katakita.10.1.51-57.

ANJIRBAG, M. A. Mulan and Moana: Embedded Coloniality and the Search for Authenticity in Disney Animated Film. *Social Sciences*, v. 7, n. 11, 2018. https://doi.org/10.3390/socsci7110230.

APPOLINÁRIO, F. A. de; GONÇALVES, F. C. N. I. A Representação do Papel da Mulher nas Princesas da Disney: uma análise sob a ótica feminista. *Boletim Historiar*, v. 7, n. 3, 2020.

ARMSTRONG, R. Time to Face the Music: Musical Colonization and Appropriation in Disney's Moana. *Social Sciences*, v. 7, n. 7, p. 113, 2018. https://doi.org/10.3390/socsci7070113.

ASSOCIAÇÃO BRASILEIRA DE INTERSEXOS (Abrai) ([2020?]). *O que é ser Intersexo*. Disponível em: https://abrai.org.br/informacoes-e-recursos/definicao-de-intersexo/. Acesso em: 14 ago. 2023.

AUN, N.; RODRIGUES, A. *Histórias para quem dormir?* Expondo os contos de fadas para despertar. São Paulo: Editora Claraboia, 2023.

BALISCEI, J. P. et al. Tiana, a primeira princesa negra da Disney: olhares analíticos construídos juntos à cultura visual. *Visualidades*, v. 15, n. 2, p. 137-162, 2017. https://doi.org/10.5216/vis.v15i2.44123.

BALISCEI, J. P. O Vilão Suspeito: O que há de errado com a masculinidade dos vilões da Disney? *Diversidade e Educação*, v. 7, n. 2, p. 45-70, 2020a. https://doi.org/10.14295/de.v7i2.9422.

BALISCEI, J. P. Quem é mais homem? A construção de masculinidades rivais na animação A Bela e a Fera (1991) da Disney. *Comunicação & Sociedade*, v. 42, n. 2, p. 283-316, 2020b. https://doi.org/10.15603/2175-7755/cs.v42n2p283-316.

BANCROFT, T.; COOK, B. (Diretores). *Mulan*. Walt Disney Pictures. 1998.

BARKER, J. L. Hollywood, Black Animation, and the Problem of Representation in Little Ol' Bosko and The Princess and the Frog. *Journal of African American Studies*, v. 14, n. 4, p. 482-498, 2010. https://doi.org/10.1007/s12111-010-9136-z.

BEAUPRÉ, O. M. (ed.). *Through Fairy Halls of My Bookhouse*. Chicago: The Bookhouse for Children Publisher, 1920.

BEAUVOIR, S. de. *O segundo sexo*. 2. ed. Rio de Janeiro: Nova Fronteira, 2009.

BEGUM, S. He Said, She Said: A Critical Content Analysis of Sexist language used in Disney's The Little Mermaid (1989) and Mulan (1998). *Journal of International Women's Studies*, v. 23, n. 1, 2022.

BELOSO, L.; FULLANA, M. El amor en los tiempos de las Princesas de Disney. Ética y Cine *Journal*, v. 9, n. 3, p. 17-20, 2019.

BELTRÁN, I. G. Princesas y príncipes en las películas Disney (1937-2013). Análisis de la modulación de la feminidad y la masculinidad. *Filanderas*, n. 2, p. 53-74, 2017. https://doi.org/10.26754/ojs_filanderas/fil.201722309.

BENHAMOU, E. *Contemporary Disney Animation:* Genre, Gender and Hollywood. Edinburgh: Edinburgh University Press, 2023.

BENITES, P. R. Ritos simbólicos: uma análise dos traços do período paleolítico presentes nos contos maravilhosos e nas produções cinematográficas "Frozen, uma aventura congelante" e "Moana, um mar de aventuras". *Entrelinhas*, v. 12, n. 2, p. 219-245, 2018. https://doi.org/10.4013/entr.2018.12.2.06.

BERENBAUM, S. A. *et al*. Gender Development. *In:* DAMON, W.; LERNER, R. M. (ed.). *Child and Adolescent Development:* An Advanced Course. Hoboken: John Wiley & Sons, Inc., 2008. p. 647-695.

BEZERRA, M. G. *et al*. A influência das Princesas na Construção da Imagem do Feminino: Branca de Neve, sua Estória Original, suas Representações nos Filmes da Disney e no Cinema Contemporâneo. *Revista ADM.MADE*, v. 24, n. 2, p. 40-52, 2020. http://dx.doi.org/10.21784/2237-51392020v24n2p040052.

BLASCO, V. J. V.; GRAU-ALBEROLA, E. Diferencias por sexo y edad en la interiorización de los estereotipos de género en la adolescencia temprana y media. *Electronic Journal of Research in Educational Psychology*, v. 17, n. 47, p. 106-128, 2019. https://doi.org/10.25115/ejrep.v17i47.2184.

BLUMLO, D. Pocahontas, Uleleh, and Hononegah: The Archetype of the American Indian Princess. *Journal of the Illinois State Historical Society*, v. 110, n. 2, p. 129-153, 2017. https://doi.org/10.5406/jillistathistsoc.110.2.0129.

BOTELHO, J. Vertentes do feminismo: conheça as principais ondas e correntes! *Politize!*, 11 fev. 2022. Disponível em: https://www.politize.com.br/feminismo/. Acesso em: 27 jun. 2023.

BOURENANE, A. Authenticity and discourses in Aladdin (1992). *Journal of Arab & Muslim Media Research*, v. 13, n. 2, p. 235-250, 2020. https://doi.org/10.1386/jammr_00021_1.

BRANDÃO, M. Cinco fatos sobre as formas de consumo das mulheres. *Consumidor Moderno*. 8 mar. 2023. Disponível em: https://consumidormoderno.com.br/mulheres-consumo-america-latina/. Acesso em: 17 jul. 2023.

BRASIL. Lei n. 8.069, de 13 de julho de 1990. Estatuto da Criança e do Adolescente e dá outras providências. *Diário Oficial [da] República Federativa do Brasil*, Brasília, DF, 16 jul. 1990. Disponível em: https://www.planalto.gov.br/ccivil_03/leis/l8069.htm. Acesso em: 10 maio 2023.

BRAUN, V.; CLARKE, V. Using thematic analysis in psychology. *Qualitative Research in Psychology*, v. 3, n. 2, p. 77-101, 2006. https://doi.org/10.1191/1478088706qp063oa.

BRAUN, V.; CLARKE, V. *Successful qualitative research*: A practical guide for beginners. London: Sage, 2013.

BRAUN, V. et al. Thematic Analysis. *In:* LIAMPUTTONG, P. (ed.). *Handbook of Research Methods in Health Social Sciences*. Singapore: Springer, 2019. https://doi.org/10.1007/978-981-10-5251-4_103.

BREAUX, R. M. After 75 Years of Magic: Disney Answers Its Critics, Rewrites African American History, and Cashes In on Its Racist Past. *Journal of African American Studies*, v. 14, n. 4, p. 398-416, 2010.

BREEN, M.; JORDAHL, J. *Mulheres na luta*: 150 anos em busca de liberdade, igualdade e sororidade. Paraty: Seguinte, 2019.

BRITO, R. F.; VIEIRA, C. E. C. (org.). *Leitura(s), de fake news* [recurso eletrônico]. Catu: Editora Bordô-Grená, 2023.

BRONFENBRENNER, U. *A ecologia do desenvolvimento humano:* experimentos naturais e planejados. Porto Alegre: Artes Médicas, 1996.

BRONFENBRENNER, U. *Bioecologia do desenvolvimento humano:* tornando os seres humanos mais humanos. Porto Alegre: Artmed, 2011.

BRONFENBRENNER, U.; MORRIS, P. A. The ecology of developmental processes. *In:* DAMON, W.; LERNER, R. M. (ed.). *Handbook of child psychology*: Theoretical models of human development. Hoboken: John Wiley & Sons Inc., 1998. p. 993-1028.

BRONFENBRENNER, U.; MORRIS, P. A. The Bioecological Model of Human Development. *In:* LERNER, R. M.; DAMON, W. (ed.). *Handbook of child psychology*: Theoretical models of human development. Hoboken: John Wiley & Sons Inc., 2006. p. 793-828. https://doi.org/10.1002/9780470147658.chpsy0114.

BROWN, B. B. Adolescents' Relationships with Peers. *In:* LERNER, R. M.; STEINBERG, L. (ed.). *Handbook of adolescent psychology*. 2. ed. Hoboken: John Wiley & Sons, Inc., 2004. p. 363-394.

BROWN, C. *Developmental Psychology*. London: Sage, 2008.

BRUNS, M. A. de T.; ZERBINATI, J. P. Adolescência, gênero e violência. *In:* SILVA, J. P. da et al. (org.). *Psicologia e Adolescência*: gênero, violência e saúde [recurso eletrônico]. Curitiba: CRV, 2018. https://doi.org/10.24824/978854442984.6.

BRYMAN, A. *The Disneyization of Society*. London: Sage, 2004.

BUENO, M. E. *Girando entre Princesas*: performances e contornos de gênero em uma etnografia com crianças. 2012. 163 f. Dissertação (Mestrado em Antropologia Social) – Faculdade de Filosofia, Letras e Ciências Humanas, Universidade de São Paulo, São Paulo, 2012. https://doi.org/10.11606/D.8.2012.tde-08012013-124856.

BUESCHER, D. T.; ONO, K. A. Civilized Colonialism: Pocahontas as Neocolonial Rhetoric, *Women's Studies in Communication*, v. 19, n. 2, p. 127-153, 1996. http://dx.doi.org/10.1080/07491409.1996.11089810.

BUTLER, J. Sujeitos do sexo/gênero/desejo. *In*: BUTLER, J. *Problemas de gênero: feminismo e subversão da identidade*. 22. ed. Rio de Janeiro: Civilização Brasileira, 2022. p. 17-70.

CAMPOS, R. Carregando bolsa da esposa, homem é confundido com gay e apanha. *Metrópoles*. 5 nov. 2019. Disponível em: https://www.metropoles.com/mundo/carregando-bolsa-da-esposa-homem-e-confundido-com-gay-e-apanha. Acesso em: 13 maio 2023.

CARDILLI, J. 'Não pode nem abraçar o filho', diz homem que teve orelha cortada. *G1*. 19 jul. 2011. Disponível em: https://g1.globo.com/sao-paulo/noticia/2011/07/nao-pode-nem-abracar-o-filho-diz-homem-que-teve-orelha-cortada.html. Acesso em: 13 maio 2023.

CARDOSO, R. M.; DUTRA, V. da S. A Desconstrução do mal: A relação entre "A Bela Adormecida" e "Malévola". *Linguagem: Estudos e Pesquisas*, v. 19, n. 1, p. 163-177, 2016.

CARVALHO, R. Cabeleireiro hétero é agredido por vizinhos homofóbicos. *Observatório G*. 11 ago. 2020. Disponível em: https://observatoriog.com.br/noticias/cabeleireiro-hetero-e-agredido-por-vizinhos-homofobicos. Acesso em: 13 maio 2023.

CASTAÑO-PULGARÍN, S. A. *et al*. Internet, social media and online hate speech. Systematic review. *Aggression and Violent Behavior*, v. 58, 2021. https://doi.org/10.1016/j.avb.2021.101608.

CECHIN, M. O que se aprende com as princesas da Disney? *Zero-a-seis*, v. 16, n. 29, p. 131-147, 2014. https://doi.org/10.5007/1980-4512.2014n29p131.

CERQUEIRA-SANTOS, E. Sexualidade humana: uma leitura a partir da psicologia do desenvolvimento. *In*: RAMOS, M. de M.; CERQUEIRA-SANTOS, E. (org.). *Psicologia & Sexualidade*: Diversidade Sexual. São Paulo: Dialética, 2021. p. 19-34.

CERQUEIRA-SANTOS, E. *et al*. Adolescentes e Adolescências. *In:* HABIGZANG, L. F. *et al*. (org.). *Trabalhando com adolescentes:* teoria e intervenção psicológica [recurso eletrônico]. Porto Alegre: Artmed, 2014. p. 17-29.

CERQUEIRA-SANTOS, E. *et al*. Child Development in Families with Gay and Lesbian Parents and Beliefs About Homosexuality. *In:* MORAIS, N. A. de *et al*. (ed.). *Parenting and Couple Relationships Among LGBTQ+ People in Diverse Contexts*. Cham: Springer, 2021. p. 293-309.

CERQUEIRA-SANTOS, E.; BARBOSA, I. H. A. Capítulo 2 Famílias diversas, desenvolvimento infantil e estereotipia de gênero. *In:* FARO, A. *et al*. *Pesquisas em psicologia, saúde e sociedade*. São Paulo: Edições Concern, 2023. p. 35-51.

CERQUEIRA-SANTOS, E.; RAMOS, M. de M. A socialização da sexualidade e as juventudes. *In:* SILVA, J. P. *et al*. (org.). *Psicologia e Adolescência*: gênero, violência e saúde [recurso eletrônico]. Curitiba: CRV, 2018. https://doi.org/10.24824/978854442984.6.

CERQUEIRA-SANTOS, E.; SANTANA, M. V. de M. Não conformidade de gênero e infância: revisando a produção científica. *Revista* Ártemis, v. 29, n. 1, p. 222-242, 2020.

CHULVI, C. R. Raíces mitológicas en la iconografía de La Bella Durmiente. El caso de La Bella Durmiente de Walt Disney. *Revista Eviterna*, n. 7, p. 167-183, 2020. https://doi.org/10.24310/Eviternare.v0i7.8390.

COLL, C. G. *et al*. *Nature and nurture*: The complex interplay of genetic and environmental influences on human behavior and development. New York; London: Psychology Press, 2012.

COLLING, L. *Gênero e sexualidade na atualidade*. Salvador: Universidade Federal da Bahia, 2018.

COLLINS, P. H.; BILGE, S. *Interseccionalidade*. São Paulo: Boitempo, 2021.

COLLINS, W. A.; LAURSEN, B. Parent-Adolescent Relationships and Influences. *In:* LERNER, R. M.; STEINBERG, L. (ed.). *Handbook of adolescent psychology*. 2. ed. Hoboken: John Wiley & Sons, Inc., 2004. p. 363-394.

COLLINS, W. A.; STEINBERG, L. Adolescent Development in Interpersonal Context. *In:* DAMON, W.; LERNER, R. M. (ed.). *Child and Adolescent Development: An Advanced Course*. Hoboken: John Wiley & Sons, Inc., 2008. p. 551-590.

CORREIA, C. M.; PORTO JUNIOR, F. G. R. Cultura e televisão: notas sobre a influência da mídia televisiva. *Aturá – Revista Pan-Amazônica de Comunicação*, v. 4, n. 2, p. 80-101, 2020. https://doi.org/10.20873/uft.2526-8031.2020v4n2p80.

CORREIO BRAZILIENSE. Turista português fica 19 dias preso na Turquia por "aparentar ser gay". *Correio Braziliense*. 22 jun. 2023. Disponível em: https://www.correiobraziliense.com.br/mundo/2023/07/5110929-turista-portugues-fica-19-dias-preso-na-turquia-por-aparentar-ser-gay.html. Acesso em: 13 maio 2023.

COYNE, S. M. *et al.* Pretty as a Princess: Longitudinal Effects of Engagement With Disney Princesses on Gender Stereotypes, Body Esteem, and Prosocial Behavior in Children. *Child Development*, v. 87, n. 6, p. 1909-1925, 2016. https://doi.org/10.1111/cdev.12569.

COYNE, S. M. Princess Power: Longitudinal Associations Between Engagement With Princess Culture in Preschool and Gender Stereotypical Behavior, Body Esteem, and Hegemonic Masculinity in Early Adolescence. *Child Development*, v. 92, n. 6, p. 2413-2430, 2021.

CRAVEN, A. Beauty and the Belles: Discourses of Feminism and Femininity in Disneyland. *European Journal of Women's Studies*, v. 9, n. 2, p. 123-142, 2002. https://doi.org/10.1177/1350682002009002806.

CRENSHAW, K. Demarginalizing the Intersection of Race and Sex: A Black Feminist Critique of Antidiscrimination Doctrine, Feminist Theory and Antiracist Politics. *University of Chicago Legal Forum*, v. 1, n. 8, p. 139-167, 1989.

CRENSHAW, K. Palestra proferida no TEDWomen, San Francisco (California), out. 2016. Disponível em: https://www.ted.com/talks/kimberle_crenshaw_the_urgency_of_intersectionality?language=pt. Acesso em: 10 maio 2023.

CRUZEIRO, A. L. S. *et al.* Comportamento sexual de risco: fatores associados ao número de parceiros sexuais e ao uso de preservativo em adolescentes. *Ciência & Saúde Coletiva*, v. 15, n. 0, sup. 1, p. 1149-1158, 2010. https://doi.org/10.1590/S1413-81232010000700023.

DE LAURETIS, T. *Technologies of Gender:* Essays on Theory, Film and Fiction. Bloomington and Indianapolis: Indiana University Press, 1987.

DEWI, A. H. The Use Of Teens React Video To Improve Students' Speaking Ability. *RETAIN*: Journal of Research in English Language Teaching, v. 1, n. 1, 2016.

DOMINGUES, P. Movimento Negro Brasileiro: alguns apontamentos históricos. *Tempo*, v. 12, n. 23, p. 100-122, 2007. https://doi.org/10.1590/S1413-77042007000200007.

DOYLE, A. Educação midiática a serviço da desconstrução de estereótipos de gênero: Práticas de ensino críticas. *Revista FAMECOS*, v. 29, n. 1, 2022. https://doi.org/10.15448/1980-3729.2022.1.40880.

DUNDES, L. The Upshot on Princess Merida in Disney/Pixar's Brave: Why the Tomboy Trajectory Is Off Target. *Humanities*, v. 9, n. 3, 2020. https://doi.org/10.3390/h9030083.

DUNDES, L.; STREIFF, M. Reel Royal Diversity? The Glass Ceiling in Disney's Mulan and Princess and the Frog. *Societies*, v. 6, n. 4, 2016. https://doi.org/10.3390/soc6040035.

ECCLES, J. S. Schools, Academic Motivation, and Stage-Environment Fit. *In:* LERNER, R. M.; STEINBERG, L. (ed.). *Handbook of adolescent psychology*. 2. ed. Hoboken: John Wiley & Sons, Inc., 2004. p. 125-153.

EFRAIM, A. Agressão no Qatar: bandeira de Pernambuco é confundida com arco-íris LGBT. *Universa Uol.*, 22 nov. 2022. Disponível em: https://www.uol.com.br/universa/noticias/redacao/2022/11/22/brasileiro-e-agredido-no-qatar-apos-briga-por-bandeira-de-pe-e-simbolo-gay.htm. Acesso em: 13 maio 2023.

ENGLAND, D. E. *et al*. Gender Role Portrayal and the Disney Princesses. *Sex Roles*, v. 64, p. 555-567, 2011. https://doi.org/10.1007/s11199-011-9930-7.

ESTADÃO. Mãe e filha são agredidas em shopping por serem confundidas com casal gay. *Estadão*. 2 out. 2017. Disponível em: https://www.estadao.com.br/emais/comportamento/mae-e-filha-sao-agredidas-em-shopping-por-serem-confundidas-com-casal-gay/. Acesso em: 13 maio 2023.

FEDERICI, S. O que eles chamam de amor, nós chamamos de trabalho não pago, diz Silvia Federici. Entrevistadora: Úrsula Passos. *Folha de S. Paulo*. São Paulo, 14 out. 2019. Disponível em: https://www.geledes.org.br/o-que-eles-chamam-de-amor-nos-chamamos-de-trabalho-nao-pago-diz-silvia-federici/. Acesso em: 31 ago. 2023.

FERGUSON, J-W. "Traded it off for that Voodoo Thing": Cultural Capital and Vernacular Debt in Disney's Representation of New Orleans. *J Pop Cult*, v. 49, p. 1224-1240, 2016. https://doi.org/10.1111/jpcu.12486.

FERREIRA, V. C. de M.; GONÇALVES, J. P. Mudanças nas representações femininas fílmicas do estúdio Walt Disney do século XX: A princesa clássica Branca de Neve (1937) e a revolucionária Mulan (1998). *Caderno de Gênero e Tecnologia*, v. 11, n. 38, p. 5-19, 2018.

FERREIRA, V. C. de M.; GONÇALVES, J. P. Princesas Disney e cinema: representações do gênero feminino. *Comunicações*, v. 26, n. 2, p. 99-121, 2019. https://doi.org/10.15600/2238-121X/comunicacoes.v26n2p99-121.

FERREIRA, C. C. et al. 'Being a Woman' and 'Being a Scientist': Contributions to Women Participation in Science. *In: 2nd South American International Conference on Industrial Engineering and Operations Management*, 2021. https://doi.org/10.46254/SA02.20210498.

FOUCAULT, M. *Microfísica do poder*. Rio de Janeiro: Paz & Terra, 1998.

FRANCHINI, B. S. O que são as ondas do feminismo?. *Revista QG Feminista*. 8 mar. 2018. Disponível em: https://medium.com/qg-feminista/o-que-s%C3%A3o-as--ondas-do-feminismo-eeed092dae3a. Acesso em: 27 jun. 2023.

GABLER, N. *Walt Disney*: O triunfo da imaginação americana. 3. ed. Barueri: Novo Século Editora, 2016.

GABRIEL, M.; GOLDBERG, E. (Diretores). *Pocahontas*. Walt Disney Pictures. 1995.

GALAMBOS, N. L. Gender and Gender Role Development in Adolescence. *In*: LERNER, R. M.; STEINBERG, L. (ed.). *Handbook of adolescent psychology*. 2. ed. Hoboken: John Wiley & Sons, Inc., 2004. p. 233-262.

GARRIDO, C. V. B. *Design de personagens*: estereótipos gráficos de personagens com deficiência em produções de animação. 2017. 151 f. Dissertação (Mestrado em Artes Visuais) – Universidade Federal da Bahia, Salvador, 2017.

GEHLAWAT, A. The Strange Case of "The Princess and the Frog": Passing and the Elision of Race. *Journal of African American Studies*, v. 14, n. 4, p. 417-431, 2010.

GERONIMI, C. (Diretor). *A Bela Adormecida*. Walt Disney Pictures. 1959.

GOMES, L. S.; SILVA, C. Y. G. da. Da fantasia à realidade: os contos de fadas no contexto escolar. *Psicologia da Educação*, n. 49, p. 99-115, 2019. https://dx.doi.org/10.5935/2175-3520.20190023.

GREGORY, S. M. Disney's Second Line: New Orleans, Racial Masquerade, and the Reproduction of Whiteness in 'The Princess and the Frog'. *Journal of African American Studies*, v. 14, n. 4, p. 432-49, 2010.

GRENO, N.; HOWARD, B. (Diretores). *Enrolados*. Walt Disney Pictures. 2010.

GUINTA, J. V. "A Girl Worth Fighting For": Transculturation, Remediation, and Cultural Authenticity in Adaptations of the "Ballad of Mulan". *SARE*, v. 55, n. 2, p. 154-172, 2018.

GUTIÉRREZ, J. C. H. Moana (Vaiana): el empoderamiento femenino en Disney. *Analéctica*, v. 6, n. 38, 2020. https://doi.org/10.5281/zenodo.4091483.

HAND, D. (Diretor). *Branca de Neve e os Sete Anões*. Walt Disney Pictures. 1937.

HINE, B. *et al*. From the Sleeping Princess to the World-Saving Daughter of the Chief: Examining Young Children's Perceptions of 'Old' versus 'New' Disney Princess Characters. *Social Sciences*, v. 7, n. 9, 2018a. https://doi.org/10.3390/socsci709016.

HINE, B. *et al*. The Rise of the Androgynous Princess: Examining Representations of Gender in Prince and Princess Characters of Disney Movies Released 2009–2016. *Social Sciences*, v. 7, n. 12, 2018b. https://doi.org/10.3390/socsci7120245.

HOLLOWELL, A. Chief Tui Makes Way: Moana, Misogyny, and the Possibility of a Profeminist Ethic. *Men and Masculinities*, v. 24, n. 5, p. 760-779, 2020. https://doi.org/10.1177/1097184X20954265.

HOOD, K. E. *et al*. *Handbook of developmental science, behavior, and genetics*. Chichester: Wiley-Blackwell, 2010.

HOOKS, B. *Olhares negros*: raça e representação. São Paulo: Editora Elefante, 2019.

HOOKS, B. *Teoria Feminista*: da Margem ao Centro. São Paulo: Perspectiva, 2019.

HOWARD, B.; BUSH, J. (Diretores). *Encanto*. Walt Disney Pictures. 2021.

HURLEY, D. L. Seeing White: Children of Color and the Disney Fairy Tale Princess. *The Journal of Negro Education*, v. 74, n. 3, p. 221-232, 2005.

HYLAND, N. "I am not a princess": Navigating Mana Wahine in Disney's Moana. *Performance Paradigm*, v. 15, p. 7-22, 2020.

IGER, R. A. *et al.* *Fiscal Year 2022 Annual Financial Report*. 2023. Disponível em: https://thewaltdisneycompany.com/app/uploads/2023/02/2022-Annual-Report.pdf. Acesso em: 12 maio 2023.

ILMONEN, K. Feminist Storytelling and Narratives of Intersectionality. *Journal of Women in Culture and Society*, v. 45, n. 2, p. 347-371, 2020. https://doi.org/10.1086/704989.

INTERNET MOVIE DATABASE [IMDB]. ([1998?]). Report. *Box Office Mojo*. Disponível em: https://www.boxofficemojo.com/. Acesso em: 12 maio 2023.

JERNIGAN, E. World Princess Week Returns to Disney Parks Next Week. *Disney Parks Blog*. 19 ago. 2022. Disponível em: https://disneyparks.disney.go.com/blog/2022/08/world-princess-week-returns-next-week/. Acesso em: 15 maio 2023.

JACKSON, W. *et al.* (Diretores). *Cinderela*. Walt Disney Pictures. 1950.

KALMAKURKI, M. Snow White and the Seven Dwarfs, Cinderella and Sleeping Beauty: The Components of Costume Design in Disney's Early Hand-Drawn Animated Feature Films. *Animation*, v. 13, n. 1, p. 7-19, 2018. https://doi.org/10.1177/1746847718754758.

KASTO, N. I.; SAPTANTO, D. D. Comparative Scenes and Issues of The 1992 Aladdin Film and Aladdin 2019 Produced by Walt Disney. *The Virtual International Conference on Economics, Law and Humanities*, v. 1, n. 1, p. 25-31, 2022.

KERR, M. *et al.* Relationships with Parents and Peers in Adolescence. *In:* LERNER, R. M. *et al.* (ed.). *Handbook of psychology*: Developmental psychology (Vol. 6). Hoboken: John Wiley & Sons, Inc., 2003. p. 395-419.

KHALID, M. A Feminist Study of Tangled. *European Academic Research*, v. 3, n. 2, p. 1833-1845, 2015.

KIYOMI, K. Disney's Pocahontas: Reproduction of Gender, Orientalism, and the Strategic Construction of Racial Harmony in the Disney Empire. *Asian Journal of Women's Studies*, v. 6, n. 4, p. 39-65, 2000. http://dx.doi.org/10.1080/12259276.2000.11665893.

KUBIN, E.; VON SIKORSKI, C. The role of (social) media in political polarization: a systematic review. *Annals of the International Communication Association*, v. 45, n. 3, p. 188-206, 2021. https://doi.org/10.1080/23808985.2021.1976070.

KUCZYNSKI, L.; DE MOL, J. Dialectical Models of Socialization. *In:* OVERTON, W. F.; MOLENAAR, P. C. M. (ed.). *Handbook of child psychology and developmental science*: Theory and Method (Vol. 1). 7. ed. Hoboken: John Wiley & Sons, Inc, 2015. p. 323-368.

LANG, B. Disney Earnings Beat Expectations Thanks to Streaming Growth. *Variety*. 11 fev. 2021. Disponível em: https://variety.com/2021/biz/news/disney-earnings-disney-plus-streaming-1234906441. Acesso em: 13 maio 2023.

LEAPER, C.; BROWN, C. S. Chapter six – Sexism in Schools. *In:* LIBEN, L. S.; BIGLER, R. S. (ed.). The Role of Gender in Educational Contexts and Outcomes. *Advances in Child Development and Behavior*, v. 47, p. 189-223, 2014. https://doi.org/10.1016/bs.acdb.2014.04.001.

LEDUC, A. *Disfigured:* On Fairy Tales, Disability, and Making Space. Toronto: Coach House Books, 2020.

LEE, L. Young American immigrant children's interpretations of popular culture: a case study of Korean girls' perspectives on royalty in Disney films. *Journal of Early Childhood Research*, v. 7, n. 2, p. 200-215, 2009. https://doi.org/10.1177/1476718X08098357.

LEHMILLER, J. J. *The Psychology of Human Sexuality*. 2. ed. [recurso eletrônico]. Hoboken: John Wiley & Sons, 2018.

LEMOS, J. F. B.; BARTH, M. Donas do castelo: a introdução do empoderamento feminino no comportamento das Princesas Disney e a proposição de um instrumento de análise. *Revista UNINTER de Comunicação*, v. 8, n. 15, p. 60-78, 2020. https://doi.org/10.21882/ruc.v8i15.844.

LERNER, R. M. *Concepts and theories of human development*. 4. ed. New York; London: Routledge, 2018.

LERNER, R. M. et al. *Handbook of psychology*: Developmental psychology (Vol. 6). Hoboken: John Wiley & Sons, Inc., 2003.

LESTER, N. A. Disney's The Princess and the Frog: The Pride, the Pressure, and the Politics of Being a First. *The Journal of American Culture*, v. 33, p. 294-308, 2010. https://doi.org/10.1111/j.1542-734X.2010.00753.x.

LUCAS, A. R.; PUHL, P. R. A Representação Masculina nos Filmes de Princesas das Disney. XXXIX Congresso Brasileiro de Ciências da Comunicação. *InterCom*, 2016.

MACHADO, A. A.; ZIMMERMANN, T. R. Considerações sobre Pedagogias Fílmicas Infantis da Disney: Representando Princesas em Subjetividades Femininas Outras. *Zanzalá*, v. 9, n. 1, 2022.

MACHIDA, A. N.; MENDONÇA, C. M. C. A Construção das Princesas Disney: Uma análise das performances, narrativas e Identidades femininas. *Tropos*: Comunicação, Sociedade e Cultura, v. 9, n. 2, 2020.

MAIA, A. C. B. *et al*. Padrões de beleza, feminilidade e conjugalidade em princesas da Disney: uma análise de contingências. *Diversidade e Educação*, v. 8, n. Especial, p. 123-142, 2020. https://doi.org/10.14295/de.v8iEspeciam.9812.

MANAWORAPONG, P.; BOWEN, N. E. J. A. Language, gender, and patriarchy in Mulan: a diachronic analysis of a Disney Princess movie. *Humanit Soc Sci Commun*, v. 9, n. 224, 2022. https://doi.org/10.1057/s41599-022-01244-y.

MARTINEZ, F. J. Educadas para o consumo: moda e publicidade como "tecnologias de gênero" no início do século XX. *Emblemas*, v. 12, n. 2, p. 52-66, 2015.

MARTINS, A. Receita de Beignets, um clássico de New Orleans. *Inglês Gourmet*. 12 nov. 2018. Disponível em: https://inglesgourmet.com/2018/11/12/receita-de-
-beignets-um-classico-de-new-orleans/. Acesso em: 20 maio 2023.

MARTINS, L. C.; BRANCO, A. U. Desenvolvimento moral: considerações teóricas a partir de uma abordagem sociocultural construtivista. *Psicologia: Teoria e Pesquisa*, v. 17, n. 2, p. 169-176, 2001. https://doi.org/10.1590/S0102-37722001000200009.

MEHARG, S. S.; WOLTERSDORF, M. A. Therapeutic use of videotape self-modeling: A review. *Advances in Behaviour Research and Therapy*, v. 12, n. 2, p. 85-99, 1990.

MELLO, J.; MARQUES, D. *Elementos para uma tipologia de gênero da atuação estatal*: visões do estado sobre as mulheres e políticas públicas no Brasil. Brasília: Ipea, 2019.

MÉNDEZ, S.; SEVILLA-VALLEJO, S. Los estereotipos y los roles de género en las películas Disney: Análisis psicocrítico de Blancanieves, Mulan y Frozen. *Revista 2i:* Estudos de Identidade e Intermedialidade, v. 4, n. 6, p. 81-97, 2022. https://doi.org/10.21814/2i.4095.

MERDEKA, P. H. Representation of Feminism In Disney Brave Film. *JLLANS*, v. 2, n. 1, 2023. https://doi.org/10.56855/jllans.v2i1.279.

MIDKIFF, E.; AUSTIN, S. The Disneyfication of Climate Crisis: Negotiating Responsibility and Climate Action in Frozen, Moana, and Frozen 2. *The Lion and the Unicorn*, v. 45, n. 2, p. 154-171, 2021. https://doi.org/10.1353/uni.2021.0013.

MISTRY, J.; DUTTA, R. Human Development and Culture. *In*: OVERTON, W. F.; MOLENAAR, P. C. M. (ed.). *Handbook of child psychology and developmental science*: Theory and Method (Vol. 1). 7. ed. Hoboken: John Wiley & Sons, Inc, 2015. p. 369-406.

MOIOLI, M. Ye Xian and her sisters: the role of a tang story in the Cinderella cycle. 2018. 320 f. Tese (Doutorado) – Universitat Autònoma de Barcelona, Barcelona, 2018.

MOLENAAR, P. C. M. et al. *Handbook of developmental systems theory and methodology*. New York: The Guilford Press, 2014.

MOLLET, T. "With a smile and a song...": Walt Disney and the Birth of the American Fairy Tale. *Marvels & Tales*, v. 27, n. 1, p. 109-124, 2013. https://doi.org/10.13110/marvelstales.27.1.0109.

MONTEIRO, C.; ZANELLO, V. Tecnologias de Gênero e Dispositivo Amoroso nos filmes de animação da Disney. *Revista Feminismos*, v. 3, n. 1, 2015.

MORAIS, G. A. L. F. de. De princesa a heroína – a transformação da personagem feminina em herói no filme Moana: um mar de aventuras. *Olho d'água*, v. 10, n. 1, p. 1-259, 2018.

MOREIRA, P. V.; PORTELA, J. C. A figura feminina nos filmes Disney: prática de representação identitária. *PERcursos Linguísticos*, v. 8, n. 18, p. 262-271, 2018.

MORTENSEN, F. H. The Little Mermaid: Icon and Disneyfication. *Scandinavian Studies*, v. 80, n. 4, p. 437-454, 2008.

MOTA, I. de O. et al. Branca de Neve e os sete anões: uma análise discursiva do filme de Walt Disney. *Revista DisSoL – Discurso, Sociedade e Linguagem*, n. 9, p. 5-23, 2019. https://doi.org/10.35501/dissol.v0i9.410.

MOTION PICTURE ASSOCIATION [MPAA]. ([1922?]). *Film Ratings*. Disponível em: https://www.motionpictures.org/film-ratings/. Acesso em: 13 maio 2023.

MUSKER, J.; CLEMENTS, R. (Diretores). *A Pequena Sereia*. Walt Disney Pictures. 1989.

MUSKER, J.; CLEMENTS, R. (Diretores). *Aladdin*. Walt Disney Pictures. 1992.

MUSKER, J.; CLEMENTS, R. (Diretores). *A Princesa e o Sapo*. Walt Disney Pictures. 2009.

MUSKER, J.; CLEMENTS, R. (Diretores). *Moana: Um mar de Aventuras*. Walt Disney Pictures. 2016.

NATIONAL ASSOCIATION FOR MEDIA LITERACY EDUCATION [NAMLE]. ([1997?]). *About*. Disponível em: https://namle.org/about/. Acesso em: 12 fev. 2025.

NUNES, C. et al. Os contextos de socialização dos adolescentes. *In:* NUNES, C.; JESUS, S. (coord.). *Temas Actuais em psicologia*. Cap. 3. Faro: Universidade do Algarve, 2009. p. 61-88.

NURMI, J-E. Socialization and Self-development: Channeling, Selection, Adjustment, And Reflection. *In:* LERNER, R. M.; STEINBERG, L. (ed.). *Handbook of adolescent psychology*. 2. ed. Hoboken: John Wiley & Sons, Inc, 2004. p. 85-124.

O'BRIEN, P. C. The Happiest Films on Earth: A Textual and Contextual Analysis of Walt Disney's Cinderella and The Little Mermaid. *Women's Studies in Communication*, v. 19, n. 2, p. 155-183, 2015. http://dx.doi.org/10.1080/07491409.1996.11089811.

OLIVEIRA, M. C. S. L de. Desenvolvimento do self e processos de hiperindividualização: interrogações à Psicologia Dialógica. *Psicologia USP*, v. 27, n. 2, p. 201-211, 2016. https://doi.org/10.1590/0103-6564D20160004.

PALLANT, C. Disney-Formalism: Rethinking 'Classic Disney.' *Animation*, v. 5, n. 3, p. 341-352, 2010.

PAPALIA, D. E.; MARTORELL, G. *Experience Human Development* [recurso eletrônico]. 15. ed. New York: McGraw Hill, 2024.

PASCHOAL, G. R.; MARTA, T. N. O papel da família na formação social de crianças e adolescentes. *Confluências | Revista Interdisciplinar de Sociologia e Direito*, v. 12, n. 1, p. 219-239, 2012. https://doi.org/10.22409/conflu12i1.p91.

PENN, H. *Understanding early childhood: Issues and controversies*. 2. ed. London: Open University Press, 2008.

PÉREZ, E. "I Got Voodoo, I Got Hoodoo": Ethnography and Its Objects in Disney's the Princess and the Frog. *Material Religion*, v. 17, n. 1, p. 56-80, 2021. https://doi.org/10.1080/17432200.2021.1877954.

PINHEIRO, Y. T. *et al*. Fatores associados à gravidez em adolescentes de um município do nordeste do Brasil. *Cadernos Saúde Coletiva*, v. 27, n. 4, p. 363-367, 2019. https://doi.org/10.1590/1414-462X201900040364.

PISCITELLI, A. Gênero: a história de um conceito. *In:* ALMEIDA, H. B. de; SZWAKO, J. E. (org.). *Diferenças, igualdade*. São Paulo: Berlendis & Vertecchia, 2009, p. 116-148.

POTGIETER, L.; POTGIETER, Z. Deconstructing Disney's divas: a critique of the singing princess as filmic trope. *Acta Academica:* Critical views on society, culture and politics, v. 48, n. 2, p. 48-75, 2016. https://doi.org/10.18820/24150479/aa48i2.2.

QUERINO, R. Mulher cis em tratamento contra câncer sofre agressão ao ser confundida com trans. *Observatório G*. 27 nov. 2018. Disponível em: https://observatoriog.com.br/noticias/mulher-cis-sofre-agressao-ao-ser-confundida-com-trans. Acesso em: 13 maio 2023.

R7. Amigos são brutalmente espancados após serem confundidos com casal gay no Rio. *Notícias R7*, 6 maio 2015. Disponível em: https://noticias.r7.com/rio-de-janeiro/fotos/amigos-sao-brutalmente-espancados-apos-serem-confundidos-com-casal-gay-no-rio-06052015. Acesso em: 13 maio 2023.

RAHAYU, M. *et al*. "Aladdin" from Arabian Nights to Disney: The change of discourse and ideology. *LiNGUA*, v. 10, n. 1, p. 24-34, 2015. https://doi.org/10.18860/ling.v10i1.3030.

RAMALHO, F. de C. *A representação do diverso no cinema de animação*. 2020. 415 f. Tese (Doutorado em Artes) – Universidade Federal de Minas Gerais, Belo Horizonte, 2020.

RAMOS, A. G. Patologia social do "branco" brasileiro. *In:* RAMOS, A. G. (autor), *Introdução Crítica à Sociologia Brasileira*. Rio de Janeiro: UFRJ, 1995. p. 215-240.

REILLY, C. CHAPTER FOUR: An Encouraging Evolution Among the Disney Princesses? A Critical Feminist Analysis. *Counterpoints*, v. 477, p. 51-63, 2016.

REIS, L. F. *Comportamento sexual de risco e fatores associados entre adolescentes brasileiros*: avaliação de efeitos secundários de uma intervenção. São Paulo, 2021. 173 f. Tese (Doutorado em Saúde Coletiva) – Escola Paulista de Medicina (EPM), Universidade Federal de São Paulo (UNIFESP), São Paulo, 2021.

RENJITH, S. Critiquing Mouse House: An Analysis of Body, Gender and Culture in Select Disney Movies. *Akshara*, v. 14, p. 82-91, 2022.

RIBEIRO, J. S. B. Brincadeiras de meninas e de meninos: socialização, sexualidade e gênero entre crianças e a construção social das diferenças. *Cadernos Pagu*, n. 26, p. 145-168, 2006. https://doi.org/10.1590/S0104-83332006000100007.

RITCHIE, G. (Diretor). *Aladdin*. Walt Disney Pictures. 2019.

RIVERA, N. S. Presencia y evolución de los arquetipos masculinos en el cine de Disney. Ambigua: *Revista De Investigaciones Sobre Género Y Estudios Culturales*, n. 9, 22-38, 2022. https://doi.org/10.46661/ambigua.7110.

ROBERTS, D. F. *et al*. Adolescents and Media. *In:* LERNER, R. M.; STEINBERG, L. (ed.). *Handbook of adolescent psychology*. 2. ed. Hoboken: John Wiley & Sons, Inc., 2004. p. 487-521.

ROCHA, P. M.; WOITOWICZ, K. J. Representações de gênero na mídia: um estudo sobre a imagem de homens e mulheres em jornais e revistas segmentadas. *In:* Seminário Internacional Fazendo Gênero 10. *Anais Eletrônicos*. Florianópolis, 2013.

ROLIM, M. Fatores de risco para a radicalização. Estudo de revisão sobre as evidências internacionais. *Revista Sociedade e Estado*, v. 38, n. 2, 2023. https://doi.org/10.1590/s0102-6992-e47232.

ROSA JUNIOR, P. A. F. da; THIES, V. G. Em busca dos contos de fadas na contemporaneidade. *Revista Brasileira de Educação*, v. 26, 2021. https://doi.org/10.1590/S1413-24782021260083.

ROSA, E. M.; TUDGE, J. Urie Bronfenbrenner's Theory of Human Development: Its Evolution From Ecology to Bioecology. *Journal of Family Theory and Review*, v. 5, n. 4, p. 243-258, 2013. https://doi.org/10.1111/jftr.12022.

ROSENZWEIG, P. Q. *Princesa, pra quê?* Princesas, pra quem? Reflexos e reflexividades da disneyzação. 2021. 310 f. Tese (Doutorado em Arte e Cultura Visual) – Universidade Federal de Goiás, Goiânia, 2021.

SAID, E. W. *Cultura e imperialismo*. São Paulo: Companhia das Letras, 2011.

SAKAGUCHI, H. Changing Gender Roles and Disney Princess Movies. *Chukyo Literatura Chinesa*, v. 43, p. 76-93, 2023.

SALGADO, T. B. P.; de CARVALHO, T. M. S. C. Princesas ressignificadas: nuances feministas em A Bela e a Fera. *Animus Revista Interamericana de Comunicação Midiática*, v. 20, n. 44, 2021. https://doi.org/10.5902/2175497744305.

SANTOS, C. de C. O Vilão Desviante: Ideologia e Heteronormatividade em Filmes de Animação Longa-Metragem dos Estúdios Disney. 2015. 142 f. Dissertação (Mestrado em Filosofia) – Universidade de São Paulo, São Paulo, 2015. https://doi.org/10.11606/D.100.2015.tde-09092015-190418.

SANTOS, K. B. dos; MURTA, S. G. Influência dos Pares e Educação por Pares na Prevenção à Violência no Namoro. *Psicologia Ciência e Profissão*, v. 36, n. 4, p. 787-800, 2016.

SANTOS, R. da S. *et al.* "Sou princesa, sou real": os impactos da Disney na construção do sujeito. *RBSE Revista Brasileira de Sociologia da Emoção*, v. 18, n. 54, p. 87-96, 2019.

SARMENTO, M. J. Imaginário e culturas da infância. *Cadernos de Educação*, v. 21, 2003.

SARMENTO, M. J. Culturas Infantis / Children's Cultures. *In:* TOMÁS, C. *et al.* (coord.). *Conceitos-chave em Sociologia da Infância. Perspectivas Globais / Key concepts on Sociology of Childhood. Global Perspectives*. Braga: UMinho Editora, 2021. p. 179-185. https://doi.org/10.21814/uminho.ed.36.22.

SAVIN-WILLIAMS, R. C.; DIAMOND, L. M. Sex. *In:* LERNER, R. M.; STEINBERG, L. (ed.). *Handbook of adolescent psychology*. 2. ed. John Wiley & Sons, Inc., 2004. p. 189-231.

SENNA, S. R. C. M.; DESSEN, M. A. Contribuições das Teorias do Desenvolvimento Humano para a Concepção Contemporânea da Adolescência. *Psicologia: Teoria e Pesquisa*, v. 28, n. 1, p. 101-108, 2012. https://doi.org/10.1590/S0102-37722012000100013.

SEYBOLD, S. L. "It's Called a Hustle, Sweetheart": Zootopia, Moana, and Disney's (Dis) empowered Postfeminist Heroines. *Int J Polit Cult Soc*, v. 34, p. 69-84, 2021. https://doi.org/10.1007/s10767-019-09347-2.

SHELTON, L. G. *The Bronfenbrenner primer*: a guide to develecology. New York; London: Routledge, 2019.

SILVA, D. G. G.; MARTINI, V. "Você é uma princesa, e eu espero que você aja como tal": gênero, corpo e espaço em Brave. *Veredas da História*, v. 8, n. 1, p. 140-155, 2015.

SILVA, T. de O.; SILVA, L. T. G. Os impactos sociais, cognitivos e afetivos sobre a geração de adolescentes conectados às tecnologias digitais. *Revista Psicopedagogia*, v. 34, n. 103, p. 87-97, 2017.

SIMIONATO, G. D. F. A Bela e a Fera: representações coloniais de gênero em três versões do conto. *Epígrafe*, v. 11, n. 1, p. 23-48, 2022. https://doi.org/10.11606/issn.2318-8855.v11i1p23-48.

SIMMONS, M. *et al*. Directing hair motion on Tangled. *SIGGRAPH '11*, 2011 https://doi.org/10.1145/2037826.2037880.

SOUZA, V. E. B. de; MELLO, R. M. A. V. de. Por que ser princesa quando se pode ser valente? Reflexões e desconstruções das questões de gênero no universo Disney. *Revista Gênero*, v. 21, n. 2, 2021.

STREIFF, M.; DUNDES, L. From Shapeshifter to Lava Monster: Gender Stereotypes in Disney's Moana. *Social Sciences*, v. 6, n. 3, 2017. https://doi.org/10.3390/socsci6030091.

SUMARSONO, I. *et al*. Gender Roles in Giambattista Basile's Sun, Moon, and Talia, and Walt Disney's Sleeping Beauty. *World Journal of English Language*, v. 13, n.1, p. 195-199, 2023. http://dx.doi.org/10.5430/wjel.v13n1p195.

SUSMAN, E. J. *et al*. Puberty, Sexuality, And Health. *In:* LERNER, R. M. *et al*. (ed.). *Handbook of psychology*: Developmental psychology (Vol. 6). Hoboken: John Wiley & Sons, Inc, 2003. p. 295-324.

SUSMAN, E. J.; ROGOL, A. Puberty and Psychological Development. *In:* LERNER, R. M.; STEINBERG, L. (ed.). *Handbook of adolescent psychology*. 2. ed. Hoboken: John Wiley & Sons, Inc., 2004. p. 15-44.

TAMAIRA, A. M. K.; FONOTI, D. Beyond Paradise? Retelling Pacific Stories in Disney's Moana. *The Contemporary Pacific*, v. 30, n. 2, p. 297-327, 2018.

TASMIN, T. You Only Have to be Brave Enough to See it: Evaluation of Gender Role Portrayal in Disney Princess Movies in View of Waves of Feminism. *Communication*, 2020.

TAVARES, O. P. Representações de feminilidades negras em produções da Disney: o protagonismo de Tiana e os atravessamentos de gênero, raça e classe. *In: Anais do XV ENECULT*. Salvador, 2019.

TAVARES, O. P. Trabalhar e obedecer para merecer: as representações de feminilidades negras em A Princesa e o Sapo. *In:* Seminário Internacional Fazendo Gênero 12. *Anais Eletrônicos*. Florianópolis, 2021.

THOMPSON, D. et al. *Developmental Psychology in Historical Perspective*. Chichester: Wiley-Blackwell, 2012.

TROUSDALE, G.; WISE, K. (Diretores). *A Bela e a Fera*. Walt Disney Pictures. 1991.

VITORELO, R.; PELEGRINI, C. Valente: a desconstrução dos estereótipos femininos em uma princesa Disney. *Revista Entreideias*: Educação, Cultura e Sociedade, v. 7, n. 1, 2018. https://doi.org/10.9771/re.v7i1.21480.

WARD, L. M.; GROWER, P. Media and the Development of Gender Role Stereotypes. *Annual Review of Developmental Psychology*, v. 2, n. 1, p. 177-199, 2020. https://doi.org/10.1146/annurev-devpsych-051120-010630.

WARD, K. et al. Simulating Rapunzel's hair in Disney's Tangled. *SIGGRAPH '10*, 2010. https://doi.org/10.1145/1837026.1837055.

WEBER, I. et al. The ecology of online hate speech: Mapping expert perspectives on the drivers for online hate perpetration with the Delphi method. *Aggressive Behavior*, v. 50, n. 2, 2024. https://doi.org/10.1002/ab.22136.

WIECZORKIEVICZ, A. K.; BAADE, J. H. Família e escola como instituições sociais fundamentais no processo de socialização e preparação para a vivência em sociedade. *Revista Educação Pública*, v. 20, n. 20, 2020.

WILKE, V. C. L. Princesas em pleno século XXI? – Histórias para meninas e mulheres empoderadas. *Aprender Caderno de Filosofia e Psicologia da Educação*, v. 24, p. 42-60, 2020. https://doi.org/10.22481/aprender.i24.7746.

WOHLWEND, K. E. 'Are You Guys Girls?': Boys, Identity Texts, and Disney Princess Play. *Journal of Early Childhood Literacy*, v. 12, n. 1, p. 3-23, 2012a. https://doi.org/10.1177/1468798411416787.

WOHLWEND, K. E. The boys who would be princesses: playing with gender identity intertexts in Disney Princess transmedia. *Gender and Education*, v. 24, n. 6, p. 593-610, 2012b. https://doi.org/10.1080/09540253.2012.674495.

WOOD, G. W. *A psicologia do gênero*. São Paulo: Blucher, 2021.

YOSHINAGA, I. Disney's Moana, the Colonial Screenplay, and Indigenous Labor Extraction in Hollywood Fantasy Films. *Narrative Culture*, v. 6, n. 2, p. 188-215, 2019. https://doi.org/10.13110/narrcult.6.2.0188.

YOUNG, S. Palestra proferida no TEDx, Sydney (AU), abr. 2014. Disponível em: https://www.ted.com/talks/stella_young_i_m_not_your_inspiration_thank_you_very_much. Acesso em: 15 fev 2025.

ZANELLO, V. *Saúde mental, gênero e dispositivos:* Cultura e processos de subjetivação. Curitiba: Appris, 2018.

ZANELLO, V. A prateleira do Amor: Sobre mulheres, homens e relações. Curitiba: Appris, 2022.

ZIMMERMANN, T. R.; MACHADO, A. A. Construção de princesas em filmes de animação da Disney. *Diversidade e Educação*, v. 9, n. 1, p. 662-688, 2021. https://doi.org/10.14295/de.v9i1.12273.

ZIPES, J. D. *The Great fairy tale tradition:* From Straparola and Basile to the Brothers Grimm. New York; London: A Norton Critical Edition, 2001.

ZIRBEL, I. Ondas do Feminismo. *Blogs de Ciência da Universidade Estadual de Campinas:* Mulheres na Filosofia, v. 7, n. 2, p. 10-31, 2021.

ZITTOUN, T.; GROSSEN, M. Cultural elements as means of constructing the continuity of the self across various spheres of experience. *In:* LIGORIO, B.; CESAR M. *Interplays between dialogical learning and dialogical self.* Charlotte: Information Age, 2013.